CAHIERS
PHILOSOPHIQUES

▶ n° 151 [...] e 2017

CAHIERS PHILOSOPHIQUES
est une publication de la Librairie Philosophique J. Vrin
6, place de la Sorbonne
75005 Paris
www.vrin.fr
contact@vrin.fr

Directeur de la publication
DENIS ARNAUD

Rédactrice en chef
NATHALIE CHOUCHAN

Comité scientifique
BARBARA CASSIN
ANNE FAGOT-LARGEAULT
FRANCINE MARKOVITS
PIERRE-FRANÇOIS MOREAU
JEAN-LOUIS POIRIER

Comité de rédaction
ALIÈNOR BERTRAND
LAURE BORDONABA
MICHEL BOURDEAU
JEAN-MARIE CHEVALIER
MICHÈLE COHEN-HALIMI
BARBARA DE NEGRONI
STÉPHANE MARCHAND
MARION SCHUMM

Sites internet
www.vrin.fr/cahiersphilosophiques.htm
http://cahiersphilosophiques.hypotheses.org
www.cairn.info/revue-cahiers-philosophiques.htm

Suivi éditorial
BÉATRICE TROTIER-FAURION

Abonnements
FRÉDÉRIC MENDES
Tél. : 01 43 54 03 47 – Fax : 01 43 54 48 18
fmendes@vrin.fr

Vente aux libraires
Tél. : 01 43 54 03 10
comptoir@vrin.fr

La revue reçoit et examine tous les articles, y compris ceux qui sont sans lien avec les thèmes retenus pour les dossiers. Ils peuvent être adressés à : cahiersphilosophiques@vrin.fr. Le calibrage d'un article est de 45 000 caractères, précédé d'un résumé de 700 caractères, espaces comprises.

ISSN 0241-2799
ISSN numérique : 2264-2641
ISBN 978-2-7116-6002-5
Dépôt légal : février 2018
© Librairie Philosophique J. Vrin, 2018

SOMMAIRE

ÉDITORIAL

Quel rapport entre Zénon – qui abandonna, dit-on, son activité de commerçant pour se faire philosophe – et l'empereur Marc-Aurèle ? Entre l'esclave Épictète et Sénèque, une des premières fortunes de Rome ? Entre Cléanthe, philosophe le jour, puiseur d'eau la nuit et Caton le patricien ? Malgré la différence de condition, malgré les siècles qui les séparent, malgré, enfin, la diversité des contextes politiques dans lesquels ils vivent, tous ont pour but de vivre en accord avec la nature, tous s'exercent à vivre selon le principe fondamental que la vertu est le seul bien véritable.

Ainsi, du IIIe siècle avant notre ère au IIe après, se développe avec une unité remarquable l'école stoïcienne. Contrairement à la plupart des écoles de l'antiquité, le stoïcisme ne se conçoit pas comme l'exégèse d'un maître fondateur, mais bien plutôt comme l'approfondissement d'un foyer d'idées, d'un système parfaitement cohérent où chaque élément théorique est organiquement lié aux autres. La célèbre distinction des trois parties de la philosophie en logique, physique et éthique n'est, à cet égard, pas tant une division de la philosophie qu'une division du discours philosophique, qui n'affecte donc en rien l'unité de la philosophie : les parties sont liées entre elles par une « consécution réciproque ». La logique est nécessaire à l'éthique puisqu'on ne saurait vivre bien sans juger correctement et donner son assentiment à bon escient ; de même, l'éthique suppose la physique car pour vivre en accord avec la nature, il faut s'appuyer sur une connaissance sans faille de l'univers et de son ordre. De la même façon, la physique implique la logique puisque les événements du monde se succèdent avec la même nécessité qui enchaîne les propositions ; de même, enfin, physique et dialectique sont des vertus et ne peuvent être réalisées sans compréhension de leur finalité éthique. Pour cette raison, gageons que donner un « aperçu de la pensée stoïcienne » permet d'entrer de plain-pied dans le système, à partir d'entrées certes circonstanciées et locales, mais qui n'engagent pas moins une compréhension de la totalité de cette philosophie.

La dimension systématique de la philosophie stoïcienne lui a longtemps assuré ses lettres de noblesse auprès des philosophes sans qu'ils aient à en saisir l'histoire ; nul besoin de contextualiser une philosophie qui tutoie l'absolu ! Pour autant, l'histoire de la philosophie montre la pertinence d'une comparaison précise avec les traditions qui l'ont précédée. Le présent dossier souligne notamment l'intérêt d'une confrontation entre ce que les Stoïciens appelaient la logique et la tradition aristotélicienne, et plus largement avec les philosophies socratiques.

C'est le cas de la rhétorique stoïcienne qui s'éclaire lorsqu'elle est mise en dialogue avec la *Rhétorique* d'Aristote [1]. Il ne faut pas s'arrêter à Cicéron lorsqu'il moque le manque d'éloquence caractéristique des stoïciens ; il y a bien

1. *Cf.* S. Aubert-Baillot « L'héritage aristotélicien de la rhétorique stoïcienne », p. 29-43.

une rhétorique stoïcienne, qui forme, avec la dialectique, la logique. Or, les Stoïciens semblent faire fi de tous les efforts d'Aristote pour réintégrer dans le champ philosophique la question de la persuasion et plus généralement de l'adaptation du discours aux conditions de sa performance, qu'il s'agisse des limites de l'auditoire ou de la contingence de son objet. En ce sens, ils cherchent à revenir à Platon, en faisant de la vérité la norme ultime du discours, et en plaçant la rhétorique sous la tutelle de la dialectique. Ce retour à Platon, cependant, ne se fait pas dans l'ignorance de l'héritage aristotélicien mais, bien au contraire, en l'affrontant. Ainsi, plutôt que de récuser brutalement la rhétorique, les Stoïciens vont, au sein de la rhétorique, instaurer la brièveté, la concision, voire le silence comme des normes du discours.

La comparaison avec Aristote occupe aussi une grande partie de notre section d'*Introuvables* puisque nous proposons une nouvelle édition du débat qui eut lieu entre Victor Brochard et Octave Hamelin sur le sens de la logique des stoïciens ; en cherchant à distinguer la logique stoïcienne de celle de l'*Organon*, Victor Brochard a souligné le caractère nominaliste de la logique stoïcienne et soulevé une vaste réflexion sur le sens du lien (empirique ou métaphysique) entre une proposition antécédente et sa conséquente, et sur la méthode (inductive ou analytique) pour connaître ce lien. Ce débat reste d'actualité et révèle l'ambition originale du stoïcisme dont la systématicité demande une prise de position « à la fois sur le plan de la théorie logique, sur celui de la théorie de la connaissance, celui de l'ontologie et celui de la causalité [2] ». La confrontation avec Aristote fait ainsi naître une vaste réflexion sur le sens même de la connaissance que promeut le stoïcisme, et partant sur la nature du lien entre les événements du monde.

Si la pensée stoïcienne est bien système et « philosophie de la cohérence », cela signifie que l'on peut exprimer une position prise dans une partie de la philosophie dans les termes d'une autre ; en d'autres termes, toute thèse a un sens logique, physique et éthique. Prenons l'éthique stoïcienne et la thèse selon laquelle, si la vertu est le souverain bien, tout le reste est indifférent : à quelle réalité physique correspond-elle ? Que signifie pour le corps qu'est l'âme « être vertueux » ? Laetitia Monteils-Lang montre comment les Stoïciens ont pensé les différents états moraux de l'âme comme des modifications physiques de celle-ci, et ont donc assigné des configurations corporelles à ce qui est moralement significatif. Si seule la vertu (ou le vice) a un sens moral, c'est parce que l'âme de l'homme vertueux est dans une disposition particulière, sans commune mesure avec nos états d'âme fluctuants : cette âme a atteint une tension telle qu'elle lui confère une qualité qui caractérise finalement son identité. Qu'en est-il, alors, de tous ceux qui ne parviennent pas à cet état et manquent donc de cette stabilité qui fait l'identité ? La conception continuiste des états de l'âme comme autant de degrés de tension permet précisément de penser notre instabilité quotidienne, ainsi que le progrès moral [3].

■ 2. T. Bénatouïl, « Faits ou essences ? Un débat sur la proposition conditionnelle stoïcienne, entre logique et physique », p. 109
■ 3. *Cf.* L. Monteils-Laeng, « Identité et intensité dans l'ancienne Stoa », p. 45-58.

Car, on le sait, le stoïcisme impérial a mis la question du « progressant », de l'homme qui sans être sage cherche à l'être, au centre de son questionnement. Le portrait de Sérénus dans le *De la tranquillité de l'âme* exprime bien cette figure de l'entre-deux : pourtant convaincu par les positions stoïciennes, Sérénus est découragé, comme le dit Sénèque, pourtant sauvé de la tempête, il n'en a pas moins le mal de mer[4] ! La rigueur morale n'empêche nullement de voir toutes les différences infra-morales qui font notre quotidien et qui parfois barrent la route à une vie en accord avec la raison, et ce n'est certainement pas un hasard si cette analyse psychologique du *taedium vitae*, de la mélancolie, vient d'un stoïcien. Faute d'avoir atteint la stabilité de l'état durable propre à la vertu, le progressant « se vit lui-même parfois sur un mode fractionnaire ou discontinu, au point où son identité même pose question »[5].

La psychologie du premier stoïcisme suffit-elle cependant pour penser l'*akrasia*, l'intempérance, ou la faiblesse de la volonté ? Selon Marion Bourbon, c'est le passage au vocabulaire latin de la *voluntas* qui rend possible une représentation du conflit psychique, donc de penser l'intempérance non plus dans les termes intellectualistes de l'opposition entre la passion et la raison, mais dans ceux de la faiblesse d'une volonté susceptible de ne pas vouloir « tout le temps jusqu'au bout » tout en sachant ce qu'elle veut[6]. Cette discussion de l'« intellectualisme stoïcien » souligne la nécessité de porter l'attention sur les différences historiques qui traversent le *corpus*, une fois que l'on en a souligné l'unité doctrinale. On l'a dit, l'école s'étend sur cinq siècles occupés par des bouleversements politiques et philosophiques exceptionnels. À ce titre, il convient toujours de distinguer le premier stoïcisme du stoïcisme impérial, sans oublier le médio-stoïcisme pour comprendre comment s'est effectuée la déclinaison historique de la doctrine.

Rien d'étonnant non plus, donc, à ce que les modes d'exposition et d'enseignement du stoïcisme évoluent. La critique actuelle s'intéresse particulièrement aux conditions matérielles et institutionnelles qui présidèrent à l'enseignement, à la pratique et à l'exercice philosophiques. Olivier D'Jeranian propose ainsi de revenir sur ces pratiques scolaires à partir du cas d'Épictète[7]. Or, les *Entretiens* montrent combien l'école ne se justifie que parce qu'elle donne l'occasion d'examiner ses propres opinions et doit déboucher sur une véritable pratique de la philosophie. Et la valeur de l'école ne provient pas tant du contenu théorique qu'on en tirera que de l'entrainement auquel il donnera lieu ; ainsi faut-il comprendre que le destin du philosophe stoïcien n'est pas de rester à l'abri dans son école, mais qu'il doit redescendre dans la caverne[8] : la citadelle intérieure qu'est l'âme n'a de sens que parce que nous vivons dans le monde extérieur et subissons ses assauts.

L'intérêt des recherches actuelles sur le stoïcisme réside aussi dans leur capacité à renouveler l'interprétation des textes à partir de nos propres obsessions. Si l'usage anhistorique des positions anciennes n'a pas que

▨ 4. Sénèque, *De la tranquillité de l'âme*, II, 1, commenté par L. Monteils-Lang, p. 56 et par M. Bourbon, p. 66-72.
▨ 5. L. Monteils-Lang, « Identité et intensité dans l'ancienne Stoa », p. 56.
▨ 6. M. Bourbon, « De l'objet du *telos* au sujet de la *voluntas* : le destin stoïcien du vouloir », p. 67.
▨ 7. O. D'Jeranian, « Sur l'école d'Épictète », p. 91-104.
▨ 8. *Ibid.* p. 104 ; voir aussi l'article de C. Veillard, « Les stoïciens sont-ils démocrates ? », p. 19.

des effets bénéfiques en philosophie, il y a un véritable intérêt historique et philosophique à confronter ces textes aux outils contemporains qui constituent, que nous le voulions ou non, notre grille de lecture.

Ainsi, Christelle Veillard confronte le stoïcisme à notre conception de la démocratie en montrant la raison pour laquelle les Stoïciens, alors qu'ils soutenaient des principes de nature démocratique, n'étaient pas démocrates. Car si les Stoïciens admettent bien deux principes qui fondent nos démocraties comme l'usage universel de la raison (quelle que soit notre condition) et l'égalité des droits (chaque homme a un droit égal d'usage du monde), ils n'ont jamais œuvré pour la mise en œuvre de ces principes pour la raison que ces revendications portent sur des indifférents. Les stoïciens préféreront certainement enseigner au démuni à accepter son sort que travailler à réduire les injustices ou établir l'égalité des droits ; en outre, seul le sage est rationnel et la multitude est une masse d'insensés qu'on ne saurait chercher à porter au pouvoir. Cette réserve n'empêche pas la pensée stoïcienne d'avoir effectué une formidable remise en question des valeurs inégalitaires au nom de l'idéal de la raison, notamment sur les questions de l'esclavage, de l'égalité entre les hommes et les femmes et de la propriété privée [9].

La méthode comparatiste peut être poussée plus loin encore en nous attachant aux dispositifs sophistiqués de pensée dont dispose la philosophie stoïcienne. Sandrine Alexandre montre comment le concept butlerien de performance peut être utilisé pour comprendre l'usage stoïcien de la figure de l'acteur ainsi que de celle du Cynique. De même que le *drag* en surjouant les stéréotypes du genre fait apparaître combien tout le monde est aux prises avec les normes du genre, le Cynique des stoïciens en surjouant son détachement de la société et de ses valeurs, montre qu'une autre vie est possible. Dans les deux cas, la performance joue le rôle d'un révélateur. Mais si le *drag* montre que tout le monde joue, mettant ainsi au jour l'artificialité des normes du genre – sans pour autant chercher à nous transformer en *drag*, la figure du Cynique utilisée par les Stoïciens, par son outrance même, sert au contraire d'injonction à vivre autrement, à nous montrer qu'il est possible d'appliquer les principes stoïciens. La comparaison, enfin, révèle la nature profondément divergente du sens politique des deux philosophies : si les Stoïciens sont fondamentalement conservateurs parce qu'ils cherchent, non pas à changer nos rôles, mais à trouver la distance qui nous fera jouer au mieux notre propre rôle, l'analyse de Butler vise à dénoncer la violence des normes du genre et la domination qu'elles véhiculent.

Le jeu de la comparaison est éclairant si nous ne cherchons pas à projeter sur les textes nos propres conceptions, mais plus patiemment, comme tente de le faire ce dossier, à établir un cadre conceptuel commun qui permette le dialogue entre les pensées : il faut aussi savoir reconnaître ce que la pensée antique, notamment stoïcienne, garde d'étrangeté.

Stéphane Marchand

■ 9. C. Veillard, « Les stoïciens sont-ils démocrates ? », p. 14.

DOSSIER

Aperçus de la pensée stoïcienne

LES STOÏCIENS ÉTAIENT-ILS DÉMOCRATES ?

Christelle Veillard

Le rapport qu'entretient le stoïcisme avec l'idée de démocratie est complexe. Par principe, il semble s'y opposer radicalement : la démocratie n'est jamais que le gouvernement des gens du commun, c'est-à-dire des insensés, qui sont par définition exilés de la cité cosmique, en dehors de la loi, puisque incapables de la poser et de la comprendre pleinement. Seul le Sage est ainsi citoyen et gouvernant. Pourtant, le stoïcisme pose également que tout homme, quel qu'il soit, est par principe capable d'être citoyen et est appelé à l'être ; que nul ne peut se soustraire à la loi, laquelle fonde l'égalité universelle de tous les hommes ; que le citoyen est défini comme une instance irréductiblement autonome de décision. Le stoïcisme se révèle défendre des idéaux démocratiques, mais sans réclamer de législation particulière. Nous montrons ici quels sont les principes internes au stoïcisme qui empêchent ce passage de la théorie à la pratique.

L'objectif – à première vue incongru – de cet article [1] est d'étudier la politique stoïcienne, à partir d'un point de perspective particulier : son rapport à l'idée de démocratie. Le stoïcisme est en effet un perfectionnisme moral, qui oppose la figure idéale du sage figé et isolé dans sa vertu parfaite, à la masse des insensés que nous sommes ; seul le sage est vertueux, tous les autres hommes, quels qu'ils soient, sont déclarés fous (*phauloi*). Si le sage est aussi rare que le phœnix et que nous sommes tous fous, quel rapport peut-il bien exister entre le système stoïcien et ce gouvernement particulier qu'est la démocratie ? En termes stoïciens, la démocratie ou pouvoir de la multitude, n'est jamais que le gouvernement des insensés.

■ 1. Cet article est issu d'une conférence intitulée « Stoïcisme et démocratie », prononcée à Rouen en janvier 2010 dans le cadre du colloque « *Quid novi* ? La modernité des Anciens », organisé par Carlos Lévy (Université de Paris IV-Sorbonne), Annie Hourcade (U. de Haute Normandie, ERIAC), Anne Vial-Logeay (U. de Haute Normandie).

Pourtant, le stoïcisme est également le lieu d'où émerge l'individu, la personne morale, ou encore la représentation du monde comme une immense cité au sein de laquelle tous les hommes indifféremment sont appelés à vivre en union fraternelle les uns avec les autres. C'est pourquoi l'on a parfois considéré le Portique comme le berceau de l'humanisme. Il s'agit d'une doctrine universaliste et fondamentalement optimiste, pour laquelle le monde est bon, ordonné, parfaitement intelligible pour un esprit humain, pour peu qu'il soit lui-même ordonné ; tous les hommes participent également à la raison et ils ont une égale capacité – théorique – à atteindre la fin qu'est la vertu. Ainsi, le discours de devoir être qu'est le stoïcisme s'adresse à tous et appelle à la réalisation de la *cosmopolis* qui rassemblera tous les êtres vertueux.

L'affirmation de l'égalité des hommes en raison, l'importance de l'autonomie individuelle de décision, ne sont-ce pas là finalement les principes mêmes sur lesquels se fonde ce que l'on appelle démocratie ? Ce terme recouvre des réalités assez diverses. Notre propos n'est pas d'en traiter de manière exhaustive et détaillée, mais bien plutôt d'en utiliser certains traits caractéristiques comme instruments d'analyse des positions stoïciennes. Appliquer le concept de démocratie au stoïcisme permet en effet de révéler une tension interne au système. D'un côté, en tant qu'elle est le pouvoir du peuple ou de la multitude, la démocratie est en contradiction manifeste avec les principes stoïciens. D'un autre côté, le discours universaliste et rationaliste du Portique tend à défendre un modèle démocratique (compris comme « une raison, un vote »), contre le régime aristocratique. Qu'en est-il exactement ? Précisons tout d'abord que les Stoïciens ne se sont pas posé cette question, en tout cas, pas en ces termes. Il reste que leur discours, que l'on a dit rigoriste et perfectionniste, ne peut pas faire autrement que de prendre comme matière de départ la masse des insensés, à qui les Stoïciens peinent par la suite à assigner une place, dans le domaine politique. Utiliser le concept de démocratie comme réactif chimique appliqué à la solution stoïcienne est pour nous l'occasion de revenir sur ce problème ; en sondant la compatibilité de ces principes avec la démocratie, nous arriverons peut-être à mieux comprendre ce que les Stoïciens nous enjoignent de faire, dans le domaine politique, et plus largement, à mieux comprendre la place attribuée aux insensés, à la fois exclus de la sagesse mais seule matière à partir de laquelle il est possible de travailler, pour réaliser la vertu.

Les principes théoriques de la politique stoïcienne

Le citoyen

Commençons par essayer de comprendre ce que les Stoïciens entendaient sous le terme de *citoyen* (*politês*). Nous en trouvons une définition dans l'ouvrage intitulé *Politeia* (*République*), composé par le fondateur Zénon de Citium :

[1] Dans la *République,* Zénon présente les vertueux comme les seuls qui soient citoyens, amis, familiers et libres, de sorte que pour les Stoïciens, les parents et les enfants sont des ennemis les uns pour les autres car ils ne sont pas des sages ².

Le terme de citoyen est réservé aux sages, c'est-à-dire aux individus qui sont capables d'accéder à la vertu. Cette restriction peut être expliquée de manière double. Elle se comprend en premier lieu par le principe de dichotomie stricte posé entre vertu et vice, bien et mal : parce qu'il n'y a pas de degré possible au sein de la vertu stoïcienne ³, le sage est le seul individu à l'atteindre. Le sage, par la possession de cette disposition droite, fait bien tout ce qu'il fait et il est le seul à bien faire tout ce qu'il entreprend ; toutes les activités sont parfaitement ce qu'elles doivent être, si elles sont accomplies par un sage. Par conséquent, l'activité d'*être citoyen* existe de manière parfaite, uniquement lorsqu'elle est le fait du sage. En second lieu, et c'est ce qu'il y a de plus révolutionnaire dans l'assertion que nous avons citée, seul le sage est citoyen parce qu'il est le seul à savoir en quoi consiste exactement l'activité de citoyen, activité dont le contenu est précisé par un texte d'Épictète :

[2] Examine attentivement qui tu es. D'abord un homme, c'est-à-dire quelqu'un qui ne met rien au-dessus de sa faculté de choisir (*prohairesis*) mais qui lui subordonne tout le reste, la tenant elle-même affranchie et indépendante. Regarde donc de qui tu te distingues par la raison. Tu te distingues des bêtes féroces, tu te distingues des moutons. De plus, tu es citoyen du monde (*politês tou kosmou*) et partie de ce monde, non pas une des parties subordonnées mais une des parties dominantes ; en effet tu es capable de suivre et de comprendre l'administration divine et de réfléchir à ses conséquences. Quelle est donc la profession du citoyen ? De n'avoir aucun intérêt privé, de ne délibérer sur rien comme s'il était isolé, mais plutôt de la manière suivante : si la main ou le pied étaient doués de faculté de raisonner, qu'ils comprenaient et suivaient l'ordre de la nature, jamais ils ne se mettraient en mouvement ou ne désireraient autrement qu'en se rapportant au tout ⁴.

Le citoyen d'Épictète est bien un citoyen antique, qui se définit d'abord comme une partie d'un Tout : il n'importe pas en lui-même, mais simplement au vu des fonctions qu'il peut accomplir pour l'ensemble auquel il appartient. Ce n'est pas un individu atomique, qui se signale par la particularité de ses désirs et par la singularité de ses opinions, ni même par sa propension à vouloir préserver ses intérêts particuliers. Cette conception du citoyen est traditionnelle. Les traits stoïciens sont à chercher ailleurs.

En premier lieu, le terme *politês* ne vise pas d'abord le citoyen d'une cité concrète, par exemple Athènes, mais désigne le citoyen de la cité cosmique,

■ 2. Diogène Laërce, *Vie et doctrines des philosophes illustres,* VII. 33, M.-O. Goulet-Cazé (éd.), Paris, Le Livre de Poche, 1999, (désormais DL).

■ 3. La vertu est une disposition harmonieuse de l'âme ordonnée par le bien, qui permet de se conduire de manière droite quelle que soit l'activité choisie (DL, VII. 89). Parce qu'une action est, ou bien droite, ou bien vicieuse, comme un bâton est ou bien droit ou bien courbé, toute minuscule imperfection fait basculer dans le vice (DL, VII. 120). Le passage de la vertu au vice doit donc être compris comme un saut qualitatif et non comme une progression quantitative.

■ 4. Épictète, *Entretiens,* II. 10. 1-11, trad. Souilhé, Paris, Gallimard, 1993.

c'est-à-dire, du monde humain dans sa totalité [5]. En second lieu, est citoyen celui qui a compris quelle est sa nature propre (être une partie du Tout) et comment est ordonné le monde ; en d'autres termes, est citoyen celui qui dispose d'un savoir à la fois sur l'homme et sur le monde. Selon Épictète [6], l'homme doit savoir qu'il n'est qu'un pied dont la fonction est de contribuer au mouvement du corps tout entier. La plus grande erreur de l'individu, c'est de croire qu'il est ce corps entier, quand il n'est qu'un pied, c'est-à-dire une partie – essentielle mais non autonome – d'un ensemble qui a son propre mouvement. Il faut en passer par la physique, pour comprendre et accepter que l'homme n'est qu'une partie du cosmos, et qu'il n'a pas vocation à défendre les velléités de mouvements autonomes et isolés qu'il pourrait avoir en tant qu'individu. En outre, le citoyen stoïcien ne se soucie pas des problèmes propres à une cité particulière, puisqu'il prend en charge le bien de l'humanité tout entière dont il défend les intérêts [7].

> Chaque homme, parce qu'il est rationnel, est appelé à exercer la fonction de citoyen

Par cette définition, qui n'est pas propre à Épictète mais reflète bien la position stoïcienne, chaque homme, parce qu'il est rationnel, est appelé à exercer la fonction de citoyen. Il reste que seuls seront effectivement citoyens ceux qui auront compris qu'ils ne sont pas des individus dont les intérêts personnels priment [8]. La cité des hommes à laquelle appellent les Stoïciens correspond partiellement à l'idéal démocratique défendu par l'Athènes du IVe siècle av. J.-C.

Tout d'abord, la *cosmopolis* concerne tous les hommes indifféremment, parce qu'ils ont une nature rationnelle commune ; cela correspond au principe d'égalité qui joue dans les définitions antiques comme modernes de la démocratie, principe que nous pouvons appeler « principe d'égalité négative ». La démocratie antique était en effet adossée à deux principes : l'*isonomia*, égalité de chacun devant la loi mais surtout égale capacité de chaque citoyen [9] à faire la loi et à exercer une magistrature ; l'*isêgoria*, égalité de prise

---

■ 5. Cela correspond au cosmopolitisme bien connu des stoïciens, qui s'enracine comme on le sait également dans des thèses cyniques. Pour Diogène le Cynique en effet, « aucune cité, aucune loi parmi celles que nous connaissons n'était à ses yeux une cité ou une loi » (Philodème, *Des stoïciens*, 20. 3-4) ; de même : « Comme on lui demandait d'où il était, il répondit : "Je suis citoyen du monde (*cosmopolitês*)" » (DL, VI. 63). C'est par ailleurs Sénèque qui présente le plus clairement la distinction entre deux types de cités, la cité cosmique et la cité particulière dans laquelle on vit : « Considérons par la pensée deux républiques (*duas respublicas*) : l'une grande et vraiment publique, qui contient les dieux et les hommes, dans laquelle nous ne portons nos regards ni sur un coin ni sur un autre, mais dans laquelle nous mesurons les limites de notre cité par le soleil ; l'autre, celle dans laquelle nous a inscrits le hasard de la naissance », Sénèque, *De otio* 4.1 (*Les Philosophes Hellénistiques*, A. A. Long et D. Sedley (éd.) (désormais LS), 67 K).

■ 6. Épictète, *Entretiens*, II. 5.24.

■ 7. Cette échelle mondiale de préoccupations possède un écho moderne, la Déclaration Universelle des droits de l'homme et du citoyen. Nous verrons plus loin en quoi le Portique s'en écarte fondamentalement.

■ 8. La cité stoïcienne n'est donc pas démocratique *au sens aristotélicien* : pour Aristote, le défaut de la démocratie consiste en ce qu'elle est le gouvernement conçu dans l'intérêt du peuple comme classe, et non dans l'intérêt de tous, en quoi elle se distingue du régime droit qu'est la *politeia* (régime constitutionnel, selon la traduction Pellegrin). C'est donc plutôt à cette *politeia* – ou gouvernement dans l'intérêt de tous, ce qui est cohérent avec la définition *moderne* de la démocratie – que correspond la cité stoïcienne.

■ 9. Nous discutons ici des principes formels de la démocratie antique, sans considérer le problème de la composition du corps des citoyens et de son extension à tous les habitants d'une cité.

de parole devant l'Assemblée. Chaque citoyen y est supposé compétent par définition, chacun ayant exactement la même valeur, donc le même droit (et devoir) à se prononcer dans le domaine des affaires publiques. Ainsi, aucun citoyen n'est assujetti, puisqu'il gouverne et est gouverné tour à tour et que toutes les décisions sont prises en commun. Aucun citoyen ne reconnaît à un autre de prééminence naturelle ou acquise, conservant ainsi son autonomie de délibération première. L'isonomie athénienne [10] est la négation de la valeur de l'expert, c'est-à-dire le refus, de la part d'hommes se considérant comme des égaux, de se soumettre à des individus qu'ils ne reconnaissent pas comme leur étant supérieurs. Socrate protestait contre cette isonomie, dont le paradigme était la procédure du tirage au sort des gouvernants : personne ne s'en remet au sort pour des questions de navigation ou de construction de charpente, c'est-à-dire pour des questions bien moins importantes que les questions de politique [11] ; choisir au hasard les responsables politiques relève de l'inconscience. Depuis Socrate, la démocratie représente le régime dans lequel toute expertise est niée par principe, puisque tout citoyen est déclaré également compétent ; autrement dit, elle est le régime des incompétents, qui nie la pertinence des compétences individuelles particulières dans le domaine politique, d'où notre expression d'égalité négative.

Dans la démocratie athénienne comme dans le système stoïcien, n'importe quel citoyen a en charge la cité, puisqu'il est par principe capable de comprendre, connaître, appliquer et faire la loi. L'absence d'expertise particulière se retrouve dans une définition – schématique – de la démocratie moderne. Elle se fonde sur l'idée d'un corps de citoyens non excluant, à savoir sur le suffrage universel : chaque individu humain adulte appartenant à une cité équivaut à une voix, sans que l'on ait à considérer sa place hiérarchique dans la cité, sa fortune ou son sexe [12]. Elle énonce en outre l'identité entre Prince et Souverain, autrement dit le principe de souveraineté du peuple : d'après la formulation de Rousseau, ce régime est libre au sens où le citoyen obéit à la loi qu'il a lui-même énoncée [13].

Dans le système stoïcien, chaque homme est rationnel par définition et également capable de comprendre ce qu'il doit faire : chacun est alors potentiellement capable d'être citoyen au sens athénien du terme, c'est-à-dire à la fois gouvernant et gouverné. Aucune expertise autre que la raison droite n'est requise – ce qui est déjà beaucoup, il est vrai – mais l'important est qu'aucun être humain ne soit par principe exclu de cette forme correcte de

---

■ 10. Notons que cette isonomie est politique et non sociale, ce qui implique qu'elle ne débouchera pas nécessairement sur l'instauration effective de droits égaux ; y est revendiquée une égalité de pouvoir si l'on peut dire, mais non une égalité de droit : elle ne débouche donc pas sur l'*isomoria*, l'égalité des parts. Par ailleurs, cette isonomie est l'affirmation d'une valeur égale, qui peut se faire par l'exclusion d'une partie de la population, rejetée en dehors de la classe des citoyens.

■ 11. Xénophon, *Mémorables*, 1.2. 9.

■ 12. La différence avec la démocratie athénienne réside dans les conditions limitatives d'accès à la citoyenneté : masculinité et ressources suffisantes sont nécessaires à Athènes.

■ 13. C'est sur ce point que porte la critique de Jean Bodin, *Les Six Livres de la République*, 1583 : la démocratie est une souveraineté impossible, puisque le peuple devrait s'obliger lui-même à obéir à la loi qu'il a fixée. Cette absence de distinction entre la source du pouvoir et le sujet sur lequel le pouvoir s'exerce est délétère, ce que contestera Rousseau. Ce dernier maintient, toutefois, que le régime démocratique est pour cette raison même dangereux, car peu adapté à la nature humaine (*Contrat Social*, 3. 4).

rationalité. Selon le dogme stoïcien, en effet, tous les êtres rationnels – hommes, femmes, esclaves – possèdent des facultés psychiques identiques. Ils possèdent par conséquent les mêmes aptitudes pour acquérir les mêmes vertus [14]. Aucun individu n'est défini, en outre, par son statut social, sa fortune, son lieu de naissance, lesquels ne sont que des éléments non pertinents. L'individu se définit par sa raison ou par sa *prohairesis*, selon que l'on utilise le langage de Zénon ou d'Épictète, c'est-à-dire à chaque fois par sa capacité à distinguer et à atteindre le bien. Fortune et naissance sont des indifférents, au sens où ils ne déterminent pas ma vertu [15].

Le Portique procède ainsi à un effacement systématique des particularités individuelles, considérées comme non signifiantes, pour parvenir à une définition formelle de l'individu : une instance autonome capable de choisir le bien [16]. Est donc citoyen *de droit* tout individu capable de réaliser en lui la vertu et de faire le bien, en ayant les yeux fixés sur le bien commun, non plus celui d'une cité particulière, mais celui de la *cosmopolis* qui rassemble l'humanité tout entière. Doit-on en conclure que les principes stoïciens tendent à rejoindre le principe universaliste de la démocratie moderne [17] et le principe d'égalité négative défendu par l'isonomie athénienne, et ce, contre l'expertise socratique ? L'examen des définitions stoïciennes de la cité et de la loi va en réalité nous conduire à répondre par la négative.

La cité et la loi

[3] Les stoïciens disent que la cité est une multitude d'hommes habitant au même endroit, gouvernée par la loi [18].

Ce texte nous permet de distinguer trois éléments : la cité (*polis*) est un rassemblement d'hommes en un même lieu ; ce rassemblement est régi par une loi (*nomos*) ; cette loi est ce qui constitue la *politeia* de la *polis*, c'est-à-dire sa constitution, au double sens du terme : la multitude est ordonnée,

---

■ 14. Ils s'opposent en cela à Aristote, qui posait dans sa *Politique* que la femme est dépourvue de la faculté de commander, que l'esclave par nature ne possède ni la faculté de commander ni celle de délibérer, c'est-à-dire de poser lui-même ses propres fins, ce pourquoi il a besoin d'un maître qui le fasse à sa place (*Politique*, I. 13). Par conséquent, les vertus accessibles (et demandées) à une femme, à un esclave, à un homme libre, ne sauraient être les mêmes. Les stoïciens en revanche ont posé explicitement que la même rationalité, les mêmes facultés psychiques, donc les mêmes vertus, sont le fait de tout être humain, quel qu'il soit. Cléanthe a écrit un ouvrage entier intitulé *Que la vertu est identique pour l'homme et la femme* (DL, VII. 175).

■ 15. Le seul bien est la vertu, laquelle suffit au bonheur : les indifférents ne sont ni des biens ni des maux (DL, VII. 101-102), et ne peuvent donc contribuer ni au bonheur ni au malheur (DL, VII. 104).

■ 16. Chacun se détermine rationnellement, indépendamment de sa singularité. Notons toutefois que le stoïcien Panétius de Rhodes échappe à cette tendance, dans la mesure où il réintroduit des composantes individuelles, ce qui inclut des limites et des défauts. À chaque homme échoit par nature le rôle d'être rationnel, mais également un rôle particulier qui découle de la singularité de sa constitution physique et psychique (Cicéron, *De officiis*, I. 106-117). Puisque les individus sont dotés de compétences inégales, le devoir de chacun est de découvrir son champ d'excellence et de s'y conformer (*ibid.*, I. 110 et 114). Cela implique que nous ne sommes pas tous capables – donc destinés – à être des législateurs, des dirigeants politiques ou encore des chefs militaires. Si cette modification joue un rôle important au sein de l'individu stoïcien, Panétius est contraint de ce fait de renoncer au postulat de l'égale capacité à raisonner et à atteindre la vertu. Nulle surprise, donc, de le retrouver du côté des aristocrates romains, et s'opposant aux tentatives démocratiques de populaires comme les Gracques. *Cf.* plus loin.

■ 17. On pourrait ajouter que le dogme stoïcien, en rejetant le lieu de naissance comme constitutif de la citoyenneté, va plus loin qu'Athènes et que les démocraties modernes dans l'attribution aux hommes rationnels du statut de citoyen.

■ 18. Dion Chrysostome, 36.20 (LS, 67J).

mise en cohérence et en cohésion, constituée en tant que cité par le lien de la loi, qui redouble le lien géographique ; cette loi est constitution également au sens où elle donne naissance à des institutions politiques qui permettent l'ordre et la cohésion de l'ensemble.

C'est ce que nous retrouvons, de manière un peu plus précise, dans un autre passage où il est question de l'opposition radicale entre le sage et l'insensé :

> [4] Ils disent encore que tout insensé est aussi un exilé, en tant qu'il est privé de loi et de constitution [portant ce qui est] conforme à la nature. En effet la loi, selon eux, est vertueuse, de même que la cité. Quant au fait que la cité soit vertueuse, Cléanthe pose adéquatement la question ainsi : « Si la cité est une construction habitable dans laquelle ceux qui s'y réfugient rendent et obtiennent justice, la cité n'est-elle pas quelque chose de civilisé ? Or la cité est une chose habitable de cette sorte ; donc la cité est quelque chose de civilisé ». On parle de la cité en trois sens : en tant que construction habitable, en tant que réunion ordonnée d'hommes, en tant qu'elle est les deux à la fois [19].

Ce texte, par delà son sens un peu mystérieux et manifestement décousu, est intéressant à un double chef. D'une part, il nous apprend que Cléanthe a réfléchi à la définition de la cité, à partir des définitions que nous pouvons avoir de la cité concrète. D'autre part, parce que nous sommes dans un passage qui traite du sage, la cité définie ici est manifestement la cité cosmique, comprise sur le modèle de la petite cité : un lieu, un peuple, une loi. Ce qui nous intéresse plus particulièrement, c'est que cette cité soit un *sustêma* (ce que nous avons traduit par réunion ordonnée), c'est-à-dire un ensemble où toutes les parties sont interconnectées ; dans ce *sustêma*, les hommes qui y habitent peuvent à la fois rendre et subir la justice, ce qui peut renvoyer à la pratique de la démocratie grecque, selon laquelle chaque citoyen est tour à tour gouvernant et gouverné, législateur et sujet. Nous pourrons peut-être mieux rendre compte de cette assertion si nous nous tournons vers un texte parallèle :

> [5] Le monde est appelé aussi la demeure des dieux et des hommes <et aussi la réunion ordonnée (*sustêma*) composée des dieux, des hommes> et de ce qui a été créé pour eux ; de la même façon que la cité se dit de deux manières, l'une étant la demeure, l'autre l'ensemble formé tant par ses habitants que par ses citoyens, de même aussi le monde est comme une cité composée des dieux et des hommes, les dieux y ayant le pouvoir, les hommes leur étant soumis. Ils appartiennent à une même communauté du fait qu'ils partagent la raison, qui est la loi naturelle. Tout le reste a été produit pour eux [20].

Comme dans le texte précédent, on distingue 1) l'endroit géographique du rassemblement, 2) la masse rassemblée, 3) le lien qu'est la loi. Ce que l'on peut appeler la Nature est le lieu du rassemblement, tandis que la masse rassemblée est celle des êtres rationnels, avec les êtres dont ils ont l'usage, à savoir, les plantes, les animaux, etc., qui appartiennent comme on le voit à la

■ 19. Cléanthe, *ap.* Stobée, *Ecl.* II. 7. 11 i, p. 103. 14-17 W.
■ 20. Arius Didyme, *ap.* Eusèbe, *Préparation Évangélique*, 15. 15. 3-5 (LS, 67 L).

cité de manière tout à fait différente : ils sont en effet dans le même lieu, ils vivent conjointement avec les hommes et les dieux, ils vivent d'ailleurs sous la même loi naturelle, mais sans être des citoyens du monde à part entière.

Ce qui devient explicite ici, c'est que tout être soumis à la législation unifiant la cité cosmique n'est pas citoyen. Pour l'être, il ne suffit pas d'appartenir à une *polis :* il faut encore reconnaître une *politeia*, une législation. Cette législation est, nous dit le texte, posée par le dieu : il s'agit de la loi naturelle, qui est la loi d'organisation du monde posée par le souffle divin, souffle divin qui est aussi raison, et qui est présent en l'homme sous la forme d'une étincelle divine, notre *logos*. C'est cette commune participation au *logos* organisateur et législateur, qui légitime l'appellation de « cité commune des dieux et des hommes ». C'est ce qui fait, alors, que les hommes sont à la fois législateurs et sujets, qu'ils font la loi et qu'ils la subissent comme ayant été posée par le dieu. En effet, ce qui pose cette loi, c'est le dieu, le souffle divin ordonnateur du monde, dont notre raison est une partie. C'est donc aussi notre raison qui la pose, à condition qu'elle se soit elle-même comprise comme partie du Tout et qu'elle ait reconnu l'ordre et le fonctionnement du monde [21].

Premières conclusions

Nous pouvons à présent revenir à notre question précédente, en rassemblant nos résultats. Les stoïciens posent le primat de la cité cosmique sur les cités particulières, ce qui ne les empêche pas de penser cette cité selon les critères habituels : un lieu, un peuple rassemblé, et surtout une loi. Ce qui frappe, c'est cette conception forte de la loi comme base de la vie civique, comme lien qui unifie le système qu'est la cité. La loi est également le critère permettant de reconnaître qui peut être citoyen : *tout être capable de connaître et de suivre la loi divine est citoyen*. Les critères habituels de la citoyenneté (masculinité, fortune, naissance sur un sol particulier) sont rejetés par principe, comme nous l'avons vu plus haut.

Cette loi est une loi cosmique, en tant qu'elle est (issue de) la raison divine et qu'elle ordonne le monde ; elle est aussi une loi morale, en tant qu'elle est cette fois posée par la raison humaine. Le citoyen est donc défini d'un côté comme intelligence capable de saisir l'ordre du monde, de l'autre comme *faculté de choisir, personne morale*, c'est-à-dire *instance parfaitement autonome qui pose la loi*. Le citoyen pose la loi, au sens où il « comprend et

---

■ 21. Cette définition de la loi est confirmée par Chrysippe, cité par Marcien (LS, 67 R) : « Chrysippe, philosophe d'une grande sagesse, commence ainsi son livre *De la loi* : « La loi est le roi de toutes choses divines et humaines ; elle doit, comme un magistrat et un chef, décider de ce qui est beau et laid, et, par là, être la norme du juste et de l'injuste, ordonnant à ceux des animaux qui sont par nature politiques ce qu'ils doivent faire, et leur interdisant ce qu'ils ne doivent pas faire » ». De la même façon, dans son traité *Sur le beau*, Chrysippe dit que : « Le juste existe par nature et non par convention, tout comme la loi et la raison droite » (DL, VII. 128). *La République* de Zénon contenait le même message : « *La République*, ouvrage très admiré de [...] Zénon, tend à ce point principal unique, que nous ne devrions pas vivre répartis en cités ni en peuples, chacun ayant défini par ses propres critères de la justice, mais que nous devrions considérer tous les hommes comme des compatriotes et des concitoyens, et qu'il y ait un mode de vie et un monde uniques, comme pour un troupeau nourri ensemble dans le même pâturage sous une loi commune. Zénon a écrit cela comme s'il avait brossé le tableau d'un songe ou d'une image représentant une bonne législation et une république philosophiques (*eunomias philosophou kai politeias*) » (Plutarque, *De la fortune d'Alexandre*, 329 A-B [LS, 67 A]). Soulignons que la dernière phrase, qui interprète la pensée de Zénon en termes de structures institutionnelles, est de Plutarque.

suit » par sa raison la loi posée par la raison divine. Cette réaffirmation par la raison individuelle de la loi cosmique est le préalable indispensable qui fonde le sujet moral en lui conférant son autonomie. L'individu comprend et accepte l'ordre du monde dans lequel il vit, ce qui est la seule attitude sensée, c'est-à-dire à la fois rationnelle et raisonnable.

La formule « chaque homme peut par principe être citoyen » doit donc être entendue comme suit : « chaque homme *véritable* est citoyen *véritable* ». En effet, comme le disait Épictète, être homme (*i.e.* homme au sens accompli du terme), c'est être pleinement rationnel, c'est être « capable de suivre et de comprendre l'administration divine et de réfléchir à ses conséquences », et ne jamais délibérer comme si l'on était isolé. Ainsi l'homme n'est-il véritablement citoyen que s'il est une véritable instance autonome capable de comprendre et de poser la loi. Si la seule expertise requise est la rationalité droite, c'est-à-dire l'humanité au sens accompli du terme, alors on peut en conclure que la position stoïcienne est démocratique en théorie (chaque individu a les moyens de devenir pleinement homme), mais pour le moins restrictive en pratique : seul le sage est pleinement homme, ce qui justifie l'assertion première de Zénon selon laquelle seul le sage est citoyen, capable de gouverner *et* d'être gouverné, c'est-à-dire capable d'agir selon la raison et d'obéir à la raison. Nous ne sommes pas très loin de la position socratique : seuls les individus experts en sagesse sont appelés à être des gouvernants [22].

Chaque homme
véritable
est citoyen
véritable

L'égalité stricte des citoyens unis dans la vertu dont parlait Zénon s'écarte par conséquent doublement de la conception démocratique athénienne. Il ne s'agit nullement de l'*isonomia*, puisque seuls les sages peuvent se charger de faire les lois, et ils sont les seuls, à proprement parler, à savoir s'y soumettre. Il ne s'agit pas plus de l'*isêgoria :* à celui qui parle à tort et à travers, Zénon oppose deux attitudes, le silence ou la raillerie cinglante, qui ont pour objectif commun de faire taire le fâcheux [23]. Si le discours de l'insensé n'a aucune valeur dans la sphère privée, on ne voit pas comment il en aurait une dans la sphère publique.

La politique stoïcienne, ainsi considérée, semble totalement dissoute dans l'éthique : si le citoyen est celui qui obéit à la loi de la Raison, il s'identifie à l'individu moral. Ce qui fait le propre de la politique, à savoir au premier chef la considération du type de régime politique, les charges qui incombent au citoyen, voire les lois que ce citoyen devra défendre, tout cela disparaît dans un seul et unique souci : celui d'agir de manière moralement droite, conforme à la raison droite. S'il en était ainsi, les Stoïciens s'occuperaient de fait assez peu de politique et la discussion serait close. Ce qu'il reste à

■ 22. Ce principe est énoncé par Socrate dans le *Gorgias*, lorsqu'il rappelle qu'il est le seul à véritablement faire de la politique (521 d). Dans la *République*, Platon pose que seuls les individus dotés d'un bon naturel initial pourront suivre la formation de gouvernants, ce sur quoi les Stoïciens diffèrent.
■ 23. *Cf.* par exemple DL, VII, 23 (il faut écouter deux fois plus qu'on ne parle) ou VII, 26 (il vaut mieux faire un faux-pas avec les pieds qu'avec la langue).

penser, toutefois, c'est la transcription effective de la loi de la raison dans le droit positif, et l'engagement du sage dans la cité concrète qu'il occupe et avec laquelle il a nécessairement à composer.

La politique stoïcienne en pratique

L'intérêt manifesté pour la politique

Revenons en premier lieu sur la distinction entre les domaines éthique et politique. La politique acquiert un statut particulier chez Cléanthe, qui en fait l'une des six parties du discours philosophique, avec la dialectique, la rhétorique, l'éthique, la physique, la théologie [24]. La politique peut donc être considérée comme indépendante de l'éthique. Le texte [4] que nous avons cité le montre : Cléanthe s'est penché sur une définition complète de la cité, qui ne soit pas repliée sur la définition de la cité cosmique. Il a par ailleurs écrit plusieurs ouvrages sur le sujet : *Le Politique, Sur les lois, Sur la façon de rendre un jugement, Sur la royauté* [25]. Cléanthe serait-il un élément isolé ? Il semble que non. On remarque en effet que deux autres disciples de Zénon ont écrit des ouvrages de politique. Persée a écrit une *Constitution lacédémonienne*, un *Sur la royauté*, ainsi que sept livres *Contre les Lois de Platon* [26]. Sphaïros (également disciple de Cléanthe) écrivit un *Sur la royauté, Sur la constitution politique des Lacédémoniens, Sur Lycurgue et Socrate, Sur la loi* [27]. Étant donné les titres de ces ouvrages, il est fort peu probable que ces stoïciens en soient restés à de simples déclarations d'intention. Tous ces traités devaient probablement analyser les constitutions et les législations à recommander. Ils sont malheureusement perdus. Nous pouvons toutefois tirer argument de leurs titres, selon lesquels deux modèles semblent prévaloir : la royauté et Sparte. Cela nous est confirmé par les très rares textes qui nous restent, ainsi que par certains témoignages.

Considérons tout d'abord les textes, et en premier lieu celui qui indique la nécessaire articulation entre la loi de la raison et le droit positif. Il s'agit du discours de Laélius, donc d'un personnage qui endosse un discours stoïcien :

[6] Il y a, certes, une loi vraie, c'est la droite raison en accord avec la nature, répandue en tout être, identique à elle-même, éternelle, qui par ses ordres nous appelle à notre devoir et par ses interdictions nous détourne du crime, *qui, cependant, n'ordonne ni n'interdit rien en vain aux gens vertueux, mais dont ni les ordres ni les interdits n'ont d'effet sur les insensés.* À cette loi il n'est pas permis d'en substituer une autre, il n'est pas licite d'y déroger sur quelque point que ce soit, il est impossible de l'abroger dans sa totalité ; ni le Sénat ni le peuple ne peuvent nous soustraire à cette loi, et il n'est point besoin de chercher un Sextus Aelius pour l'expliquer et l'interpréter. Cette loi ne sera pas différente à Rome et à Athènes, aujourd'hui et demain, mais c'est une même loi, éternelle et immuable,

■ 24. DL, VII. 41. On peut supposer que Chrysippe, à l'inverse, a considéré la politique comme une partie de l'éthique, puisqu'il ne reprend pas cette division en six parties (*ibid.*)

■ 25. DL, VII. 175.

■ 26. DL, VII. 36.

■ 27. DL, VII. 178. Notons par ailleurs que les deux transfuges Hérillos de Chalcédoine et Denys d'Héraclée sont respectivement les auteurs d'un *Législateur* (DL, VII. 166) et d'un *Sur les anciens rois* (DL, VII. 167).

qui s'appliquera à toute époque à toutes les nations. Et il y aura un maître et un chef unique et commun pour tous, un dieu qui a conçu cette loi, qui en juge et qui la promulgue. Celui qui ne lui obéit pas se détourne de lui-même, et, méprisant la nature humaine, il subira de ce fait les châtiments suprêmes, même s'il évite ce que l'on considère comme toutes les autres peines [28].

Ce texte admirable réunit tous les éléments précédents. La loi du monde est posée par le dieu ; elle est unique, universelle, intemporelle, elle doit s'appliquer toujours et partout sur les êtres raisonnables, parce qu'elle dit en quelque sorte ce que doit devenir l'être raisonnable : un être qui règle toutes ses actions sur l'équilibre et l'harmonie de l'ensemble. Tout cela concerne le pouvoir normatif de la loi de la raison. Mais ce texte nous apporte également des précisions sur le caractère contraignant ou non de cette législation divine. Elle n'a aucun pouvoir sur les insensés ; seul le vertueux y obéit ; pourtant, elle se comprend sans explication, sans exégèse d'aucune sorte : il suffit de sonder sa propre raison, plus exactement, il suffit d'user de sa raison de manière droite, pour découvrir le contenu de la loi. Le problème de l'insensé, c'est, justement, qu'il ne sait pas faire cela, et qu'il n'a donc aucune chance de parvenir à ce contenu. Cette loi n'a aucun pouvoir contraignant et ne dispose d'aucun appareil susceptible de se faire respecter : pas de justice immanente, chez les Stoïciens, pour foudroyer l'insensé qui violerait la loi de la raison. Son unique châtiment, c'est, nous dit Laélius, le châtiment suprême, à savoir ne plus pouvoir prétendre au nom d'homme. Dans ce cas, il semble que ce soit précisément la loi de la cité concrète qui ait vocation à refléter et à relayer la loi divine, et à contraindre les individus à suivre la loi de la raison.

Les Stoïciens déclarent que le sage devra faire l'effort d'entrer en politique

Notons tout d'abord que contraindre les individus à être rationnel et moral ne suffit pas pour les faire entrer dans la vertu : la vertu est une manière d'être de l'âme, choisie, consciente d'elle-même ; une conformité extérieure (en acte ou en parole) à la loi de la raison n'est pas suffisante pour que cette loi soit effectivement suivie, puisque ce que dit cette loi, précisément, c'est « use droitement de ta raison » ou encore « suis volontairement et en pleine connaissance de cause la loi rationnelle ». La législation de la cité concrète ne peut être qu'un pis-aller. Rien ne dit, pourtant, qu'il ne faille rien tenter du tout, et qu'il ne faille pas, justement, essayer de proposer une législation conforme à la loi de la raison.

Et en effet, les Stoïciens déclarent que le sage devra faire l'effort d'entrer en politique :

[7] Le sage prendra part à la politique, si rien ne l'en empêche, comme le dit Chrysippe au livre I de son traité *Sur les genres de vie*. Il contiendra en effet le vice et incitera à la vertu. Et il se mariera, comme le dit Zénon dans sa *République*, et il aura des enfants [29].

■ 28. Cicéron, *De republica* III. 22.33 (LS, 67 S).
■ 29. DL, VII. 121.

Le sage est d'abord un homme qui vit sur un sol particulier et qui se met en relation avec d'autres hommes [30]. Il serait en ce sens absurde de soutenir que, parce que le sage est parfaitement vertueux, c'est-à-dire qu'il a parfaitement compris le fonctionnement harmonieux du monde, il serait de ce fait exempté de participer *effectivement* à toutes ces tâches qu'il a parfaitement comprises. Dans le cas contraire, le seul être capable d'effectuer ces tâches correctement serait celui qui, précisément, s'en abstiendrait, ce qui serait absurde. C'est ce que souligne par ailleurs Chrysippe, lorsqu'il assimile la vie d'école – c'est-à-dire, la vie consacrée entièrement à l'enseignement – à une vie de plaisir [31]. Ce n'est pas cette vie que le philosophe doit choisir, précisément parce que l'on ne conçoit pas de théorie sans pratique. Quelle législation proposera donc le sage ou, dans sa figure approchée, le philosophe stoïcien ? Il faut lire les fragments de la *République* de Zénon pour en avoir une première idée [32].

Les prescriptions de la *République* zénonienne

[8] Il enseigne de même dans la *République* la communauté des femmes, et vers les <lignes> 200, qu'il ne faut pas construire de temples, de tribunaux ou de gymnases dans les cités. À propos de la monnaie, voici ce qu'il écrit : « La monnaie, je pense qu'il ne faut pas en fabriquer ni pour les échanges ni pour les voyages à l'étranger ». Il prescrit encore que les hommes et les femmes portent le même vêtement, et qu'aucune partie [de leur corps] ne reste cachée [33].

Un texte semblable paraît un peu plus loin dans l'exposé de Diogène Laërce :

[9] Ils considèrent que les femmes doivent être communes entre les sages, de sorte que chacun aura commerce avec celle qu'il rencontre, comme le disent Zénon dans sa *République* et Chrysippe dans son traité *Sur la République* (tout comme Diogène le Cynique et Platon). Nous aimerons tous les enfants d'égale façon comme si nous en étions le père et la jalousie qui survient à cause de l'adultère sera supprimée. La constitution politique la meilleure est la constitution mixte, formée de démocratie, de royauté et d'aristocratie [34].

Ce texte nous donne une indication sur le domaine d'application des principes énoncés : ils concernent les sages, donc la cité telle qu'elle devrait être. En ce sens, la *République* de Zénon s'inspire de celle de Platon comme des principes de Diogène le Cynique : il s'agit de proposer un nouveau modèle de constitution (*politeia*), en rupture avec un fonctionnement ou des valeurs actuels. Contre quoi exactement Zénon parle-t-il ? Très probablement – et comme l'indique le titre de son ouvrage, ainsi que les ouvrages de certains de

---

■ 30. Les relations développées entre les proches, les voisins, les concitoyens et l'humanité tout entière sont décrites dans les textes rapportant la théorie de l'*oikeiôsis*. Sur ce point, *cf.* Valéry Laurand, *La politique stoïcienne*, Paris, P.U.F., 2005.

■ 31. Plutarque, *Contradictions des stoïciens*, 1033 C-D (LS, 67X).

■ 32. Nous ne revenons pas ici sur les multiples exemples de stoïciens qui se sont opposé à des lois iniques, parfois au péril de leur vie. *Cf.* C. Veillard, « L'empreinte du stoïcisme sur la politique romaine », *in* J.-B. Gourinat et J. Barnes (dir.), *Lire les Stoïciens*, Paris, P.U.F., 2009, p. 201-209. Ce qui nous intéresse est de savoir si cette opposition morale s'est doublée d'une opposition politique au sens législatif du terme.

■ 33. DL, VII. 33.

■ 34. DL, VII. 131.

ses disciples, explicitement cette fois – contre (mais aussi avec) la *République* de Platon. Le système hiérarchisé des classes platoniciennes faisait pièce à l'égalitarisme de la démocratie athénienne : il réclamait la réinsertion de l'expertise dans le domaine politique et la séparation des tâches, en fonction des vertus particulières. Selon les textes précédemment cités, Zénon prône la communauté des femmes, donc la suppression par exemple de l'institution du mariage, parce que la suppression de cette institution implique celle des passions qui y sont attachées et qu'elle favorise ; l'idée que l'on possède un individu en propriété privée induit l'envie, qui induit l'adultère, qui induit la jalousie. Deux passions et un facteur de désordre social sont donc produits par cette manière de régler les rapports affectifs humains. Si l'on supprime cette dernière, se produit un resserrement des liens entre tous les individus de la communauté, qui ne se battent plus pour leur pré carré mais se sentent responsables en commun de chacun et de la progéniture, non plus de deux individus, mais de la communauté tout entière.

La prescription concernant la monnaie revêt la même signification : il s'agit de supprimer la propriété privée, parce que, précisément, ce qui compte est l'usage en commun du monde [35].

Qu'il ne faille construire ni temple ni tribunaux ni gymnases s'explique par des raisons différentes, pas toujours explicites. Nous savons par un texte de Plutarque [36] que la construction du temple est indigne du dieu : ce simple ouvrage de maçonnerie est, en tant que tel, sans valeur sacrée. Les tribunaux ne sont nécessaires que lorsque la raison ne règne pas, et que l'on a substitué la propriété privée, basée sur l'accumulation, au droit d'usage fondé sur le besoin. Quant aux gymnases, peut-être s'agit-il encore une fois de contrer les passions, comme le fait Zénon lorsqu'il s'écarte volontairement d'un corps qu'il désire et qui trouble, par sa seule présence, sa tranquillité d'âme [37].

Deux domaines sont ici explorés. Tout d'abord, le domaine des rapports que l'homme entretient avec les autres hommes, en particulier lorsque ce rapport est hiérarchique : c'est la question de l'égalité hommes/femmes, développée dans les théories ultérieures sur le mariage ou sur l'esclavage. En second lieu, le domaine des rapports que l'homme entretient avec le monde : c'est la question de la propriété privée.

Les textes zénoniens concernent, nous l'avons dit, la cité du sage, et nous ne pouvons assurer qu'ils devaient déboucher sur la promulgation d'une législation concrète, applicable à une cité concrète. Par exemple, en ce qui concerne le mariage, nous savons que des auteurs ultérieurs ont défendu explicitement une égalité stricte entre les deux conjoints. Contrairement à la communauté des femmes et à l'abolition des rapports de possession préconisées par Zénon, ils considèrent que le couple marié forme la cellule de base qui fonde la cité. Ainsi Antipater déclarait-il que si les jeunes hommes, en particulier ceux de la classe supérieure, ne se marient pas et ne font pas

---

■ 35. *Cf.* par exemple Plutarque, *De l'exil*, 600 E (LS, 67H) : « Par nature, à ce que disait Ariston, il n'y a pas de patrie, comme il n'y a ni maison ni champ, ni forge ni hôpital, mais chacune de ces réalités naît, et plus encore, reçoit son nom de celui qui les habite et s'en sert ».

■ 36. Plutarque, *Contradictions des stoïciens*, 1034 B (LS, 67C).

■ 37. DL, VII. 17.

d'enfants, l'État et le culte rendu aux dieux ne peuvent survivre [38]. Nous retrouvons ici toute l'ambiguité de la position stoïcienne : il s'agit d'énoncer un principe de fondation de la cité, à partir d'une institution (le mariage) et d'une pratique (l'engendrement) accessibles à n'importe quel insensé ; ce principe est cependant réduit, dans son devoir-être, à une classe en particulier d'individus, les individus de la classe supérieure, c'est-à-dire les individus instruits, susceptibles de se servir correctement de leur raison. Le mariage se définit comme l'union qui comporte la plus vraie et la plus authentique bienveillance (*eunoia*), parce qu'elle est le mélange total non seulement du corps mais aussi de l'âme des deux individus mariés. L'union réussie est ainsi celle d'individus de même qualité, également vertueux ; il faut donc écarter classe, fortune et pouvoir, critères habituels des choix romains. Plus tard, Musonius Rufus puis Hiéroclès diront la même chose : le but du mariage n'est pas principalement la procréation, mais d'abord la vie en commun des époux, qui réalisent la plus étroite affinité entre eux en mêlant leurs destins, entrelaçant leurs âmes et leurs corps [39]. Le mariage, paradigme de l'harmonie à atteindre en soi-même mais surtout en association avec un autre être rationnel, constitue alors la cellule fondatrice et stabilisatrice des cités ; il revêt « une valeur morale exemplaire, sur le plan humain et cosmique [40] ». La fidélité – non seulement celle de la femme, comme c'est souvent le cas, mais celle des deux conjoints – est requise, de même qu'une relative chasteté, puisque les âmes vertueuses doivent éviter tout désordre passionnel. Nous retrouvons ici le conseil zénonien de dépassionner les rapports humains, évoqué plus haut. Il ne s'agit pas pour autant de supprimer toute affection ou tout rapport charnel, comme le disait bien Zénon, mais d'individualiser l'acte charnel, puisqu'il s'agit ici de mettre en avant l'harmonie spirituelle et charnelle qui existe entre deux êtres, de manière exclusive. Cette position reste cependant morale : aucune législation nouvelle ne semble avoir été défendue, susceptible de transcrire dans le droit positif cette égalité, qui reste du domaine de la disposition intérieure [41]. Si la cité n'a pas le pouvoir de contraindre les âmes à être vertueuses, on pourrait cependant penser que les Stoïciens n'ont pas hésité à penser qu'elle devait, par de bonnes lois, montrer le chemin de la vertu. C'est ce qui se produit, de fait, pour notre second exemple, qui concerne la propriété privée, sur lequel nous disposons d'éléments plus précis.

Notre premier indice est l'entreprise du stoïcien Blossius de Cumes, ami d'Antipater de Tarse : après l'échec des Gracques, qu'il a soutenus jusqu'au bout et probablement conseillés, Blossius se met au service d'Aristonicos de

---

■ 38. Antipater, *ap.* Stobée, *Florilegium*, 67.25, p. 507.6 – 512.7 H. ; également Arius Didyme, *ap.* Stobée, *Eclogae*, II. 7. 11 b, p. 94. 7 W. ; premier indice chez Chrysippe, *ap.* Jérôme, *Adversus Jovinianum*, II. 48.

■ 39. Hiéroclès, *ap.* Stobée, *Floril.*, 67. 21-24, p. 502.1-507.5 Hense ; Musonius, *Diatribes*, 13 et 14 ; déjà chez Antipater, *ap.* Stobée, *Floril.*, 70.103, p. 539.5-540.6 Hense ; 67.25, p. 507.6-512.7 Hense.

■ 40. *Cf.* G. Reydams-Schils, *The Roman Stoics : Self, Responsability and Affection*, Chicago / London, The University of Chicago Press, 2005, p. 119.

■ 41. La nouvelle législation sur le droit privé, en particulier sur les règles régissant les mariages, mise en place par Auguste en 18 ap. J.-C., relève de manière frappante de la même logique, mais il est impossible de montrer qu'elle dépend effectivement des nouvelles positions stoïciennes en la matière.

Pergame, qui tenta de fonder une « Cité du Soleil [42] ». Cette cité était ainsi la réalisation *en droit* de l'égalité entre tous les hommes. On a voulu voir dans cette Cité la première – et unique – velléité de supprimer l'esclavage comme institution, donc d'aller jusqu'au bout du principe théorique stoïcien qui disqualifie toute définition conventionnelle de l'esclave : est esclave celui qui ne parvient pas à prendre le pouvoir sur lui-même et abandonne les rênes à ses passions [43]. Pourtant, dans l'*Héliopolis*, l'affranchissement de tous les esclaves ne semblait être prévu qu'à titre compensatoire, sous réserve, donc de leur participation au soulèvement provoqué [44].

Nous retrouvons une tendance légiférante similaire dans la tentative menée précédemment par les Gracques, dont l'objectif était de redistribuer les terres accumulées par de riches propriétaires, pour permettre à chaque citoyen de vivre correctement. Les Gracques prirent modèle sur Agis et Cléomène, réformateurs spartiates dont Sphaïros, élève de Zénon puis de Cléanthe, fut l'inspirateur [45]. Le modèle recommandé par Sphaïros est Sparte, qui incarne la Cité cosmique stoïcienne : le peuple, source et fin de l'État, est l'ensemble des citoyens-soldats égaux en nature et poursuivant le même idéal moral. En ce sens il s'agit bien là d'un modèle démocratique. Les institutions ne sont là que pour garantir une égalité non pas simplement de droit, mais également de fait, en corrigeant les possibles inégalités antérieures par des redistributions régulières des richesses. Cela se traduit par des coutumes communautaires et frugales : Sparte impose discipline, repas en commun, frugalité généralisée.

Sur ce modèle, l'objectif des Gracques était de « rendre aux pauvres les terres du domaine public [46] », *i.e.* de redonner au peuple le rôle qui lui revient, contre le système oligarchique en place. Ils articulent donc l'égalité rationnelle entre tous les hommes au souci de garantir par le droit cette égalité, ce qui correspond à l'entreprise de Sphaïros. Il faut que chacun puisse avoir la possibilité effective d'user du monde pour garantir sa subsistance, ce qui interdit la confiscation de ses ressources par une catégorie restreinte et figée de propriétaires. Cette tradition égalitariste d'influence spartiate est un effort pour traduire dans le droit le principe d'usage en commun du monde et de droit égal pour chaque citoyen à organiser sa subsistance et sa survie. De fait, et dans la droite ligne de la tradition spartiate, les Stoïciens tenants de cette position sont des partisans de l'*isomoria*, l'égalité de répartition des parts, qui doit être conservée et qui nécessite pour ce faire des redistributions régulières.

■ 42. Strabon, 14.38.646.
■ 43. DL, VII. 121 : « la liberté, c'est la possibilité d'être maître de ses actes, l'esclavage, une privation de cette maîtrise ».
■ 44. Les textes sont très incertains sur l'interprétation à donner au soulèvement d'Aristonicos, dont il faut rappeler qu'il était d'abord un prétendant éconduit au trône de Pergame. D'après Diodore de Sicile, Aristonicos avait sans doute profité de conflits latents pour rallier à sa cause des esclaves (*douloi*), mais surtout des paysans et montagnards locaux (*aporoi*), à qui il avait promis la liberté et des terres. On a effectivement appelé ces troupes les *heliopolitai*, peut-être en référence à la croyance anatolienne du Soleil Roi de Justice. L'influence du stoïcisme sur ces troupes reste douteuse (*cf.* K. Kyung-Hyun, "On the Nature of Aristonicus's Movement", *in* T. Yuge et M. Doi (eds), *Forms of Control and Subordination in Antiquity*, Leiden, Brill, 1988, p. 159-163.
■ 45. Sphaïros est l'auteur d'un *Sur la constitution politique des Lacédémoniens* (DL, VII. 178). Agis et Cléomène gouvernent entre 235 et 225. Pour les rapports entre Sphaïros et Cléomène, *cf.* Plutarque, *Vie de Cléomène*, 2. 2-3 ; 10. 11 ; 11. 4.
■ 46. Plutarque, *Vie de Tiberius Gracchus*, 8. 10.

Le principe stoïcien d'usage en commun du monde conduit logiquement[47] à un principe nié par la démocratie athénienne : l'*isomoria*. En ce sens, le stoïcisme admet deux principes qui fondent notre conception moderne de la démocratie : l'usage universel de la raison, qui est au fondement de la loi ; l'égalité revendiquée des parts, *i.e.* des droits, par l'énonciation d'un égal droit d'usage du monde. Tout ceci est cohérent avec les principes de la Déclaration Universelle des Droits de l'Homme et du Citoyen : chacun a le droit par principe de participer à la cité ; chacun doit en avoir la capacité effective, garantie par des conditions matérielles d'existence suffisantes à l'exercice de ses droits.

Il s'agit bien là de proposer une législation nouvelle, qui transforme la petite cité en prenant modèle sur les principes de la cité cosmique. Pour autant, il semble que plusieurs éléments propres à la doctrine stoïcienne fassent obstacle et rendent impossible le développement de cette tendance légiférante. Cela permettrait d'expliquer pourquoi nous avons si peu de témoignages d'engagement législatif effectif des Stoïciens.

De la morale au droit : l'impossible pas

Jamais en effet les Stoïciens n'admettraient que la préservation de la vie d'un individu a en soi une valeur. Or c'est ce présupposé qui légitime, en fait, le principe de l'*isomoria :* la vie a une valeur en elle-même et vaut d'être défendue, y compris par des voies légales. Cela est parfaitement absurde pour qui considère la vie non comme un bien – c'est-à-dire, ce qui sera toujours et inconditionnellement visé comme fin – mais comme un indifférent préférable, c'est-à-dire dont la valeur est déterminée par l'usage que l'on en fait[48]. Ainsi le stoïcien hésitera-t-il devant le cas de conscience suivant : faut-il sauver un génie de la mort, si sa survie implique la mort d'un autre (ou de plusieurs autres) individu(s) ? Les vies des individus ne sont pas de valeur égale et, pour cette raison, ne doivent pas être défendues de manière identique. Supposons qu'un sage et un insensé naufragés se disputent une unique planche de salut : si le sage se refuse à faire couler l'insensé, ce n'est pas parce que la vie de l'insensé est à préserver en elle-même, mais parce que préférer sa propre vie à celle d'un autre constitue une injustice, c'est-à-dire un motif de perdre sa vertu. Si deux sages sont cette fois en concurrence, on calculera lequel est plus utile à la communauté[49]. De la même façon, puisque la vertu peut s'exercer dans n'importe quelle circonstance, il n'est pas du tout nécessaire de faire une loi pour faire respecter le principe d'égalité dans l'usage du monde.

---

47. Certains stoïciens, dont Panétius et Scipion Emilien, comme le rappelle Cicéron, étaient pourtant contre ce modèle. Pour ces aristocrates, le paradigme reste Rome : la loi a pour objectif de conserver l'ordre établi et non de viser le bien pour le plus grand nombre, étant entendu que c'est précisément cet ordre qui néanmoins le permet. Il est licite d'accumuler des richesses, par héritage ou tradition, pour atteindre ce même objectif de préservation de son existence. Ils vont ainsi rejeter la définition du juste comme égalité stricte des parts : l'*aequitas* n'est pas la conservation stricte des parts initiales, mais l'application équitable du droit au vu des circonstances, proportionnellement au mérite de chacun. Cela seul permet de conserver l'ordre, l'équilibre et l'harmonie du Tout.

48. La vie est un indifférent préférable et non un bien (DL, VII. 102).

49. Ce sont les exemples d'Hécaton de Rhodes, disciple de Panétius, transmis par Cicéron, *De Officiis*, III. 89-91.

Ainsi, l'universelle participation des êtres à la cité cosmique est-elle désamorcée par deux biais : 1) on ne reconnaît pas de droit sacré de l'individu à la vie, puisque a) la vie n'a pas de valeur en soi et que b) les individus n'ont pas la même valeur entre eux ; 2) on ne reconnaît pas la nécessité de faire une loi qui permette à l'individu de jouir effectivement de ses droits, ou de mener une existence que l'on appelle à présent digne, puisque statut social et richesses sont aussi des indifférents, qui ne changent rien à la seule chose qui compte, la vertu, c'est-à-dire à la disposition droite de l'âme.

Un élément aurait pu contrecarrer cette tendance indifférentiste : le levier de la compassion. En effet, ce n'est pas parce qu'un individu a moins de valeur – car moins de perfections – que sa souffrance est légitime. Ce n'est pas non plus parce que le statut social et la richesse sont des indifférents que nous pouvons endurer que certains individus vivent, de fait, dans des conditions inhumaines. Le stoïcisme ne pouvait pas faire jouer ce levier, ayant posé que la souffrance n'est pas un mal, que la vertu (donc la dignité) est possible dans n'importe quelle circonstance, et surtout, que la

> **Le stoïcisme admet deux principes qui fondent notre conception moderne de la démocratie**

compassion – appelée pitié – est une passion, c'est-à-dire un affect entièrement négatif qui égare et ne peut pas, par conséquent, servir de règle d'action [50].

Pleurer, geindre, s'apitoyer sur autrui, prendre pitié, ne sont pas des moteurs d'action corrects. Les stoïciens sont en quelque sorte pris dans ce qui peut apparaître comme une contradiction. Au lieu de pleurer, il faut agir, dirait un stoïcien, donc, fournir à l'indigent ce dont il a besoin pour vivre. S'il ne se trouve personne pour le faire, on pourra expliquer à l'indigent qu'il peut tout de même être heureux, puisqu'il ne dépend que de lui d'être vertueux et que son bonheur réside dans sa vertu toute nue. Il ne lui reste donc qu'à accepter le sort indigne qui lui est fait et à en faire l'occasion de développer des vertus nouvelles [51]. Mais pourquoi ne pas en déduire qu'il revient à la cité et à la loi de prendre les indigents en charge ? Parce que cela serait admettre que les conditions d'existence sont importantes, tandis que la loi de la raison pose qu'elles ne le sont pas.

Ainsi les rapports que le stoïcisme entretient avec l'idée de démocratie sont-ils complexes, qu'il s'agisse des principes réglant la démocratie grecque ou bien les principes sous-jacents à notre idée moderne de la démocratie. Aucun texte par ailleurs n'indique explicitement que le modèle politique à choisir est la constitution démocratique, même si les efforts réels entrepris par les Stoïciens pour réformer la cité peuvent être compris comme appartenant

---

■ 50. La pitié est en effet une espèce de la passion principale qu'est la peine, laquelle est une contraction déraisonnable de l'âme. La pitié s'énonce comme suit : « une peine ressentie pour quelqu'un qui apparemment souffre sans le mériter » (DL, VII. 111).

■ 51. Tout obstacle peut ainsi être renversé et servir à définir une route nouvelle, comme le souligne Marc-Aurèle : « Mon élan spontané et ma disposition ne peuvent être entravés, parce que je puis choisir entre mes actes et renverser l'obstacle. L'intelligence, en effet, pour tendre au but qui la guide, renverse et déplace tout obstacle à son activité, et ce qui suspendait cette action devient action, et route ce qui barrait cette route ». (Marc-Aurèle, *Pensées*, V. 20, trad. Meunier, Paris, Garnier Flammarion, 1964).

à la mouvance des démocrates. Le seul passage qui préconise explicitement un régime particulier se trouve à la toute fin de notre texte [9].

Le type de régime préconisé

La difficulté de ce texte est double : d'une part, tout cela n'est pas très précis, d'autre part, le collage avec le paragraphe précédent est manifeste. Il y a fort à parier par conséquent qu'il ne s'agissait pas d'une position zénonienne, mais plus probablement d'une position proche de ce que défendait Panétius beaucoup plus tard, comme le montre le texte suivant, qui fait dialoguer Laélius avec Scipion Émilien :

> [10] Je me suis rappelé que tu avais souvent l'habitude de discuter avec Panétius en présence de Polybe, les deux Grecs peut-être les plus versés en politique, et que tu avais assemblé beaucoup d'arguments pour montrer que la constitution de loin la meilleure est celle que nous ont transmise nos ancêtres [52].

À l'époque de Scipion Émilien, disciple et ami de Panétius et de Polybe, Rome est encore une république, dans laquelle les institutions sont majoritairement respectées, en particulier les règles d'accession aux magistratures (limites d'âge, respect de l'ordre du *cursus honorum*, unicité des magistratures), ce qui empêche de fait la confiscation du pouvoir par un seul individu [53]. Le fonctionnement est mixte dans la mesure où l'essentiel est de conserver un régime équilibré par le respect des prérogatives des instances majeures : si l'on peut nommer un dictateur qui a tout pouvoir, ce n'est que de manière temporellement réduite, et toujours sous le contrôle du Sénat. Le discours de Laélius est très probablement l'occasion pour Cicéron de rappeler ce nécessaire équilibre, en particulier contre les menées démocratisantes des Gracques [54], et de se parer de l'autorité reconnue comme de la probité légendaire de Scipion Émilien, entouré de ses conseillers et amis Polybe et Panétius.

Le système préconisé est donc de conserver une constitution mixte, mélange de royauté, d'aristocratie et de démocratie : aux meilleurs l'on peut confier des charges exceptionnelles, pour des mandats exceptionnels, et ils peuvent gouverner en temps de crise de manière quasi-royale, mais ces procédures exceptionnelles sont prévues et encadrées par la constitution et le Sénat, qui veille sur le maintien du fonctionnement ancestral et équilibré de la république.

Nous retrouvons dans les textes stoïciens tous ces éléments. D'après les enseignements de Zénon, le modèle adéquat devrait être la monarchie : c'est le sage, ou au pire le philosophe, qui devrait guider la communauté en instaurant des lois conformes à la loi de la raison :

> [11] Seul il est libre, les hommes mauvais étant esclaves. La liberté est en effet le pouvoir de décider de sa propre action, l'esclavage la privation de ce pouvoir de décision.[...] Les sages ne sont pas seulement libres, ils sont également rois,

---

■ 52. Cicéron, *République*, I. 21.34 (LS 67 T).
■ 53. Remarquons que Scipion Émilien contrevient à ces règles, en vertu de son caractère exceptionnel.
■ 54. L'entreprise des Gracques était perçue par l'Arpinate comme démagogique, avec pour seul objectif d'accaparer le pouvoir et de rendre la cité ingouvernable, car soumise aux velléités d'une majorité manipulée par des orateurs tout puissants et peu scrupuleux.

la royauté étant un pouvoir qui n'est pas soumis à reddition de comptes. Cette royauté ne peut exister que dans le cas des sages, comme le dit Chrysippe dans son traité *Que Zénon a usé des noms au sens propre*. Il faut en effet que celui qui règne sache ce que sont les biens et les maux. Or aucun homme mauvais ne sait cela. De la même façon, seuls les sages sont magistrats, juges et orateurs, alors qu'aucun homme mauvais ne l'est [55].

La référence à l'aristocratie se comprend de manière littérale : ce sont les hommes « les meilleurs », c'est-à-dire les plus proches de la vertu, qui sont amenés à montrer la voie. C'est d'ailleurs ainsi que procédera Marc Aurèle, en s'entourant de conseillers et en s'efforçant de prendre les décisions de manière collégiale.

Quant à la référence à la démocratie, elle s'explique d'abord par la définition minimale de celle-ci : elle est le pouvoir du peuple, exercé en vue du bien de l'ensemble et non pas de quelques uns, ce qui est exactement ce que cherchent les Stoïciens. Elle se comprend, en second lieu, par l'insistance sur l'autonomie du citoyen, le « pouvoir de décider de sa propre action ». Cela ne désigne évidemment pas, pour un stoïcien, une liberté d'indifférence, mais bien plutôt la connaissance parfaite de ce qui détermine l'homme : la fonction de l'homme consiste à suivre la loi de la raison, c'est-à-dire la loi universelle du dieu ordonnateur du monde. La liberté est obéissance à la loi que l'on s'est choisie, adhésion volontaire à la nécessité naturelle. À chaque fois, prévaut le droit de l'individu à l'autonomie : autonomie rationnelle, autonomie de la femme qui a même vertu ; autonomie de l'individu dans la sauvegarde de sa vie et de son droit à préserver la vie de ses enfants et de ses proches. Le principe sous-jacent en est le suivant : c'est l'autonomie individuelle, le droit qu'a chacun d'être cause de ses actions.

Conclusion

Les principes qui ont été posés par le stoïcisme ne sont pas conformes, comme on l'a dit, à ce que les Anciens comprenaient sous le terme de démocratie, qu'il s'agisse de la démocratie entendue comme *isonomia-isêgoria*, ou bien comme la démocratie des sophistes. En effet, contre la première, les Stoïciens sont amenés à conclure que la loi doit être édictée et suivie par des raisons droites (sinon, elle n'est ni véritablement édictée comme loi, ni suivie comme telle). Contre la seconde, les Stoïciens ne pensent pas, comme les sophistes, que le juste et le bien peuvent être atteints de manière collective, au cours d'une discussion : ils s'atteignent de manière strictement personnelle, par l'effort d'une intériorité autonome. Il n'y a ainsi aucune réelle positivité de la rationalité exercée en commun.

En revanche, les principes sur lesquels est fondée notre conception moderne de la démocratie sont cohérents avec les principes stoïciens. D'une part, c'est la liberté du citoyen, son autonomie rationnelle, qui fonde la cité comme telle, puisqu'il est le noyau à partir duquel elle s'énonce ; ce noyau n'est pas atomique, il est un système de relations, mais un système qui s'est autoconstitué comme tel, à partir d'une autoélaboration rationnelle. D'autre

---

■ 55. DL, VII. 121-122.

part, cette autonomie fonde l'égalitarisme revendiqué entre tous les citoyens, c'est-à-dire de manière universelle tous les êtres dotés de rationalité. Chacun a de fait le droit de conserver sa vie, de se doter des ressources nécessaires à sa propre sauvegarde et à la sauvegarde de ses enfants. Le monde doit ainsi être possédé en commun et toute confiscation par une partie seulement de l'humanité (à l'échelle cosmique) ou par une classe sociale (à l'échelle de la petite cité) est illégitime, c'est-à-dire à la fois illégale et injuste.

Si démocratie il y a chez les Stoïciens, il s'agit en tout état de cause d'une démocratie *sans législation*, puisque la vertu des citoyens est le seul élément qui puisse être requis et qui ait une quelconque valeur. C'est pourquoi les traductions pratiques et juridiques des principes théoriques énoncés sont si peu nombreuses, qu'il s'agisse de la réforme du mariage, de la propriété privée, ou même de l'esclavage. Ce mouvement est en effet toujours potentiellement contré par la clause de réserve posée par Chrysippe : il ne faut surtout jamais perdre de vue sa propre tranquillité, et il convient de cesser la lutte si elle devient contradictoire avec notre équilibre intérieur, lequel est principe et origine de l'engagement dans cette lutte. L'entreprise politique de l'empereur stoïcien Marc Aurèle est à cet égard plus que significative : il a tenté d'aménager les lois, a introduit des changements très importants, mais s'est toujours heurté à deux obstacles, l'un théorique, l'autre pratique. Le premier obstacle, théorique, est à la fois interne et externe : a) la matière politique est, au fond, indifférente, et la considérer comme suffisamment importante pour devoir être changée, c'est déjà prendre le risque de se tromper dans sa direction générale, qui ne doit viser que le bien ; b) s'immerger dans le domaine des indifférents, c'est prendre le risque corollaire de perdre sa stabilité intérieure, de perdre à la fois sa vertu et son bonheur. Le second obstacle est pratique, et nous en revenons à la question que nous avions posée au tout début : la masse des sujets, ou bien des citoyens, n'est jamais qu'une masse d'insensés, fondamentalement déceptive, contre laquelle il faut lutter et contre laquelle on peut épuiser ses forces, Marc Aurèle fit l'expérience que l'on peut difficilement lutter contre la résistance des habitudes, des traditions, et que les principes moraux, si beaux et si vrais soient-ils, restent généralement lettre morte, parce qu'ils sont inaudibles *par principe* aux oreilles insensées. Puisque l'on ne peut pas les contraindre à être libres, moraux et droits, il faut endurer leurs imperfections avec patience et douceur, limiter leur pouvoir de nocivité en usant de fermeté et en gardant soi-même les yeux fixés sur la loi divine, et surtout se préserver soi-même, puisque c'est la condition nécessaire et préalable pour pouvoir réaliser les deux tâches précédentes.

Christelle Veillard
Université Paris Nanterre

Aperçus de la pensée stoïcienne

L'HÉRITAGE ARISTOTÉLICIEN DE LA RHÉTORIQUE STOÏCIENNE

Sophie Aubert-Baillot

Présente en creux dans les divers modes de structuration de la rhétorique stoïcienne, dans ses définitions mêmes, dans la délimitation de son champ d'application et de ses rapports à la dialectique ainsi qu'à la persuasion, dans la conception de sa vertu stylistique essentielle, la concision, la figure d'Aristote paraît centrale dans la réflexion oratoire menée par les Stoïciens. Elle incarne en effet, sinon un repoussoir, du moins un modèle théorique incontournable par rapport auquel il importe de prendre position. Paradoxalement, l'écart immense qui sépare leurs doctrines rhétoriques respectives atteste, de la part des Stoïciens, une connaissance précise de l'œuvre d'Aristote.

L e présent article se propose d'examiner l'influence qu'ont pu exercer les théories oratoires d'Aristote sur les philosophes du Portique car si l'on connaît la révérence que ces derniers éprouvaient pour les conceptions platoniciennes en matière de rhétorique, on néglige souvent l'importance qu'a revêtue la pensée du Stagirite dans l'élaboration de la doctrine rhétorique des Stoïciens. Le plus souvent, il s'agissait pour ces philosophes d'en prendre le contre-pied, fût-ce en s'inspirant de la terminologie aristotélicienne, mais en la subvertissant pour lui insuffler de nouvelles significations. Au préalable, rappelons que la *Rhétorique* d'Aristote est une œuvre ésotérique, c'est-à-dire un texte de travail, destiné à l'usage interne de l'école, transmis ensuite dans des conditions mystérieuses avant d'être édité à Rome au I er siècle par Andronicos de Rhodes. Nous ne pouvons donc qu'avancer des hypothèses sur la connaissance, directe ou indirecte, que pouvaient avoir de cet ouvrage les philosophes du Portique.

Dans le corpus des *Stoicorum Veterum Fragmenta* (*SVF*), les mentions d'Aristote sont rares, même si Zénon avait lu au moins le *Protreptique* du Stagirite [1] ; elles sont un peu plus fréquentes chez Chrysippe [2], dont nous connaissons le rôle déterminant dans l'approfondissement de la doctrine rhétorique du Portique. Quant à son élève Diogène de Babylonie (*ca.* 230-*ca.* 150/140), l'un des plus grands penseurs de son école, qui fut selon toute vraisemblance l'artisan d'une refonte théorique et terminologique des cinq vertus stoïciennes du discours, il annonce dans plusieurs domaines les inflexions doctrinales de son disciple Panétius de Rhodes, qui éprouvait une vive admiration à l'égard de Platon et d'Aristote [3].

Qu'en est-il précisément, à présent, de la rhétorique stoïcienne ? Définie comme « la science du bien parler » (ἐπιστήμη τοῦ εὖ λέγειν ; *scientia bene dicendi*) [4] tout comme la dialectique, toutes deux composant les deux parties de la logique, elle-même constituant l'un des trois pans de la philosophie, la rhétorique stoïcienne ressemble de prime abord à une anti-rhétorique [5]. Nulle différence de fond ne la sépare de la dialectique, ainsi que le démontre la fameuse métaphore de la main ouverte et du poing fermé employée par le fondateur du Portique, Zénon de Citium, pour définir ces deux disciplines l'une par rapport à l'autre [6]. Elles s'étendent virtuellement à toutes les formes de discours en vigueur dans les domaines politique et philosophique, voire dans des cadres non officiels tels les entretiens privés, à ceci près que la rhétorique procède par discours continus et la dialectique, par échanges de questions et de réponses [7]. Cette extension du champ d'application de la discipline oratoire est compensée par la restriction sémantique drastique que connaît dans la formule « science du bien parler » l'adverbe « bien », qui pourrait recouvrir en droit la correction grammaticale, la beauté esthétique, la valeur morale et l'efficacité pratique du discours. « Bien parler » revient

---

1. Stobée, *Eclogae*, IV, 32 a, 21 ; p. 786 Hense (= *SVF*, I, 273). Sauf indication contraire, toutes les traductions proposées sont personnelles.

2. Plutarque, *De Stoicis repugnantibus*, XXIV, 1045 f-1046 a (= *SVF*, II, 126 = *FDS* 217) sur la connaissance par Chrysippe de la dialectique péripatéticienne ; *ibid.*, XV, 1040 e-f (= *SVF*, II, 24) sur l'éthique d'Aristote.

3. Philodème le qualifiait même de « vivement féru de Platon et d'Aristote » (ἰσχυρῶς φιλοπλάτων καὶ φιλαριστοτέλης : Philodème, *Stoicorum Historia*, P. Herc. 1018, col. 61, 1-7 Dorandi = F1 van Straaten = T1 Alesse). Sur l'importance de Diogène de Babylonie dans l'approfondissement de la théorie rhétorique du Portique, nous nous permettons de renvoyer à S. Aubert, Per dumeta. *Recherches sur la rhétorique des Stoïciens à Rome, de ses origines grecques jusqu'à la fin de la République*, Paris 4, 2006, thèse inédite, p. 371-400.

4. DL, VII, 42 (= *SVF*, II, 48 = *LS* 31 A) ; Quintilien, *Institution Oratoire*, II, 15, 34-35 (= *SVF*, I, 491 = II, 292). Sur ce point, l'ouvrage de H. Gomperz, *Sophistik und Rhetorik. Das Bildungsideal des εὖ λέγειν in seinem Verhältnis zur Philosophie des V. Jahrhunderts*, Leipzig-Berlin, 1912 (= Darmstadt, 1965) demeure précieux. *Cf.* Pseudo Andronicos, Περὶ παθῶν, p. 243, 52 Gl.-Th. (= *SVF*, III, 267). Quintilien, *IO*, II, 15, 34 (= *SVF*, I, 491 = II, 292) attribue expressément cette définition à Chrysippe, qui l'aurait empruntée à Cléanthe : *scientia recte dicendi*. Voir encore Sextus Empiricus, *Adversus Mathematicos*, II, 6 (= *SVF*, II, 294) ; Anonymi, *Prolegomena in Hermogenis Status*, in *RhG*, VII, p. 8 Walz (= *SVF*, II, 293).

5. G. Moretti, *Acutum dicendi genus. Brevità, oscurità, sottigliezze e paradossi nelle tradizioni retoriche degli Stoici*, Bologne, 1995, p. 13. L'expression est reprise à son compte par J.-B. Gourinat, *La dialectique des stoïciens*, Paris, Vrin, 2000, p. 42. On la trouve également sous la plume de C. Imbert, *Logique et langage dans l'ancien stoïcisme. Essai sur le développement de la logique grecque* (thèse dactylographiée), Paris, 1975, p. 647, et de M. Alexandre, « Le travail de la sentence chez Marc Aurèle. Philosophie et rhétorique », in *Formes brèves. De la* γνώμη *à la pointe, métamorphoses de la* sententia, *La Licorne*, Poitiers, 1979, p. 125-158 (p. 157).

6. Cicéron, *Orator*, 113-114 (cité en partie en *SVF*, I, 75) ; *De Finibus*, II, 17 (= *SVF*, I, 75) ; Quintilien, *IO*, II, 20, 7 (cité en partie en *SVF*, I, 75) ; Sextus Empiricus, *AM*, II, 6-7 (cité en partie en *SVF*, I, 75 et II, 294 ainsi qu'en *LS* 31 E).

7. DL, VII, 42 (= *SVF*, II, 48 = *LS* 31 A).

en réalité à « dire ce qui est vrai et ce qui convient »[8] : ainsi définie, la rhétorique stoïcienne semble peu armée pour satisfaire aux exigences de la pratique oratoire. Réservée au sage mais inapte à persuader un auditoire d'insensés par essence rétifs à la cause philosophique, ne condamne-t-elle pas ses tenants à un quasi-mutisme qui met en péril le système lui-même ? La proximité – voire la confusion – des deux pans de la logique favorise de surcroît un idéal de minimalisme stylistique donnant lieu dans les faits à un mode d'expression décharné, heurté et rebutant, qui ne peut, selon Cicéron, qu'inviter à se taire[9].

Dans son refus d'en appeler aux passions, conçues comme des maladies de l'âme, et d'adopter pour but la persuasion à l'instar du sophiste Gorgias ou, plus tard, d'Aristote[10], la rhétorique stoïcienne paraît rejeter toutes les caractéristiques de l'art oratoire traditionnel et s'apparenter moins à la rhétorique des rhéteurs qu'à la dialectique des philosophes. Reprenant l'idéal platonicien du *Phèdre* d'une indissociabilité entre art authentique de la parole et attachement à la vérité[11], elle semble se placer aux antipodes de la conception aristotélicienne d'une rhétorique ayant trait aux opinions et au probable, d'autant qu'elle se définit non seulement comme un art (τέχνη), mais aussi comme une science qui, tout en partant des notions communes et des opinions admises, s'élève à la certitude et à la connaissance du vrai : aussi est-elle une vertu du sage, que de nombreux paradoxes stoïciens présentent comme le seul orateur véritable[12].

Paradoxalement, un écart aussi ample entre la doctrine rhétorique du Portique et celle d'Aristote nous semble attester une connaissance précise de la *Rhétorique* de la part des Stoïciens, quoiqu'ils cherchent le plus souvent à s'en démarquer vigoureusement tout en reprenant à leur compte une terminologie aristotélicienne comme pour mieux reconnaître leur dette. À défaut de pouvoir en examiner tous les aspects, nous nous concentrerons sur quelques exemples précis, en analysant successivement les liens unissant la rhétorique à la dialectique, la définition de la rhétorique stoïcienne comme « art qui s'occupe de l'ornementation du discours continu »[13], la division du discours rhétorique et enfin la vertu la plus emblématique du style stoïcien, à savoir la concision.

■ 8. Alexandre d'Aphrodise, in *Aristotelis Topica*, p. 1, 8-14 Wallies (= *SVF*, II, 124 = *LS* 31 D) : τ[ὸ] τὰ ἀληθῆ καὶ τὰ προσήκοντα λέγειν.

■ 9. Cicéron, *Fin.*, IV, 7 (= *SVF*, I, 492 = II, 288).

■ 10. Platon, *Gorgias*, 453 a : le sophiste éponyme soutient, selon Socrate, que « la rhétorique est ouvrière de persuasion » (πειθοῦς δημιουργός ἐστιν ἡ ῥητορική). Aristote la définit quant à lui comme « la capacité de discerner dans chaque cas ce qui est potentiellement persuasif » (*Rhétorique*, I, 2, 1355 b 26 : […] δύναμις περὶ ἕκαστον τοῦ θεωρῆσαι τὸ ἐνδεχόμενον πιθανόν, trad. fr. P. Chiron).

■ 11. Platon, *Phèdre*, 260 e.

■ 12. Philodème, *Rhétorique*, II, p. 210, 25-213, 30, col. VII-IX Sudhaus (= *SVF*, III Diog. 117) ; Alexandre d'Aphrodise, in *Arist. Top.*, p. 134, 13-16 Wallies (= *SVF*, III, 594) ; Lucien, *Les sectes à l'encan*, § 20 (= *SVF*, III, 622) ; Stobée, *Ecl.*, II, 7, 5b12 ; p. 67, 13-16 W. (= *SVF*, III, 654) ; Plutarque, *De Tranquillitate Animi*, 472 a (= *SVF*, III, 655).

■ 13. Plutarque, *St. Rep.*, XXVIII, 1047 a (= *SVF*, II, 297 = *LS* 31 H).

Rhétorique et dialectique

Indissociables l'une de l'autre, la rhétorique et la dialectique voient leurs définitions le plus souvent couplées, comme c'est le cas dans l'exposé de doxographie stoïcienne livré par Diogène Laërce au livre VII des *Vies et doctrines des philosophes illustres* :

> Quant à la partie logique, certains disent qu'elle se divise en deux sciences : la rhétorique et la dialectique [...]. La rhétorique est la science du bien parler dans le discours continu (περὶ τὸν ἐν διεξόδῳ λόγον), et la dialectique, la science de discuter correctement dans le discours fait de questions et de réponses (περὶ τὸν ἐν ἐρωτήσει καὶ ἀποκρίσει λόγον) [14].

Concevoir toutefois la rhétorique stoïcienne comme le « pendant » (ἀντίστροφος) de la dialectique revient à lui appliquer une grille de lecture aristotélicienne qui en biaise forcément la conception [15]. Chez le Stagirite en effet, la rhétorique est non seulement conçue en fonction de la dialectique, mais elle occupe une position subalterne. La métaphore même de l'ἀντίστροφος le laisse transparaître, puisque l'antistrophe désigne au théâtre le passage que chantait le chœur en retournant à la place dont il était parti pour chanter la strophe : elle *répond* donc à la strophe, et vient toujours en second. Peu après sa déclaration programmatique, Aristote ne précise-t-il d'ailleurs pas sa pensée en décrivant la rhétorique comme « une sorte de rejeton (παραφυές) de la dialectique, ainsi d'ailleurs que de l'étude des caractères, qu'il est légitime de nommer politique », avant de la qualifier de « partie (μόριόν τι) de la dialectique » – partie qui en même temps lui ressemble (ὁμοίωμα) [16] ? Autonome dans son domaine d'application, à savoir la persuasion dans le champ éthique et politique, la rhétorique aristotélicienne n'est rien d'autre qu'une forme de dialectique adaptée à des conditions particulières – contingence du matériau et limites intellectuelles de l'auditoire.

> La rhétorique aristotélicienne est une forme de dialectique adaptée à des conditions particulières

---

14. DL, VII, 41-42 (= *SVF*, II, 48 = *LS* 31 A) : Τὸ δὲ λογικὸν μέρος φασὶν ἔνιοι εἰς δύο διαιρεῖσθαι ἐπιστήμας, εἰς ῥητορικὴν καὶ εἰς διαλεκτικήν [...]. Τήν τε ῥητορικὴν ἐπιστήμην εἶναι τοῦ εὖ λέγειν περὶ τὸν ἐν διεξόδῳ λόγον καὶ τὴν διαλεκτικὴν τοῦ ὀρθῶς διαλέγεσθαι περὶ τὸν ἐν ἐρωτήσει καὶ ἀποκρίσει λόγον (trad. *LS*, retouchée). Pour un exposé similaire mais plus succinct, voir Pseudo-Andronicos, Περὶ παθῶν, p. 243, 52 Gl.-Th. (= *SVF*, III, 267) : « La dialectique est la science de bien discuter ; la rhétorique est la science du bien parler » (διαλεκτικὴ δὲ ἐπιστήμη τοῦ εὖ διαλέγεσθαι, ῥητορικὴ δὲ ἐπιστήμη τοῦ εὖ λέγειν).

15. La *Rhétorique* d'Aristote s'ouvre en effet sur la célèbre déclaration selon laquelle « la rhétorique est le pendant de la dialectique » (ἡ ῥητορική ἐστιν ἀντίστροφος τῇ διαλεκτικῇ : *Rhét.*, I, 1, 1354 a 1). Absent des *SVF*, le témoignage de Sopater, *Scholia ad Hermogenis status siue artem rhetoricam*, in RhG, V, p. 15, 15-16 Walz (= *FDS* 47) selon lequel « les Stoïciens l'appellent (*sc.* la rhétorique) le pendant de la dialectique » (Οἱ δὲ Στωϊκοὶ ἀντίστροφον τῇ διαλεκτικῇ αὐτὴν καλοῦσιν), isolé et tardif, nous semble sujet à caution. De toute évidence, les philosophes du Portique connaissaient la phrase d'Aristote, et s'ils n'ont employé nulle part ailleurs le terme d'ἀντίστροφος alors qu'il semblait s'imposer pour désigner les rapports qu'entretenaient les deux parties de la logique, c'est pour les distinguer délibérément, nous semble-t-il, de la théorie du Stagirite.

16. Aristote, *Rhét.*, I, 2, 1356 a 25-27 et 30-31 : συμβαίνει τὴν ῥητορικὴν οἷον παραφυές τι τῆς διαλεκτικῆς εἶναι καὶ τῆς περὶ τὰ ἤθη πραγματείας, ἣν δίκαιόν ἐστι προσαγορεύειν πολιτικήν [...]· ἔστι γὰρ μόριόν τι τῆς διαλεκτικῆς καὶ ὁμοίωμα (trad. fr. P. Chiron).

À l'inverse, les Stoïciens exploitent jusqu'à leurs conséquences extrêmes la contiguïté et les affinités de la rhétorique et de la dialectique, en distinguant ces disciplines non pas d'après leur champ d'action, mais du seul point de vue de leur mode opératoire. Le fond est identique, la forme seule diffère. Envisagés séparément, les deux pans de la logique sont définis comme des « sciences du bien parler », ce qui revient à dire le vrai : le modèle platonicien du *Gorgias* n'est plus de mise, qui cantonnait l'une au domaine de l'opinion, et assurait à l'autre la maîtrise de la vérité. Lorsque rhétorique et dialectique sont couplées en revanche, il convient d'insister sur la continuité du discours (περὶ τὸν ἐν διεξόδῳ λόγον) propre à l'une, l'échange de questions et réponses (περὶ τὸν ἐν ἐρωτήσει καὶ ἀποκρίσει λόγον) propre à l'autre, en vertu d'une opposition sans doute empruntée à l'Académicien Xénocrate [17]. Même dans ce cas toutefois, on ne saurait oublier leur unité de nature, puisque toutes deux portent sur le λόγος, conçu à la fois comme discours et argumentation [18].

Assumant à leur manière l'héritage du *Phèdre* platonicien qui voulait ramener à un seul et même art, placé sous l'égide de la vérité, discussions privées et harangues publiques [19], les Stoïciens se voient déchirés entre une conception extensive de la rhétorique et une approche plus traditionnelle de celle-ci, qui lui assigne pour domaines d'exercice les procès, les délibérations ou les célébrations, à la manière d'Aristote [20], en la cantonnant aux affaires publiques, loin de toute préoccupation spéculative. En témoigne la division canonique de la rhétorique stoïcienne en trois parties, à savoir la délibérative, la judiciaire et l'encomiastique (τὸ μὲν γὰρ αὐτῆς εἶναι συμβουλευτικόν, τὸ δὲ δικανικόν, τὸ δὲ ἐγκωμιαστικόν) [21]. En réalité, lorsqu'elle est examinée seule, à l'écart de la dialectique, la rhétorique fait l'objet d'analyses qui tendent à renforcer sa spécificité par rapport à l'autre pan de la logique tout en limitant du même coup son champ d'application, que Zénon avait voulu à l'origine le plus large possible, au point qu'il se confondît avec le domaine de la prose continue (λόγοι ἐν διεξόδῳ) – une prose de nature aussi bien oratoire que

■ 17. *Cf.* Sextus Empiricus, *AM*, II, 6 (= *SVF*, II, 294). On perçoit ici l'influence d'un modèle socratique de la dialectique comme argumentation rationnellement conduite, par questions et réponses. Cette dialectique telle que la concevait Zénon évolua par la suite vers une science portant sur tout le discours rationnel, à l'instigation de Chrysippe selon A. A. Long, « Dialectic and the Stoic sage », *in* J.-M. Rist (ed.), *The Stoics*, Berkeley-Los Angeles-Londres, University of California Press, 1978, p. 101-124 (p. 104-109).

■ 18. Anonymi, *Proleg. in Hermog. Status*, in *RhG*, VII, p. 8 Walz (cité partiellement dans *SVF*, II, 293) : « Les uns en effet ont qualifié <la rhétorique> de science d'après une perspective méliorative, en la définissant comme la "science du bien parler" : ce sont les Stoïciens. Par "bien parler" ils entendaient "dire le vrai" » (οἱ μὲν γὰρ αὐτὴν ἐκάλεσαν ἐπιστήμην ἀπὸ τοῦ μείζονος, ὁριζόμενοι « ἐπιστήμη τοῦ εὖ λέγειν », οἱ Στωϊκοί· τὸ δὲ εὖ λέγειν ἔλεγον τὸ ἀληθῆ λέγειν) ; Alexandre d'Aphrodise, in *Arist. Top.*, p. 1, 10-12 Wallies (= *SVF*, II, 124 = *LS* 31 D) : « Les philosophes du Portique définissent la dialectique comme la science du bien parler, en plaçant le bien parler dans le fait de dire ce qui est vrai et ce qui convient » (οἱ μὲν ἀπὸ τῆς Στοᾶς ὁριζόμενοι τὴν διαλεκτικὴν ἐπιστήμην τοῦ εὖ λέγειν, τὸ δὲ εὖ λέγειν ἐν τῷ τὰ ἀληθῆ καὶ τὰ προσήκοντα λέγειν εἶναι τιθέμενοι).

■ 19. Platon, *Phèdre*, 261 a-e : « La rhétorique en général ne serait-elle pas une psychagogie – un art de conduire les âmes – qui s'exerce par la parole, non seulement dans des tribunaux et dans toutes les autres assemblées publiques, mais encore dans des réunions privées […] ? » (261 a : Ἆρ᾽ οὖν οὐ τὸ μὲν ὅλον ἡ ῥητορικὴ ἂν εἴη τέχνη ψυχαγωγία τις διὰ λόγων, οὐ μόνον ἐν δικαστηρίοις καὶ ὅσοι ἄλλοι δημόσιοι σύλλογοι, ἀλλὰ καὶ ἐν ἰδίοις […], trad. fr. P. Vicaire).

■ 20. Aristote, *Rhét.*, I, 3, 1358 b 7-8.

■ 21. DL, VII, 43 (= *SVF*, II, 295 = *LS* 31 A).

philosophique[22]. Il n'est pas impossible qu'en raison de son intérêt pour l'aspect technique des disciplines relevant de la philosophie, Chrysippe soit à l'origine de cette spécialisation grandissante de la rhétorique ; il n'en demeure pas moins qu'en droit, celle-ci pouvait parfaitement servir à l'exposé de raisonnements philosophiques complexes et abstraits.

La rhétorique, « art qui s'occupe de l'ornementation du discours continu et de son ordre »[23]

Abordons à présent une autre innovation chrysippéenne qui pourrait traduire une influence aristotélicienne : il s'agit d'une définition transmise par Plutarque, qui n'est pas attestée ailleurs et ne coïncide pas avec celle que l'on cite habituellement comme stoïcienne, selon laquelle la rhétorique est la « science du bien parler » (ἐπιστήμη τοῦ εὖ λέγειν). Quintilien nous informe toutefois que Chrysippe était l'auteur de plusieurs définitions en dehors de celle de la « science du langage correct » (*scientia recte dicendi*)[24] – définition générique, applicable aussi bien à la rhétorique qu'à la dialectique. Aussi n'y a-t-il pas lieu de mettre en doute la validité du témoignage de Plutarque, qui nous éclaire sur la richesse et la complexité du double statut, à la fois technique et scientifique, de la rhétorique. Cette définition de Chrysippe porte en effet sur « l'art qui s'occupe de l'ornementation du discours continu et de son ordre » (τέχνην περὶ κόσμον καὶ εἰρομένου λόγου τάξιν) ; ce faisant, le scolarque offre des préceptes au progressant et non au seul sage, unique détenteur de l'ἐπιστήμη oratoire, et s'efforce d'ancrer ses conceptions philosophiques dans la réalité quotidienne des apprentis orateurs affiliés au Portique.

Cette attention portée à la pratique et cette concession à l'ornementation oratoire tendent à accréditer l'idée selon laquelle l'expression de « discours continu » (εἰρομένου λόγου) qu'emploie Chrysippe évoque bel et bien la *Rhétorique* d'Aristote, où la définition même de la période s'inscrit dans une opposition entre deux modes d'expression : la λέξις εἰρομένη, « cousue », coordonnée par le seul secours de la conjonction (τῷ συνδέσμῳ μίαν), procédant par addition, dénuée d'antithèses ou de balancements, et la λέξις κατεστραμμένη, « tressée », périodique[25], « structurée par des réseaux de relations entre les éléments du discours, ce qui suit étant annoncé par, et rappelant, ce qui précède[26] ». Proche du mètre de la poésie, dotée toutefois d'un rythme trop voyant pour être admise en prose, la λέξις εἰρομένη correspond à un mode d'expression archaïque, auquel a succédé, chez la majorité des écrivains, la λέξις périodique, selon les dires d'Aristote. Indéterminée (ἄπειρον), susceptible de se poursuivre à l'infini – ce qui lui confère un caractère inachevé et imparfait aux yeux du Stagirite -, elle est dénuée de finalité interne. Pour reprendre l'analyse de P. Chiron :

---

22. C. Atherton, « Hand over Fist : The Failure of Stoic Rhetoric », *CQ*, 38, 1988, p. 392-427 (p. 399) émet toutefois des réserves à ce sujet.

23. Plutarque, *St. Rep.*, XXVIII, 1047 a (= *SVF*, II, 297 = *LS* 31 H) : trad. D. Babut.

24. Quintilien, *IO*, II, 15, 35 (= *SVF*, II, 292).

25. Aristote, *Rhét.*, III, 9, 1409 a 24-27.

26. *Cf.* P. Chiron, *Un rhéteur méconnu : Démétrios (Pseudo-Démétrios de Phalère). Essai sur les mutations de la théorie du style à l'époque hellénistique*, Paris, Vrin, 2001, p. 67 ; et « La période chez Aristote », *in* P. Büttgen, S. Diebler, M. Rashed (éds.), *Théories de la phrase et de la proposition*, Paris, Presses de l'École Normale Supérieure, 1999, p. 103-130.

[elle] ne saurait atteindre l'unité que procure la réalisation parfaite, par le mouvement d'une forme immanente : sa fin n'est pas inscrite dans son cours. Elle reste « ouverte », sans cesse prête à s'augmenter d'un élément supplémentaire qui ne lui fera rien gagner en cohésion [27].

Il convient néanmoins de relever l'ambiguïté de la métaphore qu'utilise Aristote pour mieux illustrer sa conception de la période. Si dans le participe εἰρομένη, l'image est celle de la couture, de l'association de pièces entre elles, comme dans le cas des chaînons entrelacés d'un collier, P. Chiron indique la confusion possible avec la métaphore du tressage qui sous-tend la λέξις κατεστραμμένη, dans la mesure où le verbe εἴρειν peut aussi signifier « entrelacer » et même « tresser » [28]. Il est possible que dans sa définition de la rhétorique comme l'« art qui s'occupe de l'ornementation du discours continu et de son ordre », Chysippe ait choisi en connaissance de cause une expression aristotélicienne (εἰρομένος λόγος) qui traduisait son goût pour une prose rugueuse, mal dégrossie et non périodique. On pourrait toutefois défendre une autre hypothèse selon laquelle le Stoïcien aurait exploité l'ambiguïté du participe εἰρομένος ou tout simplement récusé le clivage instauré par le Stagirite entre les deux λέξεις ; il aurait donc conçu le discours « cousu », « continu » propre à l'art oratoire à la manière d'un entrelacement, traduit dans la *Rhétorique* aristotélicienne par la λέξις κατεστραμμένη.

> **Selon Chrysippe, le destin est le nom appliqué à l'univers**

Cette suggestion nous semble trouver une confirmation dans l'exposé de la théorie stoïcienne du destin, à laquelle Chrysippe consacra de nombreuses analyses. Selon lui, le destin ou εἱμαρμένη (littéralement « ce qui a été attribué par le sort », « fixé par le destin ») est le nom appliqué à l'univers (ὁ κόσμος) dans la mesure où de toute éternité, il régit tout irrévocablement d'après une « raison cohérente » (εἰρομένῳ λόγῳ) [29]. L'εἱμαρμένη est encore définie par les Stoïciens comme un « enchaînement (εἰρμὸν αἰτιῶν), c'est-à-dire un ordre (τάξιν) et une liaison inviolables, de causes » [30]. Comme dans la définition chrysippéenne de la rhétorique, nous constatons le lien qui unit la τάξις et le participe εἰρομένος, sur la racine duquel est formé le nom εἰρμός. Pour finir, le destin est décrit comme « une certaine ordonnance (σύνταξιν) naturelle et éternelle de la totalité des choses, les unes suivant les autres et se remplaçant les unes les autres en un inviolable entrelacement (ἐπιπλοκῆς) [31] ». À la notion d'« ordre » déjà relevée, se joint celle d'« entrelacement », qui incite à penser que si le destin (εἱμαρμένη) est décrit en ces termes, le discours continu (λόγος εἰρομένος) des Stoïciens pourrait bien lui aussi s'avérer moins

---

27. P. Chiron, *Un rhéteur méconnu*, op. cit., p. 68.
28. À propos de couronnes, voir Pindare, *Néméennes*, VII, 77. *Cf.* P. Chiron, *Un rhéteur méconnu*, op. cit., p. 72.
29. Arius Didyme, *apud* Eusèbe, *Praeparatio Evangelica*, XV, 15, 6 (= *SVF*, II, 528). *Cf.* DL, VII, 149 (= *SVF*, I, 175 = II, 915).
30. Aétius, *Placita*, 885 b (= *SVF*, II, 917 = *LS* 55 J) : trad. *LS*.
31. Aulu-Gelle, *Nuits Attiques*, VII, 2, 3 (= *SVF*, II, 1000 = *LS* 55 K) : *In libro* Περὶ προνοίας *quarto* εἰμαρμένην *esse dicit* φυσικήν τινα σύνταξιν τῶν ὅλων ἐξ ἀϊδίου τῶν ἑτέρων τοῖς ἑτέροις ἐπακολουθούντων καὶ μεταπολουμένων ἀπαραβάτου οὔσης τῆς τοιαύτης ἐπιπλοκῆς (trad. *LS*).

« cousu » que « tressé », pour reprendre la terminologie aristotélicienne. On ne saurait donc identifier selon nous à la prose archaïque dénigrée par le Stagirite le mode d'expression propre à la rhétorique telle que la concevait Chrysippe. Il n'en demeure pas moins remarquable que les Stoïciens aient éprouvé le besoin, fût-ce pour s'en démarquer, de reprendre la terminologie aristotélicienne en lui insufflant une signification nouvelle.

La division stoïcienne du discours rhétorique

Si l'on examine à présent la division du discours rhétorique (ὁ ῥητορικὸς λόγος) telle que la décrit Diogène Laërce, on observe que ce discours se divise en prologue (προοίμιον), narration (διήγησιν), réplique aux adversaires (τὰ πρὸς τοὺς ἀντιδίκους) et épilogue (ἐπίλογον) [32] et semble traduire dans la doctrine oratoire du Portique la prépondérance du modèle rhétorique judiciaire, comme le souligne la mention des « adversaires » (ἀντιδίκους, formé sur la racine de la justice, δίκη). Il est d'autant plus curieux, dans ce contexte et étant donné l'habileté argumentative de ces philosophes [33], que soit omise dans le plan transmis une section vitale, la preuve (πίστις, ἀπόδειξις) [34] : ce domaine fut même étudié et cultivé de façon approfondie par les Stoïciens dont les recherches favorisèrent la naissance, au IIe siècle avant J.-C., de la théorie hermagoréenne de l'invention, qui allait influencer la rhétorique jusqu'à Hermogène et au-delà.

Une telle particularité nous semble pouvoir s'expliquer par le désir qu'avaient les Stoïciens de prendre l'exact contre-pied de la *Rhétorique* d'Aristote, ce qui ne les empêchait pas d'en reprendre la terminologie en désignant la réfutation non sous le terme technique et courant de λύσις, qu'ils réservaient à la dissolution des sophismes, en vue de laquelle Zénon encourageait ses élèves à la dialectique [35], mais selon une dénomination aristotélicienne (τὰ πρὸς τὸν ἀντίδικον), qui figure à trois reprises au cours de la *Rhétorique*, toujours au livre III, deux fois dans le chapitre 13 consacré à l'organisation du discours et une fois au chapitre 17 concernant l'argumentation [36].

Au chapitre 13, Aristote décrète en effet qu'il existe deux parties principales du discours, la proposition (πρόθεσις) et la preuve (πίστις) [37] ou si l'on veut, la question posée (πρόβλημα) et la démonstration (ἀπόδειξις) [38]. Il estime ridicules (γελοίως) les divisions supplémentaires du discours, en l'espèce la narration et la réfutation, en raison de leur trop grande spécificité qui les rend impropres à figurer dans le plan d'un discours général, à vocation aussi bien judiciaire que délibérative ou épidictique. La première de ces parties est en effet tout particulièrement rattachée au discours judiciaire où

■ 32. DL, VII, 43 (= *SVF*, II, 295 = *LS* 31 A) : trad. R. Goulet, retouchée.
■ 33. *Cf.* J. Brunschwig, « Proof defined », *in* M. Schofield, M.F. Burnyeat, J. Barnes (eds.), *Doubt and Dogmatism. Studies in Hellenistic epistemology*, Oxford, Clarendon Press, 1980, p. 161-181 (p. 125-160) ; J. Barnes, « Proof destroyed », in *ibid.*, p. 161-181. Voir Quintilien, *IO*, XII, 2, 25 (= *SVF*, II, 25).
■ 34. Contrairement à C. Atherton, « Hand over fist », art. cit., p. 398, n. 16, nous ne pensons pas que l'absence de la preuve soit due au hasard des transmissions manuscrites.
■ 35. Plutarque, *St. Rep.*, VIII, 1034 e (= *SVF*, I, 50 = *LS* 31 L).
■ 36. Aristote, *Rhét.*, III, 13, 1414 b 1 ; III, 13, 1414 b 9 ; III, 17, 1418 b 5.
■ 37. *Ibid.*, III, 13, 1414 b 1.
■ 38. Aristote se souvient ici de la division dialectique en question et démonstration (*Analytica Priora*, II, 12, 62 a 21 ; II, 16, 65 a 36 ; I, 1, 24 a 11) et en fait l'application à la rhétorique.

il s'agit d'exposer les faits de façon exhaustive et détaillée ; la seconde l'est également, de sorte que sa place ne saurait se justifier dans un discours – qu'il soit délibératif ou épidictique – où l'on cherche à prouver une thèse de façon positive [39]. Dans ces conditions, les seules parties indispensables (ἀναγκαῖα) et propres au sujet (ἴδια) que retient Aristote sont la proposition (un genre, *genus*, dont la narration est l'espèce, *species :* si celle-ci peut être omise, celui-là ne le peut) [40] et la preuve, qui subsume la catégorie des réfutations (τὰ γὰρ πρὸς τὸν ἀντίδικον τῶν πίστεών ἐστι) [41]. Les parties du discours les plus nombreuses que l'on puisse recenser sont donc l'exorde (προοίμιον), la proposition (πρόθεσις), la preuve (πίστις) et la péroraison (ἐπίλογος).

Le plan-type du discours rhétorique stoïcien tient lieu de reflet inversé, pour ainsi dire, à une telle partition oratoire : seules les deux parties jugées secondaires par Aristote sont conservées, soit l'exorde et la péroraison, tandis que la proposition et la preuve sont supplantées respectivement par la narration (διήγησις) et la réfutation (τὰ πρὸς τοὺς ἀντιδίκους), toutes deux dotées d'une position subalterne dans la *Rhétorique* du Stagirite [42]. Au-delà du désir affiché de se démarquer d'un tel ouvrage, quelle justification pouvaient bien avancer les Stoïciens à l'appui d'une telle innovation ? Nous examinerons plus particulièrement le cas emblématique de la réfutation pour tâcher de comprendre la raison de cet écart par rapport à la tradition aristotélicienne.

> **Zénon proclamait l'inutilité d'une confrontation des points de vue dans un contexte judiciaire**

Tout d'abord, il est intéressant que la rhétorique judiciaire serve de modèle aux scolarques de l'Ancien Portique – qu'il s'agisse de Zénon ou de Chrysippe – pour définir les modalités d'une argumentation de qualité, adaptée à des auditeurs à la sagesse encore chancelante. En plus d'une alliance intime entre rhétorique et philosophie, l'insistance stoïcienne sur la section réfutative du discours traduit l'influence sur l'art oratoire de la dialectique, dotée d'une vocation critique primordiale. À ce titre, le témoignage rapporté par Plutarque dans ses *Contradictions stoïciennes* révèle que Zénon proclamait l'inutilité d'une confrontation des points de vue dans un contexte judiciaire : l'audition d'une seule des deux parties suffisait, contrairement à ce qu'avançait Aristote, partisan d'un affrontement entre les deux orateurs en contexte délibératif ou judiciaire [43]. En ce sens, la présentation originale de la section argumentative du discours-type que Diogène Laërce attribue aux « Stoïciens » dans leur globalité trouve bien un écho dans la pensée du fondateur du Portique. La difficulté provient de ce que le scolarque ne conservait pas dans le discours la partie réfutative, mais démonstrative. En effet, soit le premier des interlocuteurs avait réussi à démontrer sa position, soit il avait échoué, mais dans les deux cas, l'affaire

■ 39. Aristote, *Rhét.*, III, 13, 1414 a 37-1414 b 1.
■ 40. Voir Quintilien, *IO*, III, 9, 5.
■ 41. Aristote, *Rhét.*, III, 13, 1414 b 5-6.
■ 42. *Ibid.*, III, 13, 1414 a 31-b 10.
■ 43. *Ibid.*, III, 17, 1418 b 7-19.

pouvait être tranchée sans plus attendre[44]. Zénon entendait sans doute soutenir que le juge, s'il se rapprochait de la sagesse et possédait un talent dialectique, ne devait pas avoir besoin d'en passer par la confrontation de points de vue opposés pour découvrir la vérité d'une opinion, étant donné son aptitude à évaluer une opinion en elle-même, par exemple en percevant immédiatement ses déficiences logiques, ce qui équivaut précisément à une réfutation.

Cela étant, il semble que la division canonique du discours mentionnée par Diogène Laërce ne porte pas la griffe du fondateur du Portique, mais plutôt de son successeur Chrysippe, fort attentif à la vocation critique primordiale de la dialectique et accusé par Plutarque d'être plus habile à réfuter ses propres thèses qu'à les défendre, au point de fournir lui-même des armes à son adversaire néo-académicien Carnéade[45]. Telle un poulpe dévorant ses tentacules, la dialectique chrysippéenne subvertit, selon l'auteur du traité *Sur les notions communes*, la prénotion que nous avons de la preuve, et détruit ses propres principes[46]. Au-delà de l'outrance polémique, les affinités du procédé réfutatif avec la dialectique – domaine dans lequel Zénon, à l'inverse de Chrysippe, avait « beaucoup moins travaillé que les Anciens[47] » – contribuent à expliquer l'absence de la démonstration (ἀπόδειξις) positive dans le plan-type du discours rhétorique stoïcien.

De son côté, Chrysippe ne rejetait pas absolument la discussion des thèses adverses mais estimait qu'il est possible d'en faire un bon usage pédagogique[48]. Au lieu de « plaider » (μὴ μετὰ συνηγορίας) pour les thèses contraires à celles que l'on soutient, on peut montrer leurs défauts, détruire leur apparence de vérité (διαλύοντας αὐτῶν τὸ πιθανόν), bref les réfuter et immuniser ainsi encore mieux les disciples contre l'aporie, contrairement aux suggestions d'Aristote prescrivant des exercices de gymnastique dialectique susceptibles de secouer les assentiments déjà faibles des disciples et de saper les bases nécessaires à l'apprentissage des dogmes philosophiques.

La référence aux procès montre que Chrysippe donne en exemple le discours de l'orateur réfutant la partie adverse après avoir exposé sa cause : la réfutation incarne ainsi un moment pédagogique dans un exposé positif. Quoique Plutarque s'appuie sur la comparaison entre philosophes et avocats pour assimiler les Stoïciens aux sophistes en les accusant, à la manière de Platon, de chercher avant tout à terrasser l'adversaire[49], il est évident que Chrysippe ne pouvait avoir d'autre objectif que la vérité[50]. Si Zénon mettait en cause l'intérêt philosophique du débat contradictoire (en particulier pour le sage et les procès) mais non l'utilité pédagogique de la réfutation, Chrysippe en revanche raisonne bien du point de vue de l'effet produit par la discussion sur des auditeurs inexpérimentés. Pour autant, il n'adopte pas le modèle judiciaire que récuse Zénon, puisqu'il refuse lui aussi que l'on expose des thèses opposées pour les défendre l'une après l'autre. Les deux

---

■ 44. Plutarque, *St. Rep.*, VIII, 1034 e (= *SVF*, I, 78 = *LS* 31 L).
■ 45. *Ibid.*, X, 1036 b (= *SVF*, II, 32) ; Cicéron, *Lucullus*, 87-88 (= *SVF*, II, 109).
■ 46. Plutarque, *De Communiis Notitiis*, II, 1059 d-e.
■ 47. Cicéron, *Fin.*, IV, 9 (= *SVF*, I, 47 = *LS* 31 I).
■ 48. Plutarque, *St. Rep.*, X, 1 035 f-1036 a (= *SVF*, II, 127 = *LS* 31 P).
■ 49. Platon, *Théétète*, 167 d-168 a ; *Ménon*, 75 c-d.
■ 50. Plutarque, *St. Rep.*, X, 1037 b (= *SVF*, II, 129 = *LS* 31 P).

Stoïciens accordent donc le même privilège à la production d'une conviction positive chez l'interlocuteur, aux dépens de la discussion ouverte des opinions existantes et au profit de la réfutation impitoyable des positions adverses – une réfutation qu'il convient de rattacher à l'absence de la preuve dans la description d'un discours judiciaire-type, de sorte que ne subsiste que la réfutation en rhétorique.

La concision stoïcienne

Présente en creux dans les trois modes de structuration successifs auxquels est soumise la rhétorique stoïcienne – qu'il s'agisse soit de la division en « lieux », avec l'accent porté sur l'action oratoire (ὑπόκρισις) contrairement à ce que préconisait la *Rhétorique* du Stagirite [51], soit de la tripartition de la rhétorique en sections délibérative, judiciaire et encomiastique (ἐγκωμιαστικόν), mettant en valeur la singularité de la troisième d'entre elles par rapport au genre de discours épidictique (ἐπιδεικτικόν) d'Aristote [52], soit enfin du découpage du discours rhétorique soulignant la primauté de la réfutation sur la preuve, comme nous venons de l'analyser – la figure d'Aristote semble décidément centrale dans la réflexion oratoire menée par le Portique. Elle incarne en effet, sinon un repoussoir, du moins un modèle théorique incontournable par rapport auquel il importe de prendre position, et ce point nous semble corroboré par l'analyse des vertus du discours qu'avaient répertoriées les premiers philosophes stoïciens.

Les vertus du discours sont au nombre de cinq : la grécité, la clarté, la concision, la convenance, l'élaboration. La grécité est donc le mode d'expression qui consiste à s'exprimer sans faute, en respectant l'usage technique et non livré au hasard. La clarté est l'expression qui consiste à présenter la pensée de façon intelligible. La concision est l'expression qui consiste à n'employer que les mots nécessaires pour rendre manifeste l'objet du discours. La convenance est l'expression qui consiste à approprier son propos au sujet. L'élaboration est l'expression qui consiste à éviter la trivialité [53].

Selon le témoignage de Diogène Laërce, la liste des vertus du discours (ἀρεταὶ λόγου) stoïciennes est fort brève, et sa terminologie, quelque peu obscure. Décevante de prime abord, elle est en réalité trompeuse, faussement modeste et non restrictive, dans la mesure où la plupart des cinq vertus sont susceptibles d'une lecture élargie [54]. Le mélange de conventionalité et d'excentricité de cette liste semble issu d'une comparaison avec des versions de la doctrine stylistique telles que les contenaient la *Rhétorique* d'Aristote,

■ 51. DL, VII, 43 (= *SVF*, II, 295 = *LS* 31 A) : « Il existe aussi une division de la rhétorique en invention, élocution, disposition et action » (εἶναι δ᾽ αὐτῆς τὴν διαίρεσιν εἴς τε εὕρεσιν καὶ εἰς τὴν φράσιν καὶ εἰς τὴν τάξιν καὶ εἰς τὴν ὑπόκρισιν : trad. R. Goulet).
■ 52. *Ibid.*, VII, 42 (= *SVF*, II, 295 = *LS* 31 A) ; *Cf.* Aristote, *Rhét.*, I, 3, 1358 b 8.
■ 53. DL, VII, 59 (= *SVF*, III Diog. 24) : Ἀρεταὶ δὲ λόγου εἰσὶ πέντε· ἑλληνισμός, σαφήνεια, συντομία, πρέπον, κατασκευή. Ἑλληνισμὸς μὲν οὖν ἐστι φράσις ἀδιάπτωτος ἐν τῇ τεχνικῇ καὶ μὴ εἰκαίᾳ συνηθείᾳ. Σαφήνεια δέ ἐστι λέξις γνωρίμως παριστᾶσα τὸ νοούμενον. Συντομία δέ ἐστι λέξις αὐτὰ τὰ ἀναγκαῖα περιέχουσα πρὸς δήλωσιν τοῦ πράγματος. Πρέπον δέ ἐστι λέξις οἰκεία τῷ πράγματι. Κατασκευὴ δέ ἐστιν λέξις ἐκπεφευγυῖα τὸν ἰδιωτισμόν.
■ 54. *Cf.* S. Aubert, *Per dumeta, op. cit.*, p. 174-277.

qui insistait déjà sur l'importance de la correction, de la clarté et de la convenance [55], ou le traité de Théophraste *Sur le style* (Περὶ λέξεως), qui distinguait quatre qualités stylistiques envisageables de façon autonome, à savoir la correction, la clarté, la convenance et l'ornementation [56]. La dette des Stoïciens à l'égard de l'enseignement des Péripatéticiens est indéniable dans l'énoncé de vertus du discours qui sont avant tout vecteurs d'une rhétorique philosophique attachée à la vocation démonstrative du langage.

Il convient toutefois d'approfondir la question de la concision (ou συντομία), éclatante innovation au regard de la tradition rhétorique antérieure, notamment théophrastienne, au point d'être considérée comme une vertu anti-rhétorique.

> La concision est l'expression qui consiste à n'employer que les mots nécessaires pour rendre manifeste l'objet du discours (Συντομία δέ ἐστι λέξις αὐτὰ τὰ ἀναγκαῖα περιέχουσα πρὸς δήλωσιν τοῦ πράγματος) [57].

S'il est faux de voir dans la concision une innovation radicale du Portique, en rupture avec la tradition athénienne, puisque bien souvent, en guise de *captatio beneuolentiae*, les orateurs attiques promettaient à leur auditoire d'être brefs, les Stoïciens ont bel et bien étendu le domaine de la συντομία. Dans la tradition antérieure, la concision n'est l'apanage que de certaines sections du discours : la narration – dont les autres traits caractéristiques sont la clarté et la vraisemblance – mais aussi les parties de l'épilogue consacrées à la récapitulation de l'affaire [58] ou à l'appel à la pitié du public [59]. Ailleurs, la brièveté est permise partout où elle est appropriée : une conclusion de plaidoirie interminable, par exemple, desservirait l'avocat, lasserait le public et insinuerait que celui-ci est trop stupide pour se rappeler ce qui a été dit précédemment. En revanche, pour le Portique, la concision est toujours bienvenue, voire, de prime abord, cultivée pour elle-même, et non pour favoriser la vraisemblance du discours. Les témoignages à ce sujet sont quasi

> La dette des Stoïciens à l'égard des Péripatéticiens est indéniable

unanimes, et ce dès les origines du Portique. Le goût de Zénon pour la brièveté était tel qu'à quelqu'un qui lui déclarait que les sentences (τὰ λογάρια) des philosophes lui semblaient courtes, il répondit qu'il fallait même que leurs syllabes, si possible, soient brèves [60]. En revanche, Chrysippe était un auteur fort prolixe, dont Galien ou Sextus critiquent le style diffus et la tendance à revenir plusieurs fois sur le même argument au cours d'un seul ouvrage ou bien dans plusieurs de ses sept cent cinq livres [61]. Une telle discordance entre

---

■ 55. Aristote, *Rhét.*, III, 5, 1407 a 19-1407 b 25 (sur la correction) ; III, 2, 1404 b 2 (sur la clarté) ; III, 7, 1408 a 10-1408 b 19 (sur la convenance).

■ 56. Cicéron, *Orator*, 79 ; *Cf.* Simplicius, in *Aristotelis Categoria*, p. 10, 30-31 Kalbfleisch.

■ 57. DL, VII, 59 (= *SVF*, III Diog. 24).

■ 58. Quintilien, *IO*, VI, 1, 2.

■ 59. *Ad Herennium*, II, 50 ; Cicéron, *De Inuentione*, I, 109.

■ 60. DL, VII, 20 (= *SVF*, I, 328).

■ 61. Galien, *Placita Hippocratis et Platonis*, III, 4, 7 ; p. 192 De Lacy (= *SVF*, II, 902) ; Alexandre d'Aphrodise (*De Fato*, 35 = *SVF*, II, 1003) déplore lui aussi la longueur des raisonnements des Stoïciens, la surabondance des termes ainsi que la structure obscure de leurs arguments. Voir encore DL, VII, 180 (= *SVF*, II, 1), sur les sept cent cinq ouvrages de Chrysippe.

les deux scolarques souligne que la concision n'était pas dans la doctrine du Portique un absolu et ne pouvait pas l'être : elle était toutefois un préférable à privilégier dans les contextes où elle était appropriée. L'intention primant toujours sur la matérialité de l'acte aux yeux des Stoïciens, ces derniers devaient envisager des cas où un discours plus étoffé était nécessaire à la défense d'une cause juste, mais délicate à plaider, en vertu d'une casuistique mettant en balance la forme et l'enjeu du discours ; pourtant, les textes ne laissent guère entrevoir d'ouverture en ce sens : tout se passe comme si le style factuel et décharné était un impératif inconditionnel.

Malgré son laconisme, la description des cinq vertus stylistiques implique que toutes étaient requises en même temps dans un bon discours ; la concision ne pouvait abolir les quatre autres et devait s'ajouter à elles, coexister avec elles, selon des modalités que les textes ne nous ont pas conservées précisément [62]. Le lien de la concision à la clarté est notamment problématique, puisque dans la tradition rhétorique, la première est envisagée tantôt comme un auxiliaire de la seconde, notamment dans le *de Inuentione* [63], tantôt – ce qui est plus fréquent – comme un obstacle [64]. Cicéron distingue d'ailleurs deux sortes de brièveté, l'une, positive, qui évite toute redondance (*cum uerbum nullum redundat*), l'autre, négative, qui « n'emplo[ie] que le nombre de mots strictement nécessaire » (*sin tum est breuitas, cum tantum uerborum est quantum necesse est*), au risque souvent de nuire au récit en le rendant obscur et en lui ôtant sa qualité la plus importante : « son charme, son aptitude à persuader » (*ut [narratio] iucunda et ad persuadendum accomodata sit*) [65].

Le parallèle entre le second versant de la *breuitas* et la définition stoïcienne de la συντομία est évident, même si cette dernière introduit un ajout significatif par rapport à l'esquisse qu'en fournissait Cicéron, puisqu'elle n'englobe « que les mots nécessaires pour rendre manifeste l'objet du discours » (λέξις αὐτὰ τὰ ἀναγκαῖα περιέχουσα πρὸς δήλωσιν τοῦ πράγματος). Ainsi définie, la concision stoïcienne se substitue de façon révélatrice à la norme qu'incarne chez Aristote la « juste mesure » (μετρίως), comme en témoigne cet extrait du livre III de la *Rhétorique* où le Stagirite récuse une concision (συντόμως) de principe dans la narration :

il est ridicule de dire que la narration doit être rapide [...] ; car ici, la bonne proportion ne dépend pas de la rapidité ou de la brièveté (τὸ συντόμως), mais de la juste mesure (μετρίως) ; or celle-ci consiste à dire tout ce qui rendra manifeste l'objet du discours (τὸ λέγειν ὅσα δηλώσει τὸ πρᾶγμα), ou tout ce qui aura pour résultat d'en faire admettre l'existence [66].

■ 62. Nous ne sommes pas d'accord sur ce point avec G. Moretti, *Acutum dicendi genus, op. cit.*, p. 31, selon qui l'ajout de la concision met en péril la définition de la rhétorique. Il n'existe pas de contradiction entre cette vertu et la définition de la rhétorique comme discours sous une forme développée et continue ; même sous cette forme, le propos du Stoïcien reste concis. Voir encore *ead.*, « Suscitare o no le passioni ? Il ruolo di Publio Rutilio Rufo », *in* L. Calboli Montefusco (ed.), *Papers on Rhetoric*, vol. IV, Rome, Herder, 2002, p. 205-222 (p. 207).

■ 63. Cicéron, *Inu.*, I, 29, à propos de la narration. *Cf. De Or.*, III, 202, sur la brachylogie.

■ 64. *Cf.* H. Lausberg, *Elemente der literarischen Rhetorik*, Münich, 1963² (1949), § 407-408.

■ 65. Cicéron, *De Or.*, II, 326.

■ 66. Aristote, *Rhét.*, III, 16, 1416 b 30-1417 a 1 : Νῦν δὲ γελοίως τὴν διήγησίν φασι δεῖν εἶναι ταχεῖαν [...]. Οὐδὲ γὰρ ἐνταῦθά ἐστι τὸ εὖ ἢ τὸ ταχὺ ἢ τὸ συντόμως, ἀλλὰ τὸ μετρίως· τοῦτο δ' ἐστὶ τὸ λέγειν ὅσα δηλώσει τὸ πρᾶγμα ἢ ὅσα ποιήσει ὑπολαβεῖν γεγονέναι. *Ibid.*, III, 1414 a 24-26 : « En effet, à quoi

Les Stoïciens (du moins Diogène de Babylonie, selon notre hypothèse) semblent avoir eu connaissance de ce texte, à en juger par l'écho frappant entre l'adverbe aristotélicien συντόμως et la dénomination de leur propre vertu (συντομία), ainsi qu'entre le groupe δηλώσει τὸ πρᾶγμα et l'expression δήλωσιν τοῦ πράγματος. Ce faisant, les philosophes du Portique installent la brièveté au cœur de leur théorie oratoire en la présentant comme la norme de tout discours : elle trône désormais à la place qu'occupait la « mesure » (μετρίως) chez Aristote, en répondant à la même définition [67]. Soulignons à ce propos que la définition de la concision fait suite, dans l'exposé de Diogène Laërce, à la clarté (σαφήνεια) – avec laquelle elle entretient un lien étroit – et précède la convenance (πρέπον), comme pour souligner que la συντομία stoïcienne détient un lien intrinsèque avec la juste mesure. Il ne peut s'agir, nous semble-t-il, d'une coïncidence : l'ordre porte très vraisemblablement la griffe d'un Stoïcien, peut-être de Diogène de Babylonie lui-même, s'il est bien à l'origine de la codification des vertus du discours.

Loin d'être une fin en soi, une vertu monolithique, un produit aberrant de la théorie stylistique du Portique, la concision se révèle ainsi être un impératif conditionnel, inscrit dans une lignée rhétorique dont témoignent déjà Aristote ainsi que les orateurs athéniens du IVe siècle. Elle est en effet soumise à la double exigence de la convenance et de la démonstration (δηλῶ) qu'impose l'objet du discours : l'aspect laconique de sa définition permet à ce titre une certaine latitude dans son interprétation. Les positions de Zénon et de Chrysippe entrevues plus haut ne se contredisent donc pas. Dans le premier cas,

> **La concision se révèle être un impératif conditionnel**

Zénon affiche sa préférence pour le fond du discours par rapport à la forme ; en cela, il est d'ailleurs rejoint par Chrysippe, qui recommande de ne prêter attention ni aux solécismes ni aux obscurités lorsqu'on s'attache au meilleur (τοῦ βελτίονος) – entendons : à une exigence éthique [68]. Dans le second cas, on peut supposer que la prolixité de Chrysippe s'explique par le souci didactique d'éclaircir pour ses disciples une matière ardue.

À la manière du sage autorisé à parler comme si la richesse ou la santé étaient des biens afin de rallier les auditeurs à sa politique, ou du professeur qui recourt à l'argumentation *in utramque partem* pour détruire la force persuasive des arguments adverses sans pour autant recommander cette technique d'argumentation à des élèves aux convictions trop fragiles encore, Chrysippe s'autorise ici quelques libertés à l'égard de la concision que ne

tiendra que le style soit nécessairement clair, exempt de banalité, mais convenable ? C'est que s'il est diffus, il manquera de clarté ; il en ira de même s'il est concis (σύντομος), mais il est évident que ce qui sied, c'est le juste milieu (τὸ μέσον) » (τίνος γὰρ ἕνεκα δεῖ σαφῆ εἶναι καὶ μὴ ταπεινὴν εἶναι ἀλλὰ πρέπουσαν ; Ἄν τε γὰρ ἀδολεσχῇ, οὐ σαφής, οὐδὲ ἂν σύντομος, ἀλλὰ δῆλον ὅτι τὸ μέσον ἁρμόττει).

■ 67. Nous rejoignons tout à fait sur ce point la conclusion qu'avait tirée P. Vander Waerdt de son étude des théories politiques stoïciennes : « In fact, Diogenes'work marks an important change in his predecessors'critical attitude towards philosophical rivals, as he now reformulates Stoic philosophy in a variety of fields so as to incorporate their contributions » (in « Politics and Philosophy in Stoicism. A Discussion of A. Erskine, *The Hellenistic Stoa : Political Thought and Action* », OSAPh, 9, 1991, p. 185-211 – ici, p. 207-208).

■ 68. Plutarque, *St. Rep.*, XXVIII, 1047 d (= *SVF*, II, 298 = *LS* 31 H).

pourraient sans doute pas se permettre des *proficientes* qui, faute de posséder le jugement sûr du sage, seraient cantonnés dans un premier temps à un style sec et factuel pour éradiquer en eux toute tentation de cultiver l'amour de la parole pour elle-même. C'est pourquoi le silence et la concision font figure de préférables, du moins pour les progressants, particulièrement exposés aux sirènes du bavardage intempestif. On ne saurait encore une fois considérer la concision comme un absolu, car elle ne peut être souhaitable en toutes circonstances, ou face à tous les publics ; elle l'est d'une manière générale, de même que les autres vertus stylistiques qu'elle n'annule donc pas, mais avec lesquelles elle s'harmonise dans tout bon discours.

Pour conclure, l'héritage aristotélicien est bel et bien présent dans la doctrine oratoire du Portique, mais sous une forme paradoxale et en creux. En refusant d'assigner pour but à l'art oratoire la persuasion, en conférant une signification originale à la proximité entre rhétorique et dialectique, en étendant le champ d'application de la première à l'ensemble des discours continus sans la cantonner au domaine politique, en adoptant une division du discours profondément différente de celle qu'avait proposée le Stagirite, en définissant leur vertu stylistique la plus remarquable, la concision, à la manière de la juste mesure aristotélicienne, bref en procédant à une subversion systématique et minutieuse des théories et de la terminologie exposées dans la *Rhétorique*, les Stoïciens reconnaissent implicitement qu'il leur est impossible de ne pas définir, jusque dans les moindres détails, leur propre doctrine oratoire par rapport à celle de ce glorieux prédécesseur, mais ils s'en distinguent ouvertement afin de mieux s'inspirer de la conception platonicienne de la rhétorique telle qu'elle est exposée dans le *Phèdre*.

Sophie Aubert-Baillot
Université Grenoble Alpes
UMR 5316 LITT&ARTS - Translatio

DOSSIER

Aperçus de la pensée stoïcienne

IDENTITÉ ET INTENSITÉ DANS L'ANCIENNE *STOA*

Laetitia Monteils-Laeng

L'âme est pour les Stoïciens un corps pneumatique et dynamique, en interaction permanente avec le monde extérieur, elle s'en trouve modifiée de diverses manières. Dans la mesure où sa consistance morale est fonction de son degré de fermeté, sur la base de quel critère peut-on différencier les modalités psychiques moralement insignifiantes, de celles qui ont une valeur morale ? Pour répondre à cette question, on mettra en perspective les catégories stoïciennes avec les niveaux de qualification (*to poion*) décrits par Simplicius : l'état non fixe (*kinèsis*), l'état fixe non durable (*skhesis*) et l'état fixe durable, le but étant d'isoler, parmi toutes ces modifications de soi, ce qui est moralement significatif.

L a vertu stoïcienne est une science (*epistèmè*), elle s'oppose au vice, comme le savoir à l'ignorance. La vertu n'est susceptible d'aucun degré, il n'existe, par conséquent, aucune gradation dans la vertu. La rectitude qui définit l'action droite est semblable à celle d'un bâton, elle ne saurait être à moitié droite, ou plus droite qu'une autre[1]. Pas plus que la vertu, le vice ne connaît de degré, toutes les fautes sont égales[2]. Vertu comme vice relèvent de la *diathesis*[3] qui se distingue de

---

[1]. Diogène Laërce, *Vies et doctrines des philosophes illustres*, trad. fr. R. Goulet, Paris, Le Livre de Poche, 1999 (DL), VII, 127 : « Ils considèrent également qu'il n'y a rien entre la vertu et le vice, alors que les Péripatéticiens disent qu'entre la vertu et le vice il y a le progrès (moral). De même, disent-ils, qu'il faut qu'un bout de bois soit droit ou courbé, de même on est juste ou injuste, on n'est pas plus juste ou plus injuste, et il en va de même pour les autres vertus. ».

[2]. DL, VII. 120.

[3]. La vertu est une *diathesis*, cf. DL, VII. 98 : « On dit que parmi les biens relatifs à l'âme, les uns sont des dispositions (*hexeis*), d'autres des habitus (*diatheseis*), d'autres ne sont ni des dispositions ni des habitus. Sont des habitus (*diatheseis*) les vertus, sont des dispositions (*hexeis*) les occupations (*epitèdeumata*), ne sont ni des états ni des dispositions les activités (*energeiai*) » (trad. R. Goulet) ; de même que le vice : Stobée, *Eclog.*, II, 70, 21 W. = J. Von Arnim, *Stoicorum Veterum Fragmenta* (*SVF*), 3 vols, Teubner, 1964 et vol. 4, index par M. Adler, Teubner, 1964, III, 104.

l'*hexis* par son inflexibilité [4]. Les stoïciens ne s'interdisent cependant pas de penser le passage du vice à la vertu. Si ces deux pôles fonctionnent comme des extrêmes entre lesquels aucun intermédiaire n'est pensable, la transition de l'un à l'autre est néanmoins possible [5]. La *diathèsis* vicieuse n'a évidemment pas la stabilité absolue de sa version vertueuse.

La vertu selon les Stoïciens est aussi pensée comme une force. Chez Cléanthe, l'aspect intensif de la vertu est particulièrement mis en avant. La vertu est assimilée à une tension qui « si elle devient suffisante dans l'âme pour engendrer ce qui convient, [s'] appelle force (*iskhus*) et puissance (*kratos*) [6] ». L'assimilation de la vertu à une science (*epistèmè*) est ainsi complétée par une conception intensive qui autorise davantage la pensée des intermédiaires, en faisant de la vertu l'accomplissement d'une tendance naturelle.

La définition pneumatique de l'âme favorise cette approche en faisant de l'hégémonique le centre d'un champ de forces qui traversent ce dernier en permanence, et sur lesquelles l'hégémonique doit veiller de manière à les accorder selon une bonne tension (*eutonia*). La valeur morale d'une âme se mesure à l'aune de sa tension : quand la tension est suffisante, il y a eutonie, ce qui engendre une bonne disposition, tandis que la faible tension, atonie ou asthénie, est porteuse de vice [7]. L'âme est dynamique, elle est en permanence en interaction avec le monde extérieur et s'en trouve modifiée de diverses manières. Dans la mesure où sa valeur morale est fonction de son degré de fermeté et de stabilité, sur la base de quel critère peut-on différencier les modalités psychiques superficielles et moralement insignifiantes, de celles qui ont une valeur morale ?

Pour tenter de répondre à cette question, on mettra en perspective les catégories stoïciennes avec les niveaux de qualification ou du qualifié (*to poion*) qu'on trouve dans un témoignage de Simplicius [8] : le changement (*kinèsis*), la posture (*skhesis*) et l'état fixe durable dont on se demandera notamment s'il correspond à la disposition (*hexis*) et/ou à l'habitus (*diathesis*). Le but étant d'isoler, parmi toutes ces modifications de l'âme et de soi, ce qui est moralement significatif.

■ 4. Simplicius, *Commentaire des* Catégories *d'Aristote* (CAG), 237, 29-31 = SVF, II, 393.

■ 5. Le vice peut être interprété comme un relâchement maximal, la vertu comme un état de tension maximale. Vice et vertu, qui sont des *diatheseis* inflexibles, balisent comme deux extrêmes contraires le champ des dispositions morales possibles, sans qu'il existe entre eux des dispositions intermédiaires. Il y a comme un saut qualitatif de la *diathesis* vicieuse à la *diathesis* vertueuse (Plutarque, *De la vertu morale*, 441 c 4-10). L'*hexis*, qui est au contraire flexible, autorise une variation dans la tension et permet de penser le passage du vice à la vertu depuis son niveau. Hexis renvoie à tout un ensemble disparate d'occupations, de pratiques, de dispositions qui, par essence, ne sont ni bonnes ni mauvaises, mais qui sont nécessairement le fait d'un être qui a une *diathesis* vicieuse ou vertueuse (DL, VII 98).

■ 6. Plutarque, *Sur les Contradictions des Stoïciens*, 1034 d6-8 = A. A. Long, et D. N. Sedley (LS), *The Hellenistic Philosophers*, vol. 1, traductions et commentaires, vol. 2, textes grecs et latins, Cambridge University Press, 1987, *Les philosophes hellénistiques*, trad. fr. J. Brunschwig et P. Pellegrin, t. II, « Les Stoïciens », GF Flammarion, Paris, 2001 : 61C5.

■ 7. Plutarque, *Paradoxes des Stoïciens*, III, 22 : « La vertu est une, elle s'accorde avec la raison et la continuité de la constance » (trad. J. Molager) ; *De la Vertu morale*, 441 c 1-4 (pour la vertu comme fermeté) ; Cicéron, *Des fins des biens et des maux*, IV, 28, 77 : « Quoniam […] omne peccatum imbecillitatis et inconstantiae est. » : « Puisque […] toute faute suppose la faiblesse et l'incohérence » (trad. fr. J. Martha) ; Plutarque, *Virt. Mor.* 446 f-447 a (pour le vice comme *astheneia*).

■ 8. Simplicius, *CAG*, 212, 12-33. Commentateur d'Aristote et d'Épictète, Simplicius est un néoplatonicien du VIe siècle. Son commentaire des *Catégories* d'Aristote constitue une source de premier ordre, notamment pour le stoïcisme.

Psychologie pneumatique et morale de l'intensité

La psychologie stoïcienne est un monisme psychique rationnel où l'âme est pensée en termes de *pneuma* [9]. L'âme est conçue comme le centre de différents flux qui la rendent sujette à des variations intensives. Le vice et la vertu ne sont pas des états immatériels, ce sont bien des corps qui n'existent qu'une fois réalisés par l'être qu'ils manifestent [10]. Les dispositions morales sont donc naturellement assimilées à des états intensifs. Ce qui permet de comprendre les transformations de l'âme, sa capacité à se fixer en états durables, ou à l'inverse, à osciller en des dispositions contraires et incertaines.

L'âme est donc un corps, un corps pneumatique, et le *pneuma* est susceptible de différents niveaux d'organisation : *hexis*, *phusis*, *psukhè* et *logos*. Cette diversité s'explique par la proportion d'air et de feu qui détermine le niveau d'organisation de l'être et par le rythme des mouvements tensionnels ou vibrations du souffle : « Dès lors, les corps unifiés sont maintenus ensemble par la simple consistance (*hexis*), d'autres par la nature, d'autres par l'âme (*psukhè*) [11] » (nous traduisons). Liste à laquelle il convient d'ajouter un dernier niveau, celui de l'« âme douée de raison et de pensée » (*psukhè logon ekhousè kai dianoian*) [12]. Quatre ordres sont ainsi distingués : l'inerte (êtres dont l'unité est *hexis*), le végétal (*phusis*), les êtres animés (*psukhè*) et le « règne » du *logos*. L'individu humain traverse d'ailleurs dans les différentes étapes de son développement trois des quatre niveaux possibles de *pneuma*. L'embryon est « pneumatiquement » similaire à une plante, l'enfant à un animal, tandis que l'homme rationnellement mature correspond à la *psukhè logikè*. Le *pneuma* fonctionne comme un principe d'unification dont le niveau le moins intense est la consistance (*hexis*) qui est celle des corps dits unifiés [13]. Seuls les corps sont des êtres ; et l'*hexis* est ce dont ils tiennent la stabilité de leur être. Au bas de l'échelle, l'*hexis*, principe de consistance des corps inertes est un mouvement d'aller-retour du *pneuma* qui circule entre le centre et la périphérie de chaque corps. La tension s'exerce du centre aux extrémités et revient ensuite à son point de départ.

L'identité d'un être se mesure doublement à l'aune de sa tonicité : à un niveau biologique, l'appartenance à tel ou tel règne est fonction du niveau de

> **La valeur morale d'un individu se mesure à l'aune de la tonicité de son *logos***

9. J.-B. Gourinat, *Les stoïciens et l'âme*, Paris, P.U.F., 1996, p. 22-23 explique qu'il ne faut pas voir dans les « parties » de l'âme des portions statiques du souffle, car le modèle de l'activité de l'âme est celui de l'écoulement (SVF, II, 879). L'hégémonique est concentré sur lui-même en même temps qu'il est à l'origine des émanations qui parcourent le corps (SVF, II, 879). Pour les Stoïciens il n'y a qu'un seul principe et il est à l'origine des représentations adéquates comme des comportements passionnels. Ce principe c'est l'hégémonique.

10. Plutarque, *Des Notions communes contre les Stoïciens*, 45, 1084 a 9-b3 = SVF, II, 848 ; Sénèque, *Lettre à Lucilius* 113, 2.

11. Sextus Empiricus (SE), *Adv. Math.* (*AM*), IX, 81.

12. Plutarque, *De la vertu morale*, 451B = SVF, II 460.

13. SE, *AM*, IX, 78 : les corps se divisent en trois catégories : ceux qui sont unifiés (*hènomena*), ceux qui sont formés d'éléments reliés entre eux (*ek sunaptomenôn*), et ceux qui le sont d'éléments séparés (*ek diestôtôn*). *Cf.* T. Bénatouïl, « Échelle de la nature et division des mouvements chez Aristote et les Stoïciens », *Revue de métaphysique et de morale*, 2005/4, n° 48, p. 537-556, particulièrement p. 547-548.

complexité du *pneuma* ; à un niveau éthique, la valeur morale d'un individu se mesure à l'aune de la tonicité de son *logos*. Le niveau de tonicité permet ainsi d'établir des distinctions axiologiques à l'intérieur d'un même type, au moins pour le *logos*. La vertu est ainsi pensée comme eutonie, le vice comme atonie [14].

Conséquence de cette psychologie « pneumatique », l'âme humaine est potentiellement sujette à des variations. Des variations (mesurables quantitativement) qui impliquent des changements qualitatifs qui n'ont pas tous la même valeur significative. Quelles sont parmi les variations qualitatives celles qui sont moralement significatives ? Dans quelle mesure l'insensé dont l'âme oscille au gré des sollicitations extérieures a-t-il seulement une identité ? Lui dont le *tonos* est sujet à des oscillations dont l'amplitude est potentiellement très importante.

Poiotès et *poion* : catégories et niveaux de qualification

Tout ce qui se passe au sein de l'âme n'est pas également significatif : il y a des états transitoires, il y a des états durables. Certains sont moralement significatifs, d'autres insignifiants.

Les catégories stoïciennes

Chez les Stoïciens, tout être résulte de la composition d'une matière passive et indéterminée jouant le rôle de substrat (*hupokeimenon*) et d'une qualité (*poiotès*) produite par un principe actif, le *logos* divin présent en elle. La qualité s'unit au substrat pour constituer l'individu concret : « Et pourtant ils déclarent partout que la matière, d'elle-même inerte, et immobile, est le sujet des qualités, que les qualités sont des souffles et des tensions de l'air qui informent et façonnent chacune des portions de la matière où elles surviennent [15] ». La qualité est elle-même une entité corporelle qui « imbibe [16] » en quelque sorte la matière. C'est justement parce qu'elle est corporelle que la qualité peut affecter causalement la matière [17]. Le *pôs ekhon* et le *pros ti pôs ekhon* désignent, de leur côté, les manifestations de l'individu, respectivement, dans son rapport à lui-même et à l'extérieur :

> Pour dire les choses plus clairement : ils [les Stoïciens] appellent « manière d'être » tout ce qui est dans une certaine condition en vertu d'un caractère propre, mais qui est orienté vers autre chose ; et ils appellent « manière d'être relative » tout ce qui est de nature à devenir et à cesser d'être propriété de quelque chose sans changement interne ni altération qualitative, outre le fait de se référer à ce qui est à l'extérieur. Ainsi, lorsqu'une chose qui est dans une condition différenciée est orientée vers une autre chose, elle sera seulement manière d'être, comme par exemple la disposition, la science, la sensation. Mais quand elle est conçue, non

---

■ 14. *Cf.* note 7.

■ 15. Plutarque, *Sur les Contradictions des Stoïciens*, trad. fr. É. Bréhier, 43, 1054 a 9-b2 ; DL, VII. 134 = *LS* 44B.

■ 16. Nous empruntons cette formulation à A. A. Long et D. Sedley, *The Hellenistic Philosophers, op. cit.*, p. 38.

■ 17. La qualité est considérée comme le souffle (*pneuma*) ou la matière (*hulè*) disposés d'une certaine manière (*pôs ekhon*) (*SVF*, II, 379, 400). Pour Chrysippe, les qualités sont des « souffles et des tensions de l'air qui informent et façonnent les parties de la matière où elles surviennent » (Plut. *Not. Comm.*, 43, 1054A-B = *SVF*, II, 449). *Cf.* J.-B. Gourinat, *La dialectique des Stoïciens*, Paris, Vrin, 2000, p. 134, n. 2 et J.-J. Duhot, « Y a-t-il des catégories stoïciennes ? », *Revue internationale de philosophie* 45, 1991, p. 220-244, p. 240.

selon sa différenciation intrinsèque, mais seulement selon son rapport à autre chose, elle sera disposée de façon relative. En effet, un fils, un homme qui est à droite, ont besoin de certaines choses extérieures pour être ce qu'ils sont. C'est pourquoi, sans qu'aucun changement intrinsèque n'ait lieu, un père cesserait d'être un père à la mort de son fils, et l'homme qui est à droite cesserait de l'être si son voisin changeait de place. Mais le doux et l'amer ne sauraient devenir qualitativement autres, si leur pouvoir intrinsèque ne se transformait pas aussi [18].

Les « catégories » stoïciennes [19] comptent : le substrat (*hupokeimenon*), qui correspond au niveau de la matière formant le principe passif ; le sujet comme qualifié (*poion*) – et non la qualité (*poiotès*) – à partir duquel s'organisent les qualités particulières ; la manière d'être (*pôs ekhon*), qui considère le même être, mais du point de vue de ses constituants pris dans un état particulier [20] ; et, enfin, la manière d'être relative (*pros ti pôs ekhon*), qui renvoie au rapport de l'être à d'autres corps [21].

Le *pôs ekhon* ne se différencie cependant pas forcément de la qualité par son caractère accidentel, pas plus qu'il n'est systématiquement associé à une manière d'être temporaire. En revanche, le *pôs ekhon* s'ajoute au substrat déjà qualifié, et, en cela, il présuppose un être déjà qualifié. Là où la qualité constitue ce qui différencie un être, la manière d'être constitue une différenciation supplémentaire affectant une chose déjà qualifiée. Quant à la manière d'être relative (*pros ti pôs ekhon*), elle renvoie à une réalité conçue dans sa relation à autre chose. Ce qui distingue en propre la manière d'être relative, c'est qu'elle peut commencer ou cesser d'être sans que l'être auquel elle fait référence ne subisse de changement intrinsèque. La mort d'un enfant n'affectera pas ainsi intrinsèquement l'individu qui cesse d'être père, mais extrinsèquement ou relationnellement.

Les niveaux de qualification

Les modifications internes à l'âme peuvent être durables ou au contraire transitoires. Elles sont aussi plus ou moins révélatrices de ce que l'on est et

---

[18]. Simplicius, *CAG* 166, 15-27 = SVF, II, 403 (extrait partiel) = LS 29C., trad. J. Brunschwig et P. Pellegrin légèrement modifiée. Le *pôs ekhon* renvoie littéralement à ce qui « est en quelque manière » donc à une manière d'être, tandis que le *pros ti pôs ekhon* signifie ce qui « est en quelque manière par rapport à quelque chose » donc une « manière d'être relative ». Voir J.-B. Gourinat, *La dialectique des Stoïciens, op. cit.*, p. 129 et R. Müller, *Les Stoïciens*, Paris, Vrin, 2006, p. 78-79.

[19]. L'idée même de catégorie stoïcienne ne va pas de soi. Elles ne fonctionnent en tout cas pas à la manière aristotélicienne dans le sens où elles ne constituent pas des genres de l'être, ni à la manière néoplatonicienne (*Cf.* J.-B. Gourinat, *La dialectique des Stoïciens, op. cit.*, p. 130-132). Sur le statut des « catégories » stoïciennes, *cf.* C. Imbert, « Pour une réinterprétation des catégories stoïciennes », in *Théorie de la grammaire dans l'Antiquité. Cahiers de philosophie ancienne* 5, 1985, p. 263-285. Sur l'authenticité d'une théorie stoïcienne des genres de l'être et sur la date à laquelle elle aurait été produite *Cf.* J.-B. Gourinat, *La dialectique des Stoïciens, op. cit.*, p. 129 qui y voit une production tardive dont on ne trouve aucune trace avant le témoignage de Plotin (*Enn.*, VI, 1-3 [42-44]). Pour une interprétation divergente, *cf.* A. A. Long et D. Sedley, *The Hellenistic Philosophers, op. cit.*, p. 23-24 qui considèrent qu'on trouve une première formulation de cette théorie chez Plutarque (*LS* 28A6).

[20]. Sur le fait que le *pôs ekhon* (manière d'être) rassemble des réalités disparates, *cf.* Plotin, *Enn.* VI, 1, 30, 9-21 et Simplicius, *Commentaires des* Catégories. *Chapitres 2-4*, trad. fr. Ph. Hoffmann, commentaire par C. Luna, Paris, Les Belles Lettres, 2001, p. 713-717.

[21]. Au final, les deux premières catégories sont les supports des deux dernières catégories, les trois dernières catégories ont pour support l'*hupokeimenon*. *Cf.* J.-B. Gourinat, *La dialectique des Stoïciens, op. cit.*, p. 135 : « Les catégories apparaissent donc bien comme relevant de la physique. Il s'agit d'une typologie des différents affects d'un substrat corporel. »

de ce que l'on vaut. Comment distinguer les modifications accidentelles de l'âme de ce qui la qualifie moralement ? La théorie de la formation morale de l'âme croise, chez les Stoïciens, le problème des limites de ce qui nous constitue en propre et appelle l'étude des rapports qu'entretiennent, d'un côté, les catégories de *poion*, de *pôs ekhon* et de *pros ti pôs ekhon* avec les niveaux de qualification[22]. En effet, dès lors que toute variation intensive est à même d'entraîner une modification qualitative – prise au sens large –, toute interaction d'un être avec son milieu est susceptible d'entraîner une altération de soi. Par ailleurs, la vertu (et le vice) relève de la qualité[23] et est définie simultanément comme une *diathesis* de son substrat, l'âme[24].

Dans son témoignage, Simplicius établit une hiérarchie à l'intérieur de ce qui est susceptible de qualifier un être. Classification qui délimite au final ce qui constitue, à strictement parler, la qualité (*poiotès*) qui ne coïncide véritablement qu'avec le dernier sens. Ce classement ordonne, au sein du qualifié (*poion*), les états non fixes (*kinoumena*), les états fixes non durables (*skheseis*) et les états fixes durables et il s'organise en paliers de stabilisation (*cf.* Tableau 1 en Annexe) :

Certains des Stoïciens[25] définissent le qualifié (τὸ ποιὸν) de trois façons, et disent que deux de ces significations ont une extension supérieure à celle de la qualité (τῆς ποιότητος), alors que l'une seulement, ou une partie de l'une, coïncide avec elle. (1) En effet, ils disent que selon l'une des significations, tout ce qui est différencié est qualifié (ποιόν), qu'il soit quelque chose de changeant ou de fixe (εἴτε κινούμενον εἴη εἴτε ἰσχόμενον), qu'il soit difficile ou facile à défaire. En ce sens, non seulement l'individu prudent et celui qui tend le poing, mais aussi celui qui court, sont des individus qualifiés.

(2) Il y a un second sens, selon lequel ils n'incluaient plus les changements (κινήσεις), mais seulement les états fixes (σχέσεις), et qu'ils définissaient aussi comme ce qui est dans un état fixe différencié (τὸ ἰσχόμενον κατὰ διαφοράν) : tel est l'individu prudent, et celui qui est en posture de garde.

(3) Ils introduisaient comme troisième sens, le plus spécifique, de qualifié (ποιὸν) un sens qui n'incluait plus ceux qui sont dans un état fixe non durable (τοὺς μὴ ἐμμόνως ἰσχομένους), et dans lequel celui qui tend le poing et celui qui est en posture de garde n'étaient plus, selon eux, des individus qualifiés[26].

---

22. Gourinat, *La dialectique des Stoïciens, op. cit.*, p. 129 : « Le sujet fait partie de ce qu'il est convenu d'appeler les "catégories" stoïciennes. Et la qualité est la "caractéristique" [*skhesis*] du sujet considéré comme "tel" ou "qualifié" (*poion*) : le qualifié est lui aussi l'une des "catégories". » Sur les rapports entre "catégories" et niveaux de qualification, *cf.* C. Imbert, *Phénoménologies et langues formulaires*, Paris, P.U.F., 1992, p. 387 : « L'organisation en genres et en espèces cédait définitivement le pas à une catégorisation universelle et transposable, versant sur toute chose une scénographie de première approximation : un *substrat* sur lequel sont centrés, avec divers degrés de stabilité, une *qualité* caractéristique, une *manière d'être* aspectualisée par les marques spécifiques du verbe, une *relation* inscrite dans son régime ».

23. *SVF*, III, 259. M. E. Reesor, « The Stoic Concept of Quality », *American Journal of Philology* 75, 1954, p. 40-58, cf. p. 44 rappelle que l'un des traités attribués à Chrysippe s'intitule *Peri tou poias einai tas aretas* (*Sur le fait que les vertus sont de l'ordre de la qualité*).

24. *SVF*, III, 459.

25. Qui sont-ils ? Les commentateurs s'accordent au moins sur un nom, Antipater de Tarse. *Cf.* A. A. Long et D. Sedley, *The Hellenistic Philosophers, op. cit.*, 2001, p. 35 n. 2 et leurs commentaires liés au texte *LS* 28N et M. Isnardi Parente, *Introduzione allo stoicismo ellenistico*, Laterza, Roma-Bari, 1993, I., p. 114, n. 22.

26. Simplicius, *CAG*, 212, 12-23 = *SVF*, II, 390 (extrait partiel) = *LS* 28N, trad. fr. J. Brunschwig et P. Pellegrin.

Tout ce qui est qualifié (τὸ ποιòν) n'implique pas la possession d'une qualité [27], et *a fortiori* ne relève pas de la qualité (ποιότης).

(1) Pour qu'il y ait minimalement qualification, il suffit qu'il y ait différenciation, et cela indifféremment à la stabilité de l'état. Y correspondent tout aussi bien l'homme prudent, celui qui tend le poing, celui qui court [28]. Dans son sens le plus lâche, le « qualifié » s'applique à tout ce qui possède une caractéristique inhérente qui le différencie, même si cette caractéristique est temporaire. Ce qui exclut la dernière catégorie (*pros ti pôs ekhon*), dans la mesure où le « qualifié » renvoie à ce qui est différencié d'un point de vue intrinsèque et non à la relation entretenue avec une entité extérieure. Ce premier seuil de qualification s'étend aux *kinoumena*, aux états non fixes, aux mouvements que nous initions, à l'image de celui qui court. Ce premier niveau comprend également les choses qui, à l'inverse, sont maintenues dans un état fixe (*iskhomena*), ce qui renvoie au concept de *skhesis* (posture ou attitude). Ce premier niveau comprend aussi bien des propriétés absolues que relatives, il renvoie à des êtres déterminés durablement, à l'image de l'homme prudent, mais aussi à des manières d'être (*pôs ekhon*), celui qui tend le poing, ou encore à des êtres en mouvement, celui qui court. Il inclut a fortiori les *hexeis* (dispositions) et les *diatheseis* (*habitus*).

(2) Le second niveau de qualification exclut l'état changeant (*kinèsis*) et ne compte que l'état fixe (*skhèsis*). Celui qui court et celui qui tend le poing sont désormais exclus. L'état est fixe, mais pas forcément durable (celui qui demeure immobile en posture de garde).

(3) le troisième niveau – qui n'est pas proprement nommé pour l'instant – introduit un nouveau critère : le caractère durable. Seul l'homme prudent est, dans ces conditions restreintes, qualifié et correspond donc à la qualité (*poiotès*) au sens fort. Le qualifié rejoint alors la qualité [29].

(4) À l'intérieur même de cette conception étroite de la qualité, une nouvelle distinction est cependant encore produite (*voir* Tableau 2 en Annexe) :

Même parmi ces individus qui sont dans un état fixe différencié et durable, (4a) certains sont tels d'une façon qui coïncide exactement avec leur expression et notion, (4b) d'autres d'une façon qui ne coïncide pas exactement avec elles : ils excluaient ces derniers, et ne retenaient comme individus qualifiés que ceux qui coïncident [avec leurs qualités] et sont dans un état différencié durable [30].

■ 27. J. Brunschwig, « La théorie stoïcienne du genre suprême et l'ontologie platonicienne », *in* J. Barnes et M. Mignucci (eds), *Matter and Metaphysics. Fourth Symposium Hellenisticum*, Napoli, Bibliopolis, 1988, p. 19-127, p. 114-116.

■ 28. Les Stoïciens « définissent la qualité comme "la caractéristique de ce qui est qualifié" (*skhesis poiou*) et le sujet qualifié est "caractérisé relativement à la différence" (*iskhomenon kata diaphoran*) » (Simplicius, *CAG*, 212, 7-213,1 = *SVF*, II 390). Cf. J.-B. Gourinat, *La Dialectique des Stoïciens, op. cit.*, p. 126-127 : « Ce qui veut dire simplement que la qualité est la caractéristique qui différencie un sujet d'un autre. Si cette caractéristique lui est commune avec d'autres sujets [...] alors les Stoïciens parlent de qualité commune. Si cette caractéristique est ce qui est propre à ce sujet et que la différence de tout autre, alors ils parlent de qualité propre ».

■ 29. La catégorie « *manière d'être relative* » (*pros ti pôs ekhon*) ne relève pas du qualifié, et n'inclut donc pas les états non fixes (*kinèseis*). En revanche relèvent de la manière d'être (*pôs ekhon*), les états non fixes non durables (*skheseis*) et les états durables. Sur ce point, *cf.* J.-B. Gourinat, « Relations et relatifs : les Stoïciens contre Aristote », *Quaestio*, 13, 2013, p. 17-38, p. 26.

■ 30. Simplicius, *CAG*, 212-22-25 : « καὶ τούτων δὲ τῶν ἐμμόνως ἰσχομένων κατὰ διαφορὰν οἱ μὲν ἀπηρτισμένως κατὰ τὴν ἐκφορὰν αὐτῶν καὶ τὴν ἐπίνοιαν εἰσὶ τοιοῦτοι, οἱ δὲ οὐκ ἀπηρτισμένως. καὶ

La suite du texte précise qu'appartient au premier type (4a) le grammairien, le prudent qui ne sont ni en excès ni en défaut par rapport à la qualité qui les définit, de même que l'amateur de bonne chair ou de bon vin (*CAG*, 212-25-28) [31] ; de la section (4b) relèvent le gros mangeur et le gros buveur. Ces derniers impliquent en effet une détermination supplémentaire : le gros mangeur est ainsi un amateur de bonne chair, mais la réciproque n'est pas systématique. Ce supplément de détermination introduit paradoxalement une variable qui implique la possibilité de ne pas toujours coïncider avec la qualité en question. L'amateur de bonne chair relèvera de la qualité, car celle-ci est pour lui « une disposition permanente, constitutive de l'identité du sujet à travers le temps [32] », le gros mangeur non. Pourquoi ?

(5) En revanche, ceux qui sont définis comme tels avec adjonction des activités correspondantes, comme le gros mangeur et le gros buveur, ne sont appelés comme ils le sont que s'ils possèdent les parties corporelles qui sont de nature à leur permettre de jouir de leurs penchants [33].

On peut rapprocher cette conception restrictive de la qualité de la distinction posée plus loin par Simplicius entre *diathesis* et *hexis*. La *diathesis* se distingue de l'*hexis* par son inflexibilité : « En effet les dispositions (*hexeis*) sont dites capables de relâchement et de tension, les habitus (*diatheseis*) ne sont susceptibles ni de relâchement ni de tension [34] ». L'*hexis* est un concept qui supporte la tension et le relâchement (*anèsis/epitasis*), tandis que la *diathesis* est quasi-inamovible. Peut-on identifier la capacité à se relâcher et à se tendre qui caractérise l'*hexis* et, on imagine, les niveaux de qualification inférieurs (*kinèsis* et *skhèsis*), à ce qui est dit du niveau le plus lâche du qualifié (*poion*) ? À savoir qu'il peut être « difficile ou facile à défaire » (εἴτε δυσαναλύτως εἴτε εὐαναλύτως) [35]. Ce qui est susceptible de varier en intensité est-il forcément facile à défaire, à délier ? La variabilité qui peut affecter l'*hexis* et qui épargne la *diathesis* ne signifie pas forcément que l'*hexis* est un mode d'existence précaire. Elle est flexible, mais elle peut être durable. Le grammairien peut être ainsi qualifié comme tel durablement.

L'ensemble du qualifié se distingue en différents paliers de qualification par stabilisation progressive : ce qui relève du niveau supérieur appartient de fait aussi à tous les niveaux inférieurs. Au dernier niveau, il y a cependant comme un « décrochement [36] » de la qualité au sein du qualifié. À l'intérieur même de ce qui est entendu comme qualifié et qualité (Simplicius, *CAG*,

τούτους μὲν παρῃτοῦντο· <τοὺς δὲ ἀπαρτίζοντας καὶ ἐμμόνους ὄντας κατὰ διαφορὰν ποιοὺς ἐτίθεντο>. » (trad. J. Brunschwig et P. Pellegrin)

■ 31. M. E. Reesor, « The Stoic Concept of Quality », art. cit., p. 56 : « A disposition (*hexis* or *diathesis*) is a condition which has some duration and which is the cause of its own individuality and not dependent upon externals. For example, a man who eats food (*opsophagos*) can have this condition (*skhesis*) only if food is available, but a man who is a lover of food (*philopsos*) has this natural disposition whether he has food at any given moment or not (*SVF*, II, 393) » (p. 54).

■ 32. J. Brunschwig, « La théorie stoïcienne du genre suprême et l'ontologie platonicienne », art. cit., p. 115

■ 33. Simplicius, *CAG*, 212, 212-28-30. trad. J. Brunschwig et P. Pellegrin

■ 34. Simplicius, *CAG*, 237, 29-31 = *SVF*, II, 393 : « καὶ γὰρ τὰς μὲν ἕξεις ἐπιτείνεσθαί φασιν δύνασθαι καὶ ἀνίεσθαι, τὰς δὲ διαθέσεις ἀνεπιτάτους εἶναι καὶ ἀνανέτους. », nous traduisons.

■ 35. Simplicius, *CAG*, 212, 16.

■ 36. Expression empruntée à J. Brunschwig, « La théorie stoïcienne du genre suprême et l'ontologie platonicienne », art. cit., p. 119.

212-12-23), ce qui correspond à la qualité est encore ultimement resserré : il n'y a qualité que là où il y a parfaite identité, équivalence, coïncidence de l'être avec sa qualité dont il épouse parfaitement les contours, et ce, de façon permanente. Dans quelle mesure la flexibilité de l'*hexis* lui interdit-elle de correspondre aux exigences de ce qui est pleinement et de façon restrictive qualité (*poiotès*) ? Peut-on raisonnablement exclure de la qualité (*poiotès*) tout ce qui n'est pas *diathesis* ? Cela aurait pour conséquence la confusion entre les niveaux *skhèsis* et *hexis*. La réponse nous est donnée par le témoignage de Simplicius :

> C'est pourquoi, si l'on est gros mangeur, on est aussi, de toute façon, amateur de bonne chair ; mais si l'on est amateur de bonne chair, on n'est pas gros mangeur de toute façon ; car si les parties corporelles qui permettent d'être gros mangeur viennent à faire défaut, c'en est fini d'être un gros mangeur, mais l'on n'a pas perdu la disposition (*hexis*) d'un amateur de bonne chair [37].

L'amateur de bonne chair relève de l'*hexis*. Or l'amateur de bonne chair constitue l'un des exemples de qualité où l'individu – le qualifié (*poion*) – est dans un rapport d'équivalence avec sa qualité (*poiotès*). L'excès qui caractérise le gros mangeur peut avoir pour conséquence qu'il cesse de posséder cette *hexis* (si, par exemple, à cause d'un ulcère à l'estomac, il doit modifier son régime, ou parce qu'il aurait perdu ses dents comme le dit J. Brunschwig [38]), mais il n'aura pas pour autant perdu son *hexis* d'amateur de bonne chair. Au final, la qualité peut être *hexis* sans excès ni défaut et *diathesis* [39].

Il n'y a qualité que là où il y a parfaite identité

Dans ces conditions, on pourrait encore introduire une ultime restriction au sein de la qualité. Ne correspondrait alors à cette étroite conception que la *diathesis* ; et en premier lieu, le vice et la vertu qui sont à proprement parler les seules choses qui ne soient pas indifférentes, par opposition aux *hexeis* qui ne sont, à strictement parler, ni bonnes ni mauvaises [40]. Le grammairien serait alors exclu, seul resterait l'homme prudent. La *diathesis* recouvre en effet intégralement ce qui est moralement qualifié et se décline en une opposition binaire et exclusive (vice/vertu). L'*hexis* désigne, de son côté, un niveau plus superficiel qui n'est jamais moralement caractérisé.

■ 37. Simplicius, *CAG*, 212-30-33. trad. J. Brunschwig et P. Pellegrin.
■ 38. J. Brunschwig, « La théorie stoïcienne du genre suprême et l'ontologie platonicienne », art. cit., p. 115.
■ 39. Une même réalité peut être qualifiée d'*hexis* et de *diathesis*, toute *diathesis* étant par définition aussi une *hexis*. La réciproque n'est en revanche pas vraie. Par ailleurs, une même chose peut relever de plusieurs « catégories » : la science ou la vertu sont du qualifié (*poion*) et de la qualité (*poiotès*) au sens étroit, mais elles sont aussi de la manière d'être (*pôs ekhon*). Dans le témoignage de Simplicius, *CAG* 166, 15-29 = *LS* 29C = extrait partiel de *SVF*, II, 403, l'*hexis* comme la science et la sensation sont intégrées à la catégorie *pôs ekhon*, alors que l'*hexis* est par ailleurs (*LS* 28N) intégrée à la catégorie du *poion* et correspond même à la conception étroite de la *poiotès*. La science, selon la façon dont on la considère, peut relever du *pôs ekhon* en ce qu'elle concerne l'âme disposée d'une certaine façon (Cf. *LS* 33P2 et 45C et les commentaires de A. A. Long et D. Sedley, *op. cit.*, p. 48), mais aussi du *poion*, et dans le *poion*, de la *poiotès*, dans la mesure où elle qualifie l'âme d'une façon fixe et stable, et, qui plus est, de manière à ce que le qualifié (le sujet sachant) et la qualité (la science) coïncident parfaitement, sans qu'il n'y ait ni excès ni défaut. Cela est vrai aussi de la vertu qui est d'ailleurs une science et qui rentre dans la classe des *diatheseis*.
■ 40. Cf. DL, VII. 98

À quoi sert cependant cette gradation des niveaux de qualification ? Dans son article paru en 1988, J. Brunschwig[41] montre que la visée de cette distinction (qualifié/qualité) est d'accorder une forme d'existence relative, du moins de rendre pensable un qualifié qui peut être incorporel. Les attaques lancées contre la doctrine stoïcienne du genre de l'être et les disputes internes à l'école qui s'ensuivirent auraient rendu nécessaire cette distinction qualifié (*poion*)/qualité (*poiotès*). De notre côté, nous essayons de montrer que cette distinction peut aussi et par ailleurs nous aider à mieux saisir ce qui, parmi les différents états de l'âme, est moralement significatif.

Excepté pour le sage dans un état d'apathie et d'eutonie permanent, tout événement est cependant a priori susceptible de modifier l'être d'un homme, notamment de l'homme passionné dont l'âme est perméable à tout événement extérieur. Dans ces conditions, comment peut-on identifier ce qui constitue en propre un homme quand son âme ne cesse d'osciller au gré des événements extérieurs[42] ? Nous venons de voir qu'au sein du qualifié (*poion*) ce qui souscrit aux conditions de la qualité (*poiotès*) est défini de façon restrictive et qu'au sein de la qualité, seule la *diathesis* constitue une manière d'être, prise au sens large, moralement qualifiable. Dans quelle mesure l'insensé dont l'âme oscille au gré des sollicitations extérieures a-t-il seulement une identité morale[43] ? Lui dont le *tonos* est sujet à des oscillations dont l'amplitude est potentiellement très importante.

L'insensé et les intermittences de l'identité

L'homme vicieux ou l'insensé n'est ni cohérent, ni ferme, ni stable[44]. Il est même tout le contraire. Tout ce qu'on prête à la *diathesis* vertueuse, on le refusera à la *diathesis* vicieuse, de la même façon que l'insensé est tout ce que n'est pas le sage. La figure du progressant, sur laquelle le stoïcisme de l'époque impériale mettra l'emphase, nous invite cependant, non pas renoncer à l'opposition binaire entre le vice et la vertu, mais à envisager le passage de l'un à l'autre sous la forme d'une intensification, le vice étant comme nous l'avons dit plus haut une forme de relâchement maximal, la vertu, une tension optimale. Plus un individu est moralement inaccompli, loin de la vertu et de son apathie tranquille, plus son âme sera susceptible de varier. La propension à la variation, aux changements intérieurs qui peuvent parfois glisser vers des structures conflictuelles chez certains insensés, est due en effet à une mauvaise tension, comme en témoigne Plutarque :

> Certains [les Stoïciens] disent que la passion n'est pas autre chose que la raison et qu'il n'y a ni dissension ni conflit (οὐδὲ δυεῖν διαφορὰν καὶ στάσιν) entre les deux, mais un infléchissement d'une raison unique dans deux directions, infléchissement que nous ne remarquons pas du fait de l'acuité et de la vitesse du changement. Nous ne percevons pas que l'instrument naturel de l'appétit et du regret, ou de

■ 41. J. Brunschwig, « La théorie stoïcienne du genre suprême et l'ontologie platonicienne », art. cit., p. 114-127.
■ 42. Sur les rapports entre l'*idia poiotès* (qualité propre), l'*idiôs poion* (le qualifié de manière propre) d'une part, et la qualité (*poiotès*) et le qualifié (*poion*), d'autre part *Cf.* M. E. Reesor, « *Poion* and *Poiotês* in Stoic Philosophy », *Phronesis* 17, 1972, p. 279-285 et E. Lewis, « The Stoics on identity and individuation », *Phronesis* XL, 1995, p. 89-108.
■ 43. *Cf.* note 41.
■ 44. *Cf.* note 7 et Cicéron, *Tusculanes*, IV, 12, 29 = *SVF*, III, 425 : « Le caractère vicieux est une disposition ou un état d'inconstance et de désaccord de la vie tout entière avec elle-même. » (trad. fr. É. Bréhier).

la colère et de la peur, est la même partie de l'âme, qui est portée vers le mal par le plaisir, et qui dans son mouvement se ressaisit elle-même de nouveau. Car l'appétit, la colère, la peur et toutes les choses semblables sont des opinions et des jugements corrompus (δόξας καὶ κρίσεις πονηράς), qui n'apparaissent pas dans une partie seulement de l'âme, mais sont des inclinations, les fléchissements, les assentiments, les impulsions de la faculté directrice tout entière et, d'une manière générale, des activités qui changent rapidement, comme les batailles d'enfants dont la furie et l'intensité sont instables et passagères, étant donné la faiblesse (ὑπ' ἀσθενείας) de ces enfants [45].

Dans ce texte il n'est pas directement question du vice mais des passions qui peuvent engendrer une sorte d'oscillation conflictuelle au sein de l'âme [46]. La passion n'est pas forcément le vice, elle n'en est d'ailleurs pas nécessairement le symptôme, puisque pour que de la répétition de passions naisse le vice, il faut le temps long de l'habitude [47]. La passion mène toutefois au vice quand elle a suffisamment pénétré l'âme pour la rendre malade. La maladie de l'âme se définit par un ensemble d'opinions nous disposant à certains désirs qui finissent par se sédimenter [48]. La raison se retourne alors contre elle-même selon le motif de la *diastrophè* (perversion de la raison [49]) qui coïncide avec la prévalence indue d'un ensemble d'opinions au sein de l'âme, opinions qui exercent entre elles des relations contradictoires et potentiellement conflictuelles [50]. L'homme vicieusement passionné agit sur la base d'un jugement faux, dans un état d'ignorance qui correspond à une défection de la droite raison et qui se confond avec le vice d'intempérance [51]. Ce qui est dit des passions peut alors être affirmé des vices ainsi que de tous les comportements malhonnêtes. En effet, ce sont les passions qui produisent les maladies de l'âme, les affaiblissements passagers, ainsi que les états pathologiques chroniques (affaiblissements profondément enracinés). Une fois le vice installé dans l'âme, la propension à ressentir des passions en vient à s'aggraver. Il ne faut toutefois pas imaginer l'homme vicieux dans un état de fébrilité ou d'emportement constant, même si fréquemment – et non toujours – la passion conduira chez lui à une forme de conflit psychique [52].

■ 45. Plutarque, *De la vertu morale*, 446 f 1-447 a 11 = SVF, III, 459 = LS 65G. trad. J. Brunschwig et P. Pellegrin.
■ 46. Sur ce point, *cf.* L. Monteils-Laeng, *Agir sans vouloir. La question de l'intellectualisme moral dans la philosophie ancienne*, Paris, Classiques-Garnier, coll. « Les Anciens et les Modernes », 2014, p. 317-327.
■ 47. Cicéron, *Tusculanes*, IV, 10-11, 24 : « Que l'on comprenne donc bien que la passion est toujours mobile à cause de l'inconstance et du trouble des opinions qui sont dans l'esprit ; puis, quand cette ardeur et cette excitation de l'âme ont duré longtemps et se sont comme installées dans les veines et dans les moelles, c'est alors que se montrent la maladie et la faiblesse et les états de dégoût contraires aux maladies et aux faiblesses. Ces deux états, qui diffèrent entre eux par la pensée, sont liés dans la réalité ; et ils dérivent du désir et du plaisir » (trad. É. Bréhier).
■ 48. DL, VII, 115.1-4 ; Stobée, *Eclog.*, II, 7, 10 e = SVF, III, 421.
■ 49. SVF, I, 208 ou III, 382 = Themistius, *in Ar. De Anima* 90 b ; Simplicius, *CAG*, III, p. 107, DL, VII, 110 = SVF, III, 412
■ 50. Cicéron, *Tusculanes*, IV, 12, 29 = SVF, III, 425.
■ 51. Cicéron, *Tusculanes*, IV, 10, 22 : « La source de toutes les passions, selon eux, est l'intempérance, c'est-à-dire une défaillance de l'esprit tout entier et de la droite raison, si éloignée de ses préceptes que l'on ne peut plus du tout gouverner ni contenir les penchants de l'âme » (trad. É. Bréhier légèrement modifiée).
■ 52. Stobée, *Eclog.*, II, 88, 8-90, 6 = SVF, III, 389 = LS 65A. Sur ce point, *cf.* T. Bénatouïl, « La raison stoïcienne face à elle-même. Le statut du conflit intérieur dans la psychologie morale de Chrysippe », René Lefebvre et Alonso Tordesillas (éds), *Faiblesse de la volonté et maîtrise de soi*, Rennes, Presses Universitaires de Rennes, 2009, p. 125.

Chez l'insensé, ces états d'âme fluctuants sont dus à une sorte d'hypersensibilité et d'hyperréactivité aux changements extérieurs, à ce qu'on pourrait appeler une « porosité » à l'environnement plus ou moins immédiat. L'insensé, quand il devient passionné et fébrile, change intérieurement au gré des modifications périphériques. Chaque représentation est susceptible d'occasionner une passion, puisque, manquant de contrôle de soi à cause de son instabilité intérieure, il devient aussi plus vulnérable, dans la mesure où il peut donner son assentiment sans même s'en rendre compte. Cette inconstance, ce trouble plus ou moins permanent, induit une forme de précarité du « moi » et une « intériorité » [53] le plus souvent conflictuelle, sinon instable car hautement influençable.

À la stabilité des états durables – et même définitifs chez le sage – s'oppose donc l'instabilité des états transitoires qui caractérisent l'insensé. L'insensé – catégorie qui inclut au final le progressant ou encore l'homme ordinairement mauvais – se vit lui-même parfois sur un mode fractionnaire ou discontinu, au point que son identité même pose question. Sérénus, dans le traité *De la Tranquillité de l'âme* (I) de Sénèque, en constitue peut-être l'un des meilleurs exemples [54]. Alors même qu'il a progressé sur le chemin de la vertu, il oscille encore entre différentes attitudes contradictoires : des phases de repli sur soi, de découragement alternent avec des périodes d'enthousiasme qui ne sont jamais que des modalités déviées, car non vertueuses, de la systole fondée sur la maîtrise de soi et de la diastole de l'oubli de soi constitué notamment par l'activité scientifique. Il y a chez lui, sur le mode de l'alternance et non d'une dialectique du progrès, un balancement entre des phases expansives où, comme plein de lui-même, il veut que le reste de l'humanité profite de son savoir, et des replis

> L'insensé se vit parfois sur un mode fractionnaire ou discontinu

égotiques où le semblant de philanthropie qui l'animait laisse place au mépris pour l'humanité. Dégoûté par sa propre versatilité, Sérénus est le plus souvent découragé. Sa plus grande crainte est qu'il ne soit trop tard pour changer.

Conclusion

Les états d'âme sont plus ou moins transitoires ou durables, intenses ou faibles, stables ou instables. Ce qui est provisoire et temporaire est alors plus susceptible de varier et se trouve plus souvent associé à une polarité négative, bien que cette association ne soit pas systématique. L'âme de l'insensé est ainsi changeante, elle oscille entre différents jugements corrompus. Inconsistante, elle est vulnérable aux influences extérieures.

■ 53. Parler de moi ou d'intériorité en contexte stoïcien exige évidemment certaines précautions. Nous renvoyons sur ce point à F. Ildefonse, « Questions pour introduire à une histoire de l'intériorité », *in* G. Aubry et F. Ildefonse (éds.), *Le moi et l'intériorité*, Paris, Vrin, 2008, p. 223-239, p. 224 : « J'entends par intériorité non pas la simple expérience d'un intérieur mental, disons d'un espace mental retranché, non visible, thématisé ou non comme privé, préservé, voire secret, mais la qualité d'un sujet convaincu que les phénomènes psychiques ou intérieurs qui lui arrivent et se produisent en lui lui appartiennent en propre. » Dans son témoignage sur Chrysippe, Galien, *De Placitis Hippocratis et Platonis (PHP)*, G. Kühn (ed.), Leipzig, Teubner, 1874, V 437, Kühn, V, 2, 22-23 renvoie, sans doute métaphoriquement, à l'intérieur de l'âme : « De même que le médecin du corps doit être, comme ils le disent, "à l'intérieur" des maladies qui affectent celui-ci […], de même, il incombe au médecin de l'âme, le "philosophe", d'être "à l'intérieur" de ces deux choses de la meilleure façon possible ».
■ 54. *Cf.* L. Monteils-Laeng, *Agir sans vouloir, op. cit.*, p. 402-410.

Au terme de notre étude, on peut noter que trois critères se succèdent pour isoler par soustractions successives la qualité au sein du qualifié : le fait d'être dans un état fixe par opposition à l'état non fixe ; le fait d'être stable par opposition à l'instabilité. La stabilité est donc quelque chose de plus que la fixité. Enfin, à la stabilité vient s'ajouter un dernier critère, celui de la coïncidence entre le qualifié et la qualité, notion qui ne supporte aucune approximation et par conséquent ni excès ni défaut.

Dans quelle mesure peut-on appliquer les résultats produits par cette classification à la question de savoir quelles sont les modifications de soi qui sont moralement significatives ? On dispose désormais de trois critères pour discriminer les états d'âme qui ont une valeur significative, et, à l'intérieur de cet ensemble, ce qui est réellement révélateur de ce qu'on vaut moralement.

(1) La fixité : les modifications de soi mouvantes ont le plus souvent une valeur superficielle (courir, tendre le poing), mais aussi les *propatheiai* (inclinations préliminaires) qui sont moralement insignifiantes [55] ; en revanche les passions (*pathè*) qui sont des mouvements sont moralement significatives, elles signifient l'absence de vertu et sont le propre de l'insensé.

(2) La stabilité : les états fixes (*skheseis*) ne sont pas forcément des états stables ni moralement significatifs (une attitude figée ou rigide ne dit le plus souvent rien de notre valeur morale) ; en revanche les états fixes durables sont davantage susceptibles de révéler notre valeur morale.

(3) Encore faut-il discriminer à l'intérieur de ce niveau de qualification ce qui s'identifie avec la qualité, ce qui suppose qu'il n'y ait ni excès ni défaut. Nous faisons l'hypothèse que ce qui est exempt de défaut et d'excès est moins susceptible de varier, moins flexible (moins susceptible de tension et de relâchement), quoique les *hexeis* entrent bien dans la catégorie « qualité » au sens étroit du terme.

Vice et vertu relèvent de la *diathesis* (habitus) et non de l'*hexis* (disposition) et constituent les seuls non indifférents. La *diathesis* vicieuse n'a cependant ni la fermeté, ni la stabilité indéfectible de la *diathesis* vertueuse. Vice et vertu ont seulement ceci de commun qu'ils ne tolèrent aucune gradation. La considération de la stabilité introduit cependant une autre dimension dans le discours : on quitte alors le niveau de la classification (qu'est-ce qui est moralement significatif ?), pour aller du côté d'un discours normatif (qu'est-ce qui est vertueux ?). En effet, rapprocher les niveaux de qualification des catégories stoïciennes nous a permis non seulement de distinguer, parmi toutes les modifications de soi, lesquelles sont révélatrices de notre valeur morale, mais aussi de montrer en quoi cette dernière se mesure à l'aune de la tonicité de l'âme.

Annexes

Tableau 1

Catégories stoïciennes	
Hupokeimenon (substrat)	
Poion (qualifié)	Qualifié (*to poion*) : *kinèsis, skhesis* et état fixe durable
Pôs ekhon (manière d'être)	
Pros ti pôs ekhon (manière d'être relative)	

Tableau 2

Niveaux de qualification (*to poion*)	Catégorie	Catégorie
État non fixe (*kinèsis*)		
État fixe non durable (*skhesis*)	*Pôs ekhon* (manière d'être)	
État fixe durable (*emmonos*) = (x)		*Poiotès* (qualité)

(1) La vertu relève du qualifié (*poion*) et, à l'intérieur du *poion*, de la qualité (*poiotès*) comprise comme *diathesis* ; mais elle relève aussi du *pôs ekhon* en tant que manière d'être de l'âme. Cf. *CAG* 166, 15-29 = *LS* 29C = extrait partiel de *SVF*, II, 403 ; SE *AM*, XI, 23.

(2) Simplicius, *CAG*, 209, 10-12 : les Stoïciens identifient la qualité (*poiotès*) à une *hexis* ; tandis que l'*hekton* en vient à inclure chez Antipater (*CAG*, 209, 22-25) les *skheseis* et les *kinèseis*, soit ce que la notion d'*hexis* exclut (Brunschwig, 1988, p. 113-127).

(3) La qualité est elle-même définie en termes de *skhesis poiou*, c'est-à-dire comme « la caractéristique de ce qui est qualifié » (trad. J.-B. Gourinat), cf. *CAG*, 212, 7-213,1 = *SVF*, II 390.

Laetitia Monteils-Laeng
Université de Montréal

DOSSIER

Aperçus de la pensée stoïcienne

DE L'OBJET DU *TELOS* AU SUJET DE LA *UOLUNTAS* : LE DESTIN STOÏCIEN DU VOULOIR [1]

Marion Bourbon

Nous défendons ici l'hypothèse que l'irruption de la langue du vouloir (*uelle*) chez Sénèque n'est pas sans effet sur la représentation stoïcienne du *telos*, contre un certain nombre d'interprétations qui dénient à cette innovation lexicale la moindre originalité par rapport à la psychologie stoïcienne hellénistique. Le *telos* est réinscrit dans la perspective de la traversée de la conflictualité psychique dont le vouloir (*uelle*), dans sa constance, constitue la résolution. C'est dire combien la subjectivation engage le destin du désir, celui d'un conflit porté par la *uoluntas*, envisagée donc dans toute son historicité, et à ce titre devenue principe d'identité personnelle. Le *telos* fait apparaître plus explicitement qu'avant un *sujet* du vouloir, tout à la fois comme principe et comme effet du processus de subjectivation.

En un peu plus de cinq siècles, le stoïcisme a proposé au moins deux formulations du *telos*, cette fin que chaque homme doit viser lorsqu'il cherche à atteindre tout à la fois le bonheur et la vertu. La première, attribuée à Zénon, est celle du « vivre en accord (*homologoumenôs* [2]) », que cet accord soit décliné comme accord « selon une raison une et consonante (*kath'ena logon kai sumphônon zên* [3]) » ou bien avec Chrysippe, comme relatif « à l'expérience de ce qui se produit par nature (*empeiria*) [4] ». On trouve la seconde chez Sénèque, dans une

1. Je tiens à remercier Valéry Laurand et Stéphane Marchand pour leurs relectures, ainsi que les membres du comité de rédaction des *Cahiers philosophiques*.
2. DL, VII 87 = *SVF*, I 179 = LS 63C et *SVF*, III 4.
3. Stobée, *Eclogae*, II, 75, 11 = *SVF*, I 179.
4. DL, VII 87 = *SVF*, III, 4 = LS 63C.

langue promise à un bel avenir philosophique, celle du vouloir : « toujours vouloir la même chose et ne pas vouloir la même chose (*semper idem uelle atque idem nolle*) [5] ». Entre ces deux définitions du *telos*, plusieurs siècles se sont écoulés et le stoïcisme s'est trouvé plongé dans un nouveau monde dont il parle désormais la langue : Rome.

Chez Sénèque, l'accord (*homologia*) n'est plus explicité simplement comme un accord intransitif de la raison avec elle-même mais comme un accordement du vouloir (*uelle*) et de son objet [6]. Nous nous proposons dès lors d'interroger le statut de cette variation : constitue-t-elle un simple transfert de la formule de Zénon dans un autre temps, dans un autre espace, dans une autre langue ? En d'autres termes, la formule sénéquienne dit-elle *sur le fond* autre chose que celle de Zénon ? Dans quelle mesure l'irruption de la langue du vouloir affecte-t-elle la représentation du *telos* et celle du sujet qui le vise ? L'enjeu n'est pas des moindres, puisqu'il s'agit de savoir si l'introduction du *uelle* et de la *uoluntas* dans la psychologie sénéquienne constitue ou non une innovation [7] et si l'on assiste ici à la « naissance » du concept de volonté.

Si rien dans les textes de Sénèque n'atteste d'une rupture avec la psychologie moniste stoïcienne [8], affirmer que la *uoluntas* est parfaitement réductible au monisme stoïcien, comme l'ont fait un certain nombre de commentateurs, et en particulier J.-M. Rist [9], B. Inwood [10] et I. Hadot [11], revient pourtant à laisser de côté au moins deux questions essentielles : pourquoi Sénèque ne tient-il pas l'identification entre *boulêsis* – la forme raisonnable de l'impulsion (*hormê*) rationnelle qui est l'apanage du sage – et *uoluntas* [12] ? Et pourquoi

---

■ 5. Sénèque, *Lettre à Lucilius*, désormais *Ep.*, 20, 5.

■ 6. Sur ce point, voir A.-J. Voelke, *L'idée de volonté dans le stoïcisme*, Paris, P.U.F., 1973.

■ 7. La controverse oppose ceux qui voient dans la *uoluntas* une invention spécifiquement sénéquienne à ceux qui refusent la notion sénéquienne (et d'ailleurs plus largement à la langue latine) une quelconque originalité par rapport au modèle psychologique du Portique. Pour la première voie interprétative, voir M. Polhlenz, *Die Stoa, Geschichte einer geistiger Bewegung*, 3rd edn. 2 vols. Göttingen, Vandenhoek and Ruprecht, 1964, I ; P. L. Donini, *Le scuole, l'anima, l'impero : la filosofia antica de Antioco a Plotino*, Turin, Rosenberg et Sellier, 1982 ; R. Zöller, *Die Voestellung vom Willen in der Morallehre Senecas*, Münich / Leipzig, K. G. Saur, 2003. Pour la seconde, voir en particulier J. M. Rist, *Stoic Philosophy*, Cambridge, Cambridge University Press, 1969 ; A. Dihle, *The Theory of the Will in Classical Antiquity*, Berkeley / Los Angeles / Londres, University of California Press 1982 ; I. Hadot, *Seneca und die griechisch-römische Tradition der Seelenleitung*, Berlin, W. de Gruyter, 1969. B. Inwood propose quant à lui une voie intermédiaire. Voir « The Will in Seneca » in *Reading Seneca. Stoic Philosophy at Rome*, Oxford, Clarendon Press, 2005, p. 132-156. Pour une lecture plus attentive au facteur de la langue, voir L. Monteils-Lang, *Agir sans vouloir. Le problème de l'intellectualisme moral dans la philosophie ancienne*, Paris, Classique Garnier, 2014, p. 394-410. C'est d'elle dont nous sommes ici le plus proche.

■ 8. On trouvera une démonstration chez B. Inwood qui recense et déconstruit tous les passages en apparence problématiques, car « volontaristes » dans *Reading Seneca. Stoic Philosophy at Rome, op. cit.*, p. 137-142.

■ 9. J. M. Rist, *Stoic Philosophy, op. cit.*, p. 230.

■ 10. B. Inwood, « The Will in Seneca the Younger », *Classical Philology*, 95, 2000, p. 44-60, repris sous le titre « The Will in Seneca » in *Reading Seneca. Stoic Philosophy at Rome, op. cit.*, p. 132-156.

■ 11. I. Hadot, *Seneca und die römischen Tradition der Seelenleitung*, Berlin, 1969 et *Sénèque, Direction spirituelle et pratique de la philosophie, op. cit.*, p. 302 *sq.*

■ 12. Cicéron déjà ne tenait pas cette identification de la *uoluntas* à la *boulêsis* des Stoïciens (voir notamment *Tusc.*, IV, 12, 12), après l'avoir pourtant explicitement posée. Chez lui, la notion de *uoluntas* dispose en fait d'une extension plus large qui l'apparente à la *hormê*, et qui fait qu'il existe des formes non raisonnables du volontaire : il y a une *uoluntas* de l'insensé, et elle est d'ailleurs beaucoup plus présente que la *boulêsis-uoluntas* du sage. D'autre part, même lorsqu'il se réfère voire adopte la théorie stoïcienne de l'assentiment dans l'analyse des passions, et qu'alors la *uoluntas* désigne la forme raisonnable de l'impulsion rationnelle, Cicéron n'en maintient pas moins dans l'expression un « redoublement » du volontaire. La présence du doublet qui mentionne à la fois la liberté de l'assentiment et le caractère volontaire suggère que la *uoluntas* dispose d'une valeur psychologique que le grec en l'état ne pouvait rendre. Voir par exemple par exemple *Lib. Ac.* I, 40 ;

cette conformité aux analyses du Portique prend-elle chez Sénèque la forme d'une *différence* sinon d'une antinomie ?

Pour résoudre cette difficulté, nous proposons d'introduire une troisième voie, celle qui consiste à maintenir l'originalité de cette variation tout en soulignant la continuité profonde de Sénèque avec le Portique. Pour Sénèque, il ne s'agit pas de se conformer à un modèle préétabli, mais de repenser à nouveaux frais le problème, sans ignorer que la manière dont il a été formulé par les premiers stoïciens détermine au moins en partie la nature de la réponse. Le système stoïcien a trouvé dans la métaphore de l'*interprétation* – celle du jeu de l'acteur – de quoi dire la manière irréductiblement *personnelle* de réaliser son destin : c'est dire combien l'interprétation constitue toujours une variation. C'est cette variation sénéquienne sur le vouloir que nous nous proposons ici de reconstruire.

Cet *entre-deux* suppose d'admettre que la langue façonne nos représentations, qu'elle ne peut pas ne pas avoir d'effets sur la pensée, de sorte qu'on ne peut neutraliser ce facteur lorsqu'on cherche en particulier à reconstruire l'histoire des problématisations du subjectif. C'est dire que parce qu'une langue porte toujours avec elle un imaginaire, quelque chose de la langue de Sénèque est ici déterminant dans la conception même de cette modalité tout à fait spécifique du désir qu'est le vouloir (*uelle*).

Nous ne prétendons évidemment pas que la langue grecque ne savait pas ou ne pouvait pas exprimer la notion de volonté mais que la langue du *uelle* et de la *uoluntas* fait quelque chose à la représentation de l'unité de l'âme, et notamment parce qu'elle privilégie une dynamique de la pensée, plutôt que son analyse et la mise en évidence de ses différentes stases : il s'agit de « jouer la fluidité contre la dissection », pour reprendre une formule de T. Bénatouïl [13]. La *uoluntas* permet en effet d'unifier sous une même notion ce que le grec exprime avec plusieurs : elle unifie et le dynamisme pulsionnel individualisé au fondement de la vie qu'est la *hormê* (ce avec quoi fait *tout* vivant) et le caractère insubstituable de cet acte rationnel en notre pouvoir qu'est l'assentiment (*sunkatathesis*), ce par quoi l'individu tient sa capacité propre d'adhésion au réel et par lequel il rechoisit ce à quoi la nature le destine, *comme humain*. De cela, lui seul fait l'expérience. De la même manière, la langue latine du *uelle* fait surgir une dynamique vitale et psychique qui déborde l'acte intellectif que nomme l'*homologia*. Nous voudrions ainsi défendre l'hypothèse que la langue stoïcienne travaille non par substitution mais par sédimentation et cela même si nous avons dans le même temps – et légitimement – l'impression d'une continuité profonde. Cette variation n'implique donc pas une rupture avec la psychologie stoïcienne mais elle crée une économie notionnelle originale. En passant dans la langue du vouloir, la définition du *telos* fait apparaître plus explicitement qu'avant un sujet du vouloir, tout à la fois comme principe et comme effet du processus de subjectivation. L'« objet » de l'accordement rationnel, celui de l'*homologein*

■ *Tusc.* IV, 31 ; voir aussi, *ibid.*, III, 33 et 66. Sur ce point, voir C. Lévy, « De la critique de la sympathie à la volonté. Cicéron, *Fat.* 9-11 », *Lexis*, 25, 2007, p. 17-32 et M. Bourbon, *Recherches sur la contribution stoïcienne du concept d'individu.* Thèse de doctorat, Université Bordeaux Montaigne, 2016, p. 282 *sq.*
■ 13. T. Bénatouïl, *Faire usage : la pratique du stoïcisme*, Paris, Vrin, 2006, p. 203.

se donne et s'éprouve désormais comme sujet du vouloir (*uelle*). En visant toujours *le même objet*, c'est-à-dire rien d'autre que ma nature propre, c'est l'identité *à moi-même* que je construis, cette personnalité qui fait celle ou celui que je suis : ailleurs, Sénèque parlera de jouer *un seul* homme (*unum hominem agere*) [14]. Le modèle de l'accord est ici *aussi* un modèle de l'identité : la constance du *vouloir* – il s'agit de *toujours* (*semper*) vouloir et ne pas vouloir la même chose – assure l'identité personnelle. On retrouvera ce dispositif selon d'autres transferts chez Épictète dans une autre langue, celle de la *prohairesis* [15], cette capacité de choix qui dit celui ou celle que je suis, irréductiblement. La formule de Sénèque situe ainsi le *telos* dans l'horizon de la résolution d'un conflit porté par la *uoluntas*, envisagée donc dans toute son historicité, et à ce titre devenue principe d'identité personnelle. De ce point de vue, la formulation sénéquienne s'inscrit expressément dans la perspective d'un conflit psychique, matière de la thérapeutique stoïcienne et dont ce vouloir (*uelle*)

> La psychologie stoïcienne trouve dans la *uoluntas* un principe d'identité personnelle

caractéristique de la vertu, dans sa constance, constitue la résolution. La psychologie stoïcienne trouve par là même dans la *uoluntas* un principe d'identité personnelle qui est à la fois le lieu de la conflictualité psychique *et* le lieu de son possible dépassement.

Les premières formulations stoïciennes du *telos* comme accord

Repartons donc des premières formulations stoïciennes du souverain bien. Zénon le définit comme le fait de « vivre en accord (*homologoumenos zên* [16]) », ajoutant immédiatement « c'est-à-dire selon une raison une et consonante (*touto d'esti kath'ena logon kai sumphônon zên*) [17] ». Le *telos* zénonien insiste sur l'expression individuelle et individuée de l'accord d'un individu, c'est-à-dire pour les Stoïciens d'un *idiôs poion* – un qualifié de manière propre – avec le *logos* universel. Il suppose la visée d'un objet qui n'est là que comme l'*occasion* du choix de soi-même – c'est-à-dire de sa nature rationnelle. Chrysippe propose une variante de cette définition qui mobilise, elle, la notion d'expérience (*empeiria*) : le *telos* devient « le fait de vivre en accord avec l'expérience de ce qui se produit selon la nature (*tô kat'empeirian tôn phusei sumbainontôn zên* [18]) ». Plus tard, avec Diogène, l'accord (*homologia*) avec l'expérience de la nature universelle est complété

■ 14. *Ep.* 120, 22.

■ 15. Sur le concept de *prohairesis* chez Épictète, voir en particulier J.-B. Gourinat, « La "*prohairesis*" chez Épictète : décision, volonté, ou "personne morale" ? », *Philosophie Antique* 5, Paris, 2005, p. 93-133 ; A. A. Long, *Epictetus : a Stoic and Socratic Guide to Life*, Oxford, 2002 et M. Graver, « Not even Zeus : a discussion of A. A. Long, *Epictetus : a Stoic and Socratic Guide to Life* », *OSAP*, 25 (2003), p. 345-361.

■ 16. DL, VII 87 = *SVF*, I 179 = LS 63C et *SVF*, III 4.

■ 17. Stobée, *Eclog.* II, 75, 11 = *SVF*, I 179.

■ 18. DL, *VII*, 87 = *SVF*, III, 4 = LS 63 C. Sur ces définitions, voir T. Bénatouïl, *Faire usage : la pratique du stoïcisme, op. cit.*, p. 207-210. Sur le détail de l'apport de Chrysippe à la téléologie stoïcienne, voir aussi A. A. Long, « Carneades and the Stoic *telos* », in *Phronesis*, 12, 1967, p. 59-90, p. 60-68.

par la référence à la sélection (*eklogê*) dont elle constitue le critère [19], ce qui permet de mettre en évidence les modalités concrètes de cet accord, lui-même individué. La vertu consiste dès lors avec Diogène à « bien raisonner dans la sélection (*eulogisteîn hen tê eklogê*) [20] et le rejet des choses conformes à la nature [21] ». Loin d'indiquer une divergence réelle dans la définition du *telos*, cette inflexion par laquelle l'*empeiria* cède la place à l'*eklogê* atteste d'une réflexion toujours plus marquée sur les conditions concrètes de l'accord avec la raison universelle [22], la question étant celle de savoir ce qui à tel ou tel moment – et non dans l'absolu – se trouve conforme avec elle. Dans ces définitions, on retrouve l'idée que les objets visés constituent à la fois matière et occasion de l'accord, c'est-à-dire qu'ils sont tout à la fois nécessaires et indifférents. Comme le donne à voir la métaphore de l'archer [23], la cible est nécessaire pour pouvoir viser et dans le même temps, ce n'est pas elle qui dispose d'une valeur mais la maîtrise de la visée. C'est ce qui permet de comprendre que « le sage ne manque de rien et pourtant a besoin de beaucoup de choses (*sapientem nulla re egere et tamen multis illi rebus opus esse* [24]) ».

Face au risque de l'abstraction de la référence à l'*homologia* universelle, il s'agit ainsi à chaque fois d'inscrire au cœur même de la vertu la référence aux circonstances qui déterminent la spécificité irréductible de la manifestation concrète de la vertu. C'est dire que bien choisir, c'est toujours choisir en fonction tout à la fois de ce qui est et de celui que l'on est. Ces premières variations sur le thème de l'accord attestent ainsi de ce trait constant de l'éthique stoïcienne, celui d'être une éthique *en situation* qui a mené dès l'origine une réflexion sur les conditions d'actualisation de la vertu [25], celles qui réalisent dans un individu l'accordement du *logos* à lui-même, c'est-à-dire tout à la fois à sa nature propre et à la nature universelle.

■ 19. Voir A. A. Long, « Carneades and the Stoic *telos* », art. cit. en particulier p. 65. A. A. Long souligne que le concept d'*eklogê* a pu être utilisé aussi d'abord chez Chrysippe, renvoyant au témoignage de Plutarque, *Comm. not.*, 1069 D (= *SVF*, III 167).

■ 20. Cette introduction de la référence à la sélection dans la définition du *telos* n'est pas sans poser problème. Les premiers scolarques distinguaient en effet la sélection (*eklogê*) des indifférents du choix (*hairesis*) du bien, voir Chrysippe *ap.* Plutarque, *De stoic. rep.* 1039 C. Sur ce point, voir le chapitre 6 de B. Inwood, *Ethics and Human Action*, p. 206-215 qui montre bien que chez le sage la sélection tend à être un choix puisque même dans la sélection des indifférents, il s'agit de viser le bien. Voir aussi, du même auteur, « Rules and reasoning », chap. 4, in *Reading Seneca : Stoic Philosophy at Rome, op. cit.*, p. 95-132 et de M. Mitsis, « Seneca on reason, rules, and moral development », *in* J. Brunschwig et M. Nussbaum (éd.), *Passion and Perceptions, Studies in Hellenistic Philosophy of Mind*, Cambridge, Cambridge UP, 1993, p. 285-312.

■ 21. Stobée, *Eclog.* II, 7, 6a, p. 76, 13 (= *SVF*, III A. T. 57= LS 58K). Une définition analogue est attribuée aux Stoïciens par Plutarque, *De comm. not.*, 1072C-D : « L'essence du bien, affirment-ils, est la sélection raisonnable des choses conformes à la nature (οὐσίαν τἀγαθοῦ τίθενται τὴν εὐλόγιστον ἐκλογὴν τῶν κατὰ φύσιν) », (trad. É. Bréhier modifiée).

■ 22. Pour une tentative de synthèse de ces définitions du *telos*, voir la définition de Caton dans le témoignage de Cicéron, *Fin.*, III, 7, 22 = SVF, III 18 et 497 : « Le souverain bien consiste à vivre en s'appuyant sur la connaissance certaine des choses qui arrivent naturellement, en choisissant celles qui sont conformes à la nature et en rejetant celles qui lui sont contraires, en d'autres termes vivre en accord conscient et en harmonie avec elle (*uiuere scientiam adhibentem earum rerum quae natura eueniant, seligentem quae secundum naturam et quae contra naturam reiiciantem, id est conuenienter congruenterque naturae uiuere*) » (trad. Martha modifiée par C. Lévy).

■ 23. Cicéron, *Fin.*, III, 22 (= *SVF*, III, 18 = *LS* 64F).

■ 24. *Ep.*, 9, 14.

■ 25. Nous renvoyons sur ce point aux analyses de T. Bénatouïl, *Faire usage : la pratique du stoïcisme, op. cit.*, et en particulier p. 222-223 et 238-240.

De l'unité du *logos* à l'unité du vouloir (*uelle*) : les enjeux d'un transfert

Avec Sénèque, nous le disions, cette unité du *logos* se trouve transférée à celle du vouloir (*uelle*) :

> Abandonnant les anciennes définitions de la sagesse, je puis me borner à dire ceci : qu'est-ce que la sagesse ? – Toujours vouloir la même chose et ne pas vouloir la même chose (*quid est sapientia ? semper idem uelle atque idem nolle*) [26].

Là où la définition zénonienne du *telos* soulignait plus volontiers un acte de compréhension (l'accord recouvre l'assentiment – *sunkatathesis* – au destin), Sénèque parle ici de la constance du vouloir (*uelle*). L'idée d'une *homologia* se trouve ainsi réaménagée : l'accordement de la raison avec elle-même cède la place à celui du vouloir (*uelle*) avec son objet : seul l'objet accordé à nous-mêmes peut assurer la constance du vouloir. Alors évidemment – nous y reviendrons plus loin – le vouloir *révèle* l'état de la raison. Il n'en demeure pas moins qu'il demeure irréductible à un acte de jugement tout comme à la forme raisonnable de l'impulsion (*hormê*) grecque que les Stoïciens nommaient *boulêsis* [27]. Ce que montrent en effet les usages aussi bien préphilosophiques que philosophiques de *uoluntas*, c'est une expérience de l'ambivalence qui fait que la *uoluntas* est bien souvent irréductible au *consilium* [28] ou au *iudicium* [29] : elle les déborde, s'y oppose ou parfois leur manque [30]. Sénèque choisit ainsi une formulation qui souligne la *transitivité* de la *uoluntas*, la puissance et la dynamique d'un attachement à l'objet. De ce point de vue, l'implicite de la référence à l'objet de la *uoluntas* fait apparaître l'accord dans l'horizon d'un conflit de la volonté dont elle acte la résolution : ne plus désirer que *la même chose*, c'est négativement ne plus se trouver pris dans l'intermittence du désir. Là où l'insensé se trouve éclaté entre ses désirs contradictoires, la vertu nomme cet état – la *tranquillitas* – dans lequel elle se trouve unifiée dans et par le choix d'un seul objet, l'*honestum* : l'âme tient alors à ce qu'elle choisit comme à elle-même. Si le vouloir est là encore l'occasion de la vertu, l'objet du vouloir révèle la qualité du sujet de la volonté. C'est la distinction entre désirer (*cupere*) et vouloir (*uelle*) :

---

26. *Ep.* 20, 5.

27. Sur la conception stoïcienne de la *boulêsis* et son articulation à la question du destin, voir notamment V. Laurand, « Collaborer avec le destin : une négation de la volonté ? », *in* L. Cournarie, P. Dupond et I. Pietri (éd.), *La volonté, L'épicurisme antique, Leibniz, Russell...*, coll. « Skepsis », Paris, Delagrave, novembre 2002, p. 4-14.

28. Voir par exemple, Cicéron, *Philippiques*, II, 14 et 12 ; XIV, 9 et 14.

29. Voir par exemple, *ibid.* V, 13, où le *consilium* se trouve associé au *iudicium* et VII, 8, à la *uoluntas*. Pour l'association *uoluntas / iudicium*, voir par exemple, *ibid.*, VII, 8.

30. Voir par exemple la manière dont la *uoluntas* anticipe le jugement (*consilium*) en *Philippiques*, II, 14 et II, 12 et celle où elle se fait puissance de prospection, lorsqu'elle préside au choix de vie. Voir par exemple *Lettre à Atticus*, I, 17, 5. Sur l'ambivalence de la notion, voir C. Lévy, « Cicéron et le problème des *genres de vie* : une problématique de la *voluntas* » *in* T. Bénatouïl et M. Bonazzi (éd.) *Theoria, Praxis, and the Contemplative Life after Plato and Aristotle. Philosophia Antiqua*, 131, Leiden, Boston, Brill, 2012 et, du même auteur, « De la critique de la sympathie à la volonté. Cicéron, *Fat.* 9-11. », art. cit, p. 17-32. Je me permets également de renvoyer à *De l'unicité à la personnalité. Recherches sur la contribution stoïcienne au concept d'individu*, op. cit., p. 278 sq.

Mais voici : je te défendrai de désirer (*cupere*), je te permettrai de vouloir (*uelle*) ; ainsi tu feras ces mêmes choses, mais sans peur et avec une ferme intention ; et ainsi, ces mêmes plaisirs, tu les goûteras mieux (*ut eadem illa intrepidus facias, ut certore consilio, ut uoluptates ipsas magis sentias*)[31].

La *uoluntas* se trouve virtuellement réinscrite dans un *continuum* avec des volontés qui ne sont pas constantes pour mieux être dégagée explicitement de la masse des désirs, ces visées qui ne maîtrisent pas leur objet. C'est ainsi que l'on peut comprendre la formule de la lettre 20 des *Lettres à Lucilius* : le manque de tranquillité de l'âme, c'est aussi la leçon du *De Tranquillitate animi*, est une affaire de désirs contradictoires, de distonie. Tant que le vouloir n'est pas arrêté dans un savoir consistant, celui de la vertu, nous ne pouvons atteindre la *tranquillitas* :

> Les hommes ne savent pas ce qu'ils veulent, sinon au moment où ils le veulent : vouloir ou ne pas vouloir n'est chose arrêtée de façon absolue pour personne (*in totum nulli uelle aut nolle decretum est*)[32].

La *tranquillitas* vient précisément incarner l'exact négatif de cet état d'instabilité caractérisée dont souffre Sérénus, cet ami auquel s'adresse Sénèque dans le *De constantia sapientis* comme dans le *De Tranquillitate animi* :

> Nous cherchons donc comment l'âme toujours d'un pas égal et sûr, peut être en paix avec elle-même, contempler joyeuse ses biens et prolonger ce contentement (*gaudium*), se maintenir dans un état paisible (*placido statu*), sans jamais s'exalter (*attollens*) ou se déprimer (*deprimens*). Cet état sera la tranquillité (*tranquillitas*)[33].

Pour éclairer ce « transfert » de l'unité du *logos* à l'unité du *uelle*, nous nous proposons de mettre en relation cette reformulation du *telos* avec l'unification linguistique opérée par la notion de *uoluntas*, forgée par Cicéron et reprise par Sénèque : à la différence de la *boulêsis* des premiers stoïciens, qui nommait la forme raisonnable de désir (*orexis eulogos*)[34], la *uoluntas* s'applique indistinctement à l'insensé, au progressant et au sage. La *uoluntas* cicéronienne ne coïncide donc pas avec la *boulêsis* stoïcienne qui est elle, comme volonté parfaite, l'apanage du sage. La *uoluntas* est une réalité dont tout homme (et non seulement le sage) peut faire l'expérience, celle de cette part indéléguable de ce qu'il peut sur lui-même et qui n'est, semble-t-il, pas réductible à un acte intellectuel. Il y a là peut-être aussi un intérêt renouvelé de Sénèque pour la figure du progressant et avec lui pour une certaine

> **La *uoluntas* s'applique indistinctement à l'insensé, au progressant et au sage**

■ 31. *Ep.* 116, 1 (nous traduisons).
■ 32. Sénèque, *Ep.* 20, 6 (trad. F. Préchac très légèrement modifiée) : « *nesciunt ergo homines, quid uelint, nisi illo momento, quo uolunt ; in totum nulli uelle aut nolle decretum est* ».
■ 33. *Ibid.*, II, 4 (nous traduisons).
■ 34. Stobée, *Eclog.*, II, 7, 9, p. 86, 17 – p. 87, 6 = *SVF*, III 169 (extrait partiel). La *boulêsis* est en effet une eupathie (*eupatheia*) qui est l'apanage du sage. Comme le souligne B. Inwood, *Ethics and Human Action in Early Stoicism*, appendix 2, p. 237, l'usage du terme est presqu'exclusivement circonscrit aux analyses qui opposent les *pathé* et les *eupatheiai*. Voir aussi L. Monteils-Lang, *Savoir sans vouloir*, *op. cit.*, p. 371-374.

expérience de la multiplicité psychique, celle d'une *uoluntas* divisée et tiraillée [35]. Plutôt que de lui opposer une figure idéale, celle du sage, c'est de cette expérience de l'ambivalence dans laquelle il se trouve pris qu'il faut partir.

L'ambivalence du vouloir : le cas Sérénus

Le stoïcisme originel proposait pour ainsi dire deux lectures du mécanisme passionnel [36]. Soit l'insensé est aveugle à l'irrationalité de ses choix, et il n'existe rien chez lui qui relèverait du conflit tant il est pris dans son erreur : il n'est jamais divisé entre deux options possibles mais veut ce qu'il croit savoir être désirable. Mais les Stoïciens envisageaient bien le cas où la raison du passionné, conscient de son erreur, est littéralement impuissante, retrouvant par là même une version du conflit psychique [37]. Chrysippe concédait en effet qu'il restait problématique d'expliquer la persistance de la passion à toute épreuve, dans les cas où chez le passionné lui-même tout plaide en faveur du caractère erroné de son choix (tout comme il restait difficile d'expliquer son possible évanouissement, parfois indépendamment d'ailleurs de toute remise en cause critique du jugement [38]). Certes l'idée tout à la fois d'un retournement de la raison et d'une impulsion excessive fournit un modèle explicatif de cette suspension de la capacité de l'hégémonique à faire usage de lui-même [39] : en un sens, parce qu'il a à un moment cédé initialement à un jugement fautif, le passionné a perdu cette capacité *une fois pour toutes* et il ne « peut » plus rien sur lui-même, comme l'illustre la métaphore chrysippéenne du coureur qui, emporté par son élan, ne peut plus s'arrêter comme il le voudrait [40]. Pour Chrysippe, l'élan emportait le coureur (le *logos*) qui ne pouvait plus s'arrêter parce qu'il avait perdu tout contrôle sur lui-même, c'est l'atonie ou

---

■ 35. Voir A.-J. Voelke, *L'idée de volonté dans le stoïcisme, op. cit., p.* 172 : « S'il a jugé bon de transformer ainsi une formule à laquelle toute son école était demeurée attachée, c'est vraisemblablement parce qu'il a fait l'expérience, en lui et autour de lui, du déchirement intérieur que l'homme a tant de peine à surmonter, et que ce déchirement lui est apparu comme la marque d'une volonté divisée plutôt que d'une raison en désaccord avec elle-même. »

■ 36. Sur l'histoire de la théorie stoïcienne des passions, de Zénon à Posidonius, voir T. Tielman, *Chrysippus on Affections. Reconstruction and Interpretation*, Leiden, Brill, 2003 où l'on trouvera notamment un *status quaestionis* sur les témoignages sur la théorie chrysipéenne des passions. Pour le *De anima* de Chrysippe, nous disposons d'une source quasi unique : le *De placitis* de Galien. Pour le traité chrysippéen *Sur les passions* en revanche, les sources sont nombreuses : Cicéron, Origène, Calcidius. Sur ce point, nous renvoyons aux *SVF*. Voir aussi J. Fillion-Lahille, *Le De Ira de Sénèque et la philosophie stoïcienne des passions*, Paris, Klincksieck, 1984, dans lequel le traité est étudié comme source du traité de Sénèque. Sur le traitement stoïcien des passions, voir aussi M. Nussbaum, *The Therapy of Desire : Theory and Practice in Hellenistic Ethics*, Princeton, Princeton University Press, 1994 et en particulier « The Stoics on the extirpation of the Passions », p. 359-400. Voir aussi R. Sorabji, *Emotion and Peace of Mind. From Stoic Agitation to Christian Temptation*, Oxford University Press, 2003.

■ 37. Sur la compréhension stoïcienne de l'*akrasia*, voir en particulier R. Joyce, « Early Stoicism and *akrasia* », *Phronesis* 40, 1995, p. 315-335 ; B. Gluckes, « Akrasia in der älteren Stoa », *in* B. Gluckes (dir.), *Zur Ethik der älteren Stoa*, Göttingen, Vandenhoeck et Ruprecht, 2004, p. 94-122 ; M. D. Boeri, « The Presence of Socrates and Aristotle in the Stoic Account of *Akrasia* », *in* R. Salles (dir.), *Metaphysics, Soul, and Ethics in Ancient Thought, Themes from the work of Richard Sorabji*, Oxford, Clarendon Press, 2005, p. 383-412 ; J.-B. Gourinat, *Akrasia in Greek Philosophy*, Leiden-Boston, Brill, Philosophia Antiqua, , 2007, p. 289-302 ; L. Monteils-Lang, « La version stoïcienne du conflit de l'âme » *in Agir sans vouloir, op. cit.*, p. 289-338.

■ 38. Galien, *De placitis Hippocratis et Platonis*, IV, 7, 12-18 ; p. 284 De Lacy = *SVF*, III 466.

■ 39. Sur ce point, voir T. Bénatouïl, *Faire usage : la pratique du stoïcisme, op. cit.*, p. 103-104.

■ 40. *Ep.* 40, 7, 4 : « *Quemadmodum per procliue currentium non ubi uisum est gradus sistitur, sed incitato corporis ponderi seruit ac longius quam uoluit effertur* […] ».

le manque de tension caractéristique de la passion dans laquelle la raison fait l'expérience de son impuissance.

Sénèque reprend cette métaphore chrysippéenne du coureur [41] mais formule les choses un peu autrement [42] : l'absence d'hégémonie de l'âme sur elle-même par laquelle elle n'est plus en sa possession (*nec in sua potestate* [43]) résulte positivement d'une force assimilée ici à la force de résistance du corps qui empêche le coureur de s'arrêter. Le fait pour l'âme de ne plus avoir de pouvoir sur elle-même est ainsi aussi décrit positivement comme le produit d'une résistance, de sorte que la volonté semble faire ici l'épreuve de sa propre ambivalence :

> [...] celui qui court sur une pente ne peut arrêter son pas à l'endroit prévu : mais poussé par le poids du corps, il est entraîné et est emporté plus loin qu'il ne voulait [44].

La métaphore sénéquienne mobilise moins l'imaginaire du retournement ou de l'excès [45] dans la *diastrophê*, cette perversion de l'âme du passionné devenue irrationnelle (*alogos* [46]), que celui de la conflictualité interne. C'est que « les hommes ont tout à la fois, à l'égard de leurs vices, de l'amour et de la haine [47] ». Cette conflictualité est le propre du progressant qui souffre d'une *bonae mentis infirmitas* [48], d'une faiblesse de la volonté – là où il est précisément question de vouloir et de tenir ce vouloir – qui se donne précisément dans l'expérience d'un conflit. Sénèque s'intéresse non pas exclusivement à la figure repoussoir du passionné aveugle à ses raisons mais à une forme de conflictualité psychique qui est cette fois-ci l'apanage du progressant engagé dans la voie de la sagesse. Cette conflictualité est la matière de la thérapeutique. Lorsqu'il progresse, l'individu sait ce qu'il convient de vouloir sans pour autant le vouloir tout le temps « jusqu'au bout ». La question devient pour lui celle de « tenir ses résolutions (*ut proposita custodias*) [49] », plus que d'en « prendre d'honorables (*ut honestas proponas*) ». C'est la figure du progressant qu'incarne le Sérénus du *De tranquillitate animi* qui vient à manquer de *uoluntas*, c'est-à-dire ici d'intention, jusqu'à douter de la voie qu'il a pourtant choisie. Sérénus décrit cet entre-deux à partir de l'image de la nausée dont il souhaiterait être – définitivement – guéri :

■ 41. Galien, *De placitis Hippocratis et Platonis*, IV, 2, p. 369 = *SVF*, III 462. Sur la métaphore chrysippéenne du coureur, et le modèle du retournement passionnel, voir T. Bénatouïl, *Faire usage : la pratique du stoïcisme*, *op. cit.*, p. 100-105 et p. 109-112.

■ 42. Voir M. L. Colish, « Seneca on Acting against Conscience » *in* J. Wildberger and M. L. Colish (éd.), *Seneca Philosophus*, Berlin/ Boston, Walter de Gruyter, 2014, p. 95-110.

■ 43. *Ep.* 40, 7.

■ 44. *Ibid.* (nous traduisons) : « *per procliue currentium non ubi uisum est gradus sistitur, sed incitato corporis pondere se rapit ac longius quam uoluit effertur* ».

■ 45. DL, VII, 110 = *SVF*, III 412 ; *SVF*, I 208 et III 382 = Themistius, *In Ar. De Anima*, 90 b et III, 5 ; *SVF*, III 382 = Simplicius, *In Arist. Cat.*, 107.

■ 46. Le « a » privatif n'indique pas ici l'absence mais la contrariété.

■ 47. *Ep.* 112, 4 : « *Homines uitia sua et amant simul et oderunt* ». Voir sur ce point A. J. Voelke, *L'idée de volonté dans le stoïcisme*, *op. cit.*, p. 172-175 ; *Die Vorstellung vom Willen in der Morallehre Senecas*, München / Leipzig, 2003 et M. L. Colish, « Seneca on Acting against Conscience », art. cit.

■ 48. Sénèque, *De Tranquillitate animi*, désormais *Tranq.*, I, 16.

■ 49. *Ep.* 16, 1 (trad. M.-A. Jourdan-Gueyer).

Je te prie donc, si tu as quelque remède avec lequel tu puisses mettre un terme à mon hésitation, de me tenir digne de te devoir ma tranquillité. Que ces mouvements de l'âme ne sont pas dangereux et qu'ils n'entraînent pas de perturbation avec eux (*nec quicquam tumultuosi adferentis*), je le sais ; et pour exprimer ce dont je me plains, par une comparaison juste, ce n'est pas la tempête qui me tourmente, mais le mal de mer. Délivre-moi donc de ce mal quel qu'il soit, et secoure le passager qui souffre en vue du port (*in conspectu terrarum laboranti*) [50].

Sérénus est acquis à la cause de la progression mais il n'en demeure pas moins tiraillé et tourmenté de ce tiraillement : il en va bien tout à la fois d'un conflit et d'une conscience de ce conflit qui donne lieu chez Sérénus à un mécontentement, une haine de soi (*fastidio sui*) et à un découragement [51]. Caractéristique tout à fait intéressante, cette distonie au surgissement imprévisible (celui d'une résurgence ou d'un retour) est en un sens peu individuée (contre quoi se retourner, puisque la conversion a déjà eu lieu [52] ?) :

> En cherchant pour moi, Sénèque, quelques défauts sont apparus en moi, exposés à tous les yeux, que je pouvais toucher du doigt, quelques autres plus obscurs, et cachés dans les replis de mon âme, d'autres enfin qui ne sont pas continuels, mais paraissent par intervalle : ceux-là je dis qu'ils sont les plus fâcheux de tous, comme des ennemis toujours changeant de place et qui épient le moment de vous assaillir et avec lesquels il n'est permis ni de se tenir en haleine comme en temps de guerre, ni en sécurité comme en temps de paix [53].

Une ou deux psychologies ?

A-t-on à un quelconque moment de ces analyses quitté le sol de la psychologie stoïcienne ? Rien dans les textes ne nous autorise à le penser. Sénèque pose en effet clairement que le vouloir ne peut trouver un soubassement pérenne que dans le savoir qui seul peut lui assurer sa constance. Il est toujours de ce fait révélateur de l'état de la *mens*. Bien vouloir, c'est toujours *savoir vouloir* :

> On ne peut atteindre la tranquillité (*tranquillitas*) si l'on n'a pas acquis un jugement immuable (*immutabile certumque iudicium*) et stable : les autres tombent, puis se reprennent et oscillent continuellement entre le désintérêt et le désir. Quelle est cette cause de leur agitation ? Rien n'est clair pour ceux qui se règlent sur l'opinion, la plus incertaine des règles de conduite. Si tu veux toujours vouloir la même chose, tu dois vouloir le vrai (*eadem semper uelle, uera oportet uelis*) [54].

■ 50. Sénèque, *Tranq.*, I, 18 (nous traduisons).

■ 51. L. Monteils-Lang parle à ce propos des « intermittences » de la volonté. Voir *Agir sans vouloir, op. cit.*

■ 52. C'est ce qui distingue le Sérénus du *De tranquillitate animi* du Sérénus du *De constantia sapientis*, auquel Sénèque non sans ironie déclare en III, 1 : « Je crois voir ta pensée s'échauffer et se soulever d'indignation. Tu es prêt à t'écrier : "Voilà ce qui enlève toute autorité à vos préceptes. Vous faites de grandes promesses, qui vont même au-delà de nos souhaits, bien loin que nous puissions y croire". » (trad. É. Bréhier).

■ 53. *Tranq.* I, 1 (nous traduisons) : « *Inquirenti mihi in me quaedam uitia apparebant, Seneca, in aperto posita, quae manu prehenderem, quaedam obscuriora et in recessu, quaedam non continua, sed ex interuallis redeuntia, quae uel molestissima dixerim, ut hostes uagos et ex occasionibus assilientes, per quos neutrum licet, nec tamquam in bello paratum esse nec tamquam in pace securum.* »

■ 54. *Ep.* 95, 57-58 (nous traduisons) : « *Non contingit tranquillitas nisi immutabile certumque iudicium adeptis : ceteri decidunt subinde et reponuntur et inter missa adpetitaque alternis fluctuantur. Causa his quae iactationis est ? Quod nihil liquet incertissimo regimine utentibus, fama. Si uis eadem semper uelle, uera oportet uelis.* »

Mais pour autant ici savoir vouloir n'est précisément pas équivalent à *savoir* ce qu'il faut vouloir. La faiblesse épistémique engage celle du vouloir. La distinction stoïcienne entre le jugement faible et la fermeté d'âme caractérisée de la science [55] se trouve dès lors fondue dans la langue de la *uoluntas*. Celle-ci n'est pas réductible à un acte de compréhension, même si elle le présuppose.

Le possible conflit entre savoir et vouloir est donc réélaboré comme un conflit de la *uoluntas* avec elle-même, la *uoluntas* se diffractant dans des objets contradictoires et non un conflit entre des instances séparées concurrentes aux choix d'objets concurrents. C'est là en effet la différence fondamentale avec l'analyse platonicienne comme avec l'analyse aristotélicienne qui elles aussi mobilisent le dispositif de la conflictualité de l'âme : or ici, s'il y a conflit de l'âme, il s'agit d'un conflit interne à la *mens*. C'est la même instance qui veut plusieurs choses, voire plusieurs choses *en même temps*. La multiplicité affecte la volonté elle-même, de l'intérieur : la volonté malheureuse ne *sait* pas où désirer, quels objets désirer, de sorte qu'elle est en proie à la versatilité et la conflictualité des désirs. La *uoluntas* de l'insensé est éclatée entre ses objets, là où la *bona uoluntas* réalise une unité parfaite. A l'instabilité caractéristique de l'âme de l'insensé (*mutatio uoluntatis indicat animum nature* [56]) s'oppose la stabilité de la *tranquillitas* de l'âme qui s'est attachée au seul objet stable qui soit [57], cet attachement par lequel l'âme se tient elle-même. Le vouloir toujours la même chose (la vertu) permet précisément de forger un rapport aux objets qui n'est que l'occasion d'un rapport à soi-même. Le remède consiste ainsi à savoir où désirer, ou plutôt précisément vouloir, où le vouloir est subordonné au savoir mais demeure un acte de l'âme irréductible à un acte de compréhension.

La preuve en est que Sérénus sait où vouloir (sa *mens* est une *bona mens*) mais chez lui le vouloir ne s'identifie pas encore pleinement au savoir (il ne dispose pas à ce titre d'une *bona uoluntas*). Sa *mens* loge une conflictualité psychique qui n'est plus conflictualité entre des instances extérieures l'une à l'autre mais pour ainsi dire conflictualité avec « soi-même » en « soi-même ». L'âme de Sérénus pâtit d'une faiblesse (*infirmitas*), celle « d'une âme hésitante entre ces deux choses : n'incliner ni fortement vers la voie droite ni vers le vice [58] » :

> Cependant cet état habituel en moi que je surprends le plus souvent (car, pourquoi ne dirais-je pas le vrai comme à mon médecin ?), c'est celui de n'être ni délivré de bonne foi des vices que je redoutais et détestais, ni d'être de nouveau sous leur empire. Je me trouve dans une condition qui si elle n'est pas la pire, est pourtant plus que jamais douloureuse et la plus désagréable : je ne suis ni malade, ni bien portant [59].

■ 55. Voir A. A. Long, « Freedom and determinism in the Stoic Theory of Human Action », in *Problems in Stoicism*, *op. cit.*, p. 173-199, p. 184 : « Man is born morally neutral, with a natural inclination towards virtue. Good or bad dispositions are acquired in maturity as a result of training or neglect. »

■ 56. *Ep.* 35, 4.

■ 57. *Ibid.* 74, 11.

■ 58. *Tranq.* I, 4 (nous traduisons) : « *Haec animi inter utrumque dubii, nec ad recta fortiter nec ad praua uergentis, infirmitas qualis sit, non tam semel tibi possum quam per partes ostendere.* »

■ 59. *Ibid.* I, 2 (nous traduisons) : « *Illum tamen habitum in me maxime deprehendo (quare enim non uerum ut medico fatear ?), nec bona fide liberatum me iis quae timebam et oderam, nec rursus obnoxium. In statu ut non pessimo, ita maxime querulo et moroso positus sum nec aegroto nec ualeo.* »

Chez lui, c'est en la *uoluntas* elle-même que s'éprouve la possibilité d'un écart du vouloir au savoir, celle précisément d'une résistance interne : le conflit est un conflit de la *uoluntas* avec elle-même. C'est la même volonté qui sait ce qu'il convient de vouloir mais qui persiste à vouloir autre chose, et donc ne le veut pas tout le temps, ou veut plusieurs choses à la fois, prise dans la multiplicité, l'instabilité et la versatilité de ses attachements. Dans le conflit, la *uoluntas* elle-même est prise entre deux pôles : comme *mens* elle peut se trouver tiraillée par ce à quoi elle est inclinée comme *appetitus*, ce qui n'annule cependant à aucun moment son caractère rationnel (c'est la lucidité caractéristique de Sérénus) et ne suspend donc à aucun moment sa responsabilité. C'est sur la même scène psychique que tour à tour et parfois pour ainsi dire en même temps elle veut puis ne veut plus ou ne veut pas jusqu'au bout.

Le conflit n'est plus seulement envisagé comme un conflit entre des *jugements*, comme on le trouvera formulé chez Épictète qui parle d'un conflit d'une *prohairesis* contre une autre *prohairesis* [60]. Le conflit engage explicitement ce qui déborde le jugement : la *uoluntas*. Le modèle de la conflictualité s'en trouve ici enrichi. Il est ainsi question tout à la fois d'une complaisance (*fauor*) qui fait obstacle au jugement (*judicio fauor officit*) [61], comme si alors son jugement se percevait en position d'extériorité par rapport à son affectivité, et en retour d'une faiblesse (*infirmitas*) de l'âme qui rend le jugement vacillant. L'âme grevée de l'intérieur, c'est le jugement même censé la soutenir qui s'en trouve affaibli. Sérénus en arrive à douter, comme si ici c'était la puissance de l'affectivité qui imposait ses raisons au contenu du jugement :

> Je m'éloigne donc, non pas pire mais plus triste ; et dans mon pauvre domicile je ne porte plus la tête si haute ; une morsure secrète m'arrive, enfin je doute si ces choses-là ne sont pas préférables. Rien de tout cela ne me change mais rien ne contribue à m'ébranler [62].

Sérénus est ainsi pris dans une alternance de mouvements oscillatoires d'amplitude limitée [63], par lesquels il ne peut s'empêcher de regretter ce à quoi il a pourtant renoncé en conscience. Les bonnes intentions se trouvent menacées à l'épreuve de la réalité, ses résolutions se trouvent rudement mises à l'épreuve par l'attrait pour le luxe qu'il a conservé. Or ce conflit est redoublé par un savoir de la *mens* sur elle-même. Sérénus, pour réutiliser une de ses expressions « ose se dire la vérité (*sibi uerum dicere ausus est*) » sur lui-même [64] : son âme est consciente de sa propre faiblesse (*infirmitas*). Sérénus *vit* le conflit et en souffre parce qu'il en est conscient [65]. Les intermittences

---

60. *Entretiens*, I, 17, 25-27.

61. Sénèque, *Tranq.*, I, 16 (nous traduisons) : « *Familiariter enim domestica aspicimus, et semper iudicio fauor officit.* En fait nous regardons avec familiarité les choses ordinaires et la complaisance obscurcit toujours le jugement. »

62. *Ibid.*, I, 9 (nous traduisons) : « *Recedo itaque non peior, sed tristio, nec inter illa frivola mea tam altus incedo, tacitusque morsus subit et dubitatio numquid illa meliora sint. Nihil horum me mutat, nihil tamen non concutit.* »

63. Voir *Tranq.*, I, 5-15.

64. *Ibid.* I, 17 (nous traduisons).

65. Voir aussi, dans un autre cadre cependant, l'aveu de Sénèque qui vaut pour autojustification dans le *De vita beata*, XVII, 3 : « Je ne suis pas un sage, et (que ta malveillance soit satisfaite) je ne le serai pas.

de son vouloir sont ainsi redoublées par des variations d'humeur où les épisodes de repli et de haine de soi alternent avec des épisodes d'exaltation frénétique : la prise de conscience de son état le conduit au découragement. Autant que du conflit, c'est de sa lucidité sur lui-même dont souffre Sérénus, et de l'angoisse de retomber dans le vice :

> en toute chose me suit cette même faiblesse de bonne âme. Je crains d'y succomber à la longue ; ou, ce qui est plus inquiétant, d'être toujours suspendu comme celui qui va tomber, et que la situation soit plus funeste, peut-être, que celle que je prévois [66].

Non sans paradoxe, Sénèque préconise pourtant comme thérapeutique pour Sérénus une autre forme d'*entre-deux* qui mêle le commerce avec les hommes et la solitude [67], un savant mélange censé rendre les amplitudes de ses oscillations les moins fortes possible, comme si le lot de la condition humaine résidait précisément dans cette condition (*condicio*) qu'il fallait tenter de tenir *au mieux*, à la manière d'un funambule, pour reprendre l'image de Sérénus : une manière de dire aussi que nous devons faire avec ce savoir que nous ne serons jamais sages.

Tout se passe ainsi comme si Sénèque venait prendre en charge, dans la langue de la *uoluntas*, la limite même de la langue « intellectualiste », celle de l'expérience d'une certaine irréductibilité du vouloir au savoir, et par là même du bonheur à la vertu : dans l'expérience de la conflictualité qui l'affecte, Sérénus n'est pas moins vertueux ou plus mauvais (*peior*), il est plus triste (*tristior*) [68]. Le choix de la vertu ne semble pas l'avoir conduit au bonheur escompté.

L'histoire de Sérénus est dès lors en même temps celle de sa défaillance et celle de la conscience de sa défaillance : l'expérience du conflit de la volonté se révèle être une expérience d'un savoir sur soi-même. Le savoir a dès lors absorbé une charge de liberté irréductible en devenant précisément une modalité du vouloir. C'est là le paradoxe : pour Sénèque, le mécontentement de soi-même dont se plaint Sérénus n'a en fait pas grand-chose à voir avec les maux réels qui rongent les insensés [69], en ce sens, il est le signe d'une *bona mens*. C'est en tout cas ce que suggère l'image des maux imaginaires dont se croient encore porteurs ceux qui sont en fait déjà guéris et qui « présentent le pouls au médecin, prennent pour de la fièvre la moindre chaleur corporelle ».

Exige donc de moi, non que je sois l'égal des meilleurs, mais seulement meilleur que les méchants : il me suffit de retrancher chaque jour quelque chose de mes vices et de gourmander mes égarements. » (trad. A. Bourgery). Sur cette revendication, voir T. Bénatouïl, « Les possessions du sage et le dépouillement du philosophe : un paradoxe socratique et ses reprises stoïciennes » in *Rursus* (revue électronique du LALIA, Université de Nice), n° 3, février 2008.

■ 66. *Tranq.* I, 16 (nous traduisons) : « *omnibus rebus haec me sequitur bonae mentis infirmitas, cui ne paulatim defluam uereor, aut, quod est sollicitus, ne semper casuro similis pendeam et plus fortasse sit quam quod ipse peruideo* ».

■ 67. Sénèque, *Tranq.*, XVII, 3.

■ 68. *Ibid.*, IX, 1.

■ 69. *Tranq.*, II, 5 (nous traduisons) : « [...] tu comprendras aussitôt combien tu as bien moins à faire avec ce mécontentement de toi-même que ceux qui enchaînés à une profession ambitieuse et alourdis du poids d'un titre imposant, se maintiennent dans ce rôle affecté, plutôt par pudeur que par volonté. *Simul tu intelleges, quanto minus negotii habeas cum fastidio tui quam ii, quos ad professionem speciosam alligatos et sub ingenti titulo laborantis in sua simulatione pudor magis quam uoluntas* » (nous traduisons).

Elle conduit cette forme de conflictualité psychique à apparaître comme un état quasi-constitutif de l'âme vertueuse :

> Je me demande, par Hercule, depuis longtemps, moi-même sans rien dire, à quoi je pourrais comparer une telle affection de l'âme, et je ne saurais appliquer de plus propre exemple que celui de ceux qui, revenus d'une longue et grave maladie, sont encore affectés de temps à autre de légers frissons et malaises et, qui lorsqu'ils se sont débarrassés de ces traces, s'inquiètent encore de maux imaginaires, présentant le pouls au médecin, et prennent pour de la fièvre la moindre chaleur corporelle. De ceux-ci, le corps n'est pas peu sain, Sérénus, mais leur corps n'est pas suffisamment habitué à la santé, il est comme l'oscillation et le frémissement d'une mer tranquille ou qui se repose d'une tempête [70].

Le paradoxe est formulé par Sérénus lui-même : ne pas croire être parvenu à la sagesse est la condition *sine qua non* pour y parvenir [71]. C'est dire qu'avec Sénèque, la conflictualité psychique se dit désormais comme celle de la *uoluntas*, celle de la présence en soi de ce reste à investir, ce reste qui nous sépare de ce que nous *savons* être la vertu : cette conflictualité est à ce titre constitutive du processus de subjectivation. C'est dans l'horizon de ce contexte que nous proposons *in fine* de comprendre la variation séquienne par laquelle le *telos* stoïcien se formule désormais *aussi* comme un accord de la *uoluntas* avec elle-même. Du *telos* zénonien au *telos* séquien, à aucun moment il n'y a rupture. Pour autant, de manière inédite, la formulation séquienne du *telos* contient en elle, comme sa possibilité, le spectre de ce qui a été dépassé, celui d'une certaine expérience du tiraillement au sein du vouloir. Par là même, le *telos* est réinscrit dans la perspective de la traversée de la conflictualité psychique. Cette dissonance ou ce désaccord de la raison avec elle-même dont nous souffrons est *en même temps* une pathologie du vouloir. Sénèque n'a donc à aucun moment rompu avec la psychologie du Portique, mais il en a donné une interprétation singulière qui souligne plus expressément combien combien la subjectivation engage le « destin » du désir (*cupiditas*), cette épreuve par laquelle il devient volontaire.

Marion Bourbon
Université de Rouen / ERIAC

70. *Ibid.* II, 1 (nous traduisons) : « *Quaero mehercules iamdudum, Serene, ipse tacitus, cui talem affectum animi similem putem, nec ulli propius admouerim exemplo quam eorum qui, ex longa et graui ualetudine explciti, motiunculis leuibusque interim offensi perstringuntur, cum reliquias effugerunt, suspicionibus tamen inquietantur medicisque iam sani manum porrigunt et omnem calorem corporis sui calumniantur. Horum, Serene, non parum sanum est corpus, sed sanitati parum assueuit, sicut est quidam tremor etiam tranquilli maris motusque, cum ex tempestate requieuit.* »

71. *Ibid.* I, 17 (nous traduisons) : « Je pense que beaucoup d'hommes auraient pu parvenir à la sagesse, s'ils n'avaient pensé y être arrivés, s'ils ne se fussent dissimulé quelques-uns de leurs vices, ou s'ils n'avaient passé, les yeux ouverts, devant d'autres. *Puto multos potuisse ad sapientiam peruenire, nisi putassent se peruenisse, nisi quaedam in se dissimulassent, quaedam opertis oculis transiluissent.* »

Aperçus de la pensée stoïcienne

LA PERFORMANCE STOÏCIENNE À LA LUMIÈRE DU *DRAG*

Sandrine Alexandre

Il s'agit de proposer une confrontation entre deux pensées au premier abord sans grand rapport : les travaux critiques de J. Butler qui mettent au jour le rôle constitutif et assujettissant de normes sociales qui passent pour naturelles d'une part et, d'autre part, la pensée stoïcienne, indéniablement naturaliste et conservatrice. C'est le motif de la performance – exhibition du Cynique ou du *drag*, incarnation des normes de genre chez Butler ou d'un rôle par l'acteur stoïcien – qui retient notre attention. On cherche à montrer qu'une certaine articulation est possible entre des usages stoïciens et des usages contemporains de la performance et que cette articulation est féconde pour notre manière de comprendre notre actualité.

« Comme si le théâtre et la politique étaient toujours deux domaines distincts »
J. Butler, introduction de 1999 à *Trouble dans le genre*, p. 43

L'acteur et le Cynique sont, dans l'enseignement d'Épictète, deux figures majeures qui incarnent des aspects différents de ce que l'on dénomme en français comme en anglais par le terme de « performance » : représentation et exhibition [1]. Une première question serait de savoir si et comment ces figures s'articulent autrement que de façon homonyme et quelle serait leur fonction commune dans l'économie de la pensée stoïcienne, leur originalité également par rapport à d'autres usages de la figure de l'acteur dans le stoïcisme ou aux préceptes et usages propres aux cyniques eux-mêmes. Mais cette focalisation sur la performance ne nous aurait-elle pas été soufflée de façon un peu hasardeuse et arbitraire

---

1. Si la performance fait traditionnellement référence à une représentation jouée en public, depuis le xxᵉ siècle, la notion fait en outre référence à un medium interdisciplinaire qui puise entre autres ses sources dans des mouvements d'avant-garde tels que le dadaïsme, le futurisme, ou l'École du Bauhaus. Si les anglais parlent plutôt de *happening* à propos des événements d'art contemporains, ils emploient bien le terme de performance pour des spectacles de type *One Wo.man Show* qui ressortissent manifestement à la seconde acception du terme performance. À ces deux acceptions, il faudrait bien entendu ajouter la dimension agonistique qui renvoie au dépassement de soi et/ou des autres, et au fait de l'emporter sur les autres et/ou sur soi-même, autrement dit à la victoire, à l'exploit, mais aussi, à l'heure actuelle, au résultat chiffré et quantifié.

par l'engouement contemporain – et pleinement justifié – pour les travaux de J. Butler et son usage de la notion de performance à la fin de *Trouble dans le genre*[2] ? La notion de performance et le lien établi en conclusion de l'ouvrage entre parodie et politique ont donné lieu à des interprétations aussi variées que contradictoires, qui ont à leur tour entraîné une série de reformulations et de clarifications de la part de l'auteure[3]. L'explicitation du sens qu'il convient alors de donner à la performance butlerienne nous conduira à nous demander en dernière instance si et comment ces deux pensées – butlerienne et stoïcienne – que rien ne semble prédisposer à la convergence, pourraient néanmoins s'articuler. Au premier abord, quel rapport en effet entre un traitement explicitement critique de la performance d'une part et, d'autre part les performances du Cynique et de l'acteur stoïciens qui s'appuient *in fine* sur un système philosophique qui nous engage, entre autres, à nous comporter conformément à ce que nous sommes, et par conséquent à respecter aussi ce qu'il faut bien appeler des normes de genre. Malgré la dimension critique que l'on pourrait leur reconnaître, les performances de l'acteur ou du Cynique semblent d'autre part exclure toute forme de transformation sociale, en tout cas ne pas la susciter, la promouvoir ou la réclamer activement. L'analyse de l'un et l'autre usage de la performance nous amènera-t-elle alors à confirmer l'hétérogénéité de ces deux pensées ou bien est-il possible d'envisager une convergence sur un certain nombre de points ? Au-delà d'une réflexion en termes de convergences/divergences, la question serait plutôt de savoir ce que cette confrontation au premier abord incongrue nous permet de penser. En quoi cette confrontation et cette articulation pourraient-elles s'avérer fécondes pour comprendre notre actualité ?

Performances stoïciennes à partir de l'enseignement d'Épictète

La performance d'acteur comme modèle de comportement fondé sur la distanciation

La *figure* de l'acteur (ὑποκριτής) modélise très bien la situation de l'homme dans le monde d'un point de vue stoïcien, notamment la distinction entre « ce qui dépend de nous » (τὰ ἐφ' ἡμῖν) et « ce qui ne dépend pas de nous » (τὰ οὐκ ἐφ' ἡμῖν), formulation que l'on doit à Épictète[4] et qui reprend, pour les radicaliser, les partages axiologiques caractéristiques du premier stoïcisme

---

■ 2. J. Butler, *Trouble dans le genre* (1990), Paris, La découverte, 2005 (abrégé en *TG* pour la suite), notamment p. 256-266, également p. 35-40 et 45-47 de l'introduction de 1999. Pour les études sur cette notion butlerienne, E. Dorlin, *Sexe, genre et sexualités. Introduction à la théorie féministe*, Paris, P.U.F., 2008, p. 115-129 ; G. Jagger, *Judith Butler : Sexual Politics, Social Change and the Power of the Performative*, Londres, Routledge, 2008.

■ 3. *TG*, p. 35. Voir notamment J. Butler, *Ces corps qui comptent. De la matérialité et des limites discursives du « sexe »* (1993), Paris, éditions Amsterdam, 2009, notamment l'introduction ; *La vie psychique du pouvoir* (1997), Paris, Leo Scheer, 2002, p. 214-222 ; *Défaire le genre* (2004), Paris, éditions Amsterdam, 2006, notamment p. 233-261.

■ 4. Sur l'élaboration de cette notion par Épictète et sur le rapport avec le contexte aristotélicien et stoïcien, J.-B. Gourinat, « La *prohairesis* chez Épictète : décision, volonté ou "personne morale" ? », *Philosophie antique*, 5 (2005), p. 93-133.

entre des biens, des maux, des indifférents [5]. En effet, les êtres humains sont dans une situation tout à fait similaire à celle d'acteurs de théâtre [6] : ils n'ont pas écrit ni choisi le personnage (πρόσωπον) dont ils jouent (ὑποκρίνεσθαι) ou doivent jouer le rôle, mais il leur appartient de bien jouer le rôle qui leur est confié. Cette modélisation de la situation de l'homme dans le monde – qui comporte d'emblée un horizon pratique à réaliser – est un aspect que n'assument pas la métaphore de l'acteur employée par Ariston ni le jeu des *personae*, masques et/ou personnages, chez Panétius [7] mais qui apparaît très clairement à la lecture du chapitre 17 du *Manuel* :

> Rappelle-toi que tu es l'acteur (ὑποκριτής) d'un drame tel que le choisit le *didaskalos* : s'il le veut court, court s'il le veut long, long. S'il veut que tu joues le rôle d'un mendiant, joue-le avec une grâce naturelle. Et de même si c'est un rôle de boiteux, un rôle de chef ou de simple particulier. Car ton travail à toi c'est de bien jouer le rôle qui t'est confié ; mais de choisir ce rôle, c'est le travail d'un autre [8].

La *performance* d'acteur proprement dite – le fait de *bien jouer* son rôle – permet pour sa part de modéliser le comportement attendu et, par suite, idoine de l'humain, l'attitude et le comportement qu'il convient d'adopter pour accomplir son rôle d'humain, c'est-à-dire pour être pieux (en ne récriminant pas contre l'ordre du monde), sociable, mais également pour être heureux (autrement dit sans troubles), et pour être libre [9]. La figure de l'acteur assure la redescription de la situation de l'homme dans le monde. La performance d'acteur que seul le bon acteur réalise apparait pour sa part comme le modèle d'un comportement proprement humain. La performance d'acteur tient moins de la redescription d'une situation anthropologique partagée par tous, que d'une excellence réservée à certains. Si nous *sommes* tous (comme) des acteurs, nous n'*agissons* pas tous, de fait, en acteurs, autrement dit, nous ne nous réussissons pas tous à produire une véritable performance.

La performance d'acteur permet de modéliser le comportement attendu

Agir en acteur implique de se contenter du sort qui nous échoit [10] d'une part et, d'autre part, d'agir en fonction de la situation et/ou du rôle qu'il

■ 5. Stobée, *Eclogue*, II, 7. 5a, t. II, p. II, 57, 19-20 W = en partie *SVF*, I, 190 (= *SVF*, III, 71) ; Diogène Laërce, *Vies et doctrines des philosophes illustres* (abrégé en DL) VII, 102 = *SVF*, III, 117 = *LS* 58A qui parlent de choses qui ne sont « ni l'un ni l'autre » ; Sextus Empiricus, *Adversus Mathematicos* (abrégé en *Adv. Math*), XI, 3 = *SVF*, III, 73 qui qualifie d'« intermédiaires » les indifférents.

■ 6. Du moins si l'on s'en tient à une conception conventionnelle et sans aucun doute simplifiée du monde du théâtre qui distingue l'auteur (et metteur en scène) d'un côté et les acteurs de l'autre, autrement dit une forme de théâtre « à texte » et non collaborative.

■ 7. Ariston insiste, à la suite des cyniques, sur la nécessité de s'adapter à la situation qui nous échoit. La figure de l'acteur permet d'illustrer le comportement du sage et non pas de l'humain en général. *Cf.* ci-dessous. Panétius, d'après Cicéron, *De Officiis*, I 107 ; 115, utilise le domaine théâtral à des fins de modélisation anthropologique mais il s'agit pour lui de distinguer les différents aspects constitutifs de notre identité.

■ 8. Épictète, *Manuel*, § 17, d'après le texte grec établi par M. Guyau, et les traductions françaises d'É. Bréhier, *Les stoïciens* vol. II, Paris, Gallimard, 1962, p. 1116 et de R. Létoquart, Paris, Hatier, 1988, p. 59.

■ 9. Épictète, *Manuel*, 1 ; *Entretiens* (abrégé en *Diss.* pour la suite), I 22, 11-16, idée que l'on retrouve également chez Marc Aurèle, *Pensées*, VIII 1. Sur cette question, S. Alexandre, *Évaluation et contre-pouvoir. Enjeux éthiques et politiques du jugement de valeur dans le stoïcisme romain*, Grenoble, J. Millon, 2014, chap. 2 et 3.

■ 10. Épictète, *Diss.*, I 29, 38-41.

nous appartient d'assumer – sous réserve du moins que cela ne nous expose pas à être directement injuste à l'égard d'autrui [11] ou que cela n'affecte pas notre dignité [12]. Assumer un rôle revient à la fois à *être content* de ce qui arrive (πάντα εὐαρέστως δέχεσθαι) [13], ou du moins à ne pas s'en plaindre (μὴ δυσάρεστος) [14], et à adopter le cas échéant le comportement qui sied à cette situation, en l'adoptant, là encore, de bon gré (εὐλύτως) [15]. C'est tout cela qui est contenu dans l'expression ὑποκρίνεσθαι καλῶς « jouer avec grâce », que l'on trouvait déjà chez Bion-Télès sous la forme ἀγωνίζεσθαι καλῶς/εὖ ἀγωνίζεσθαι [16] et sous la forme ἁρμοδίως ou προσηκόντως ὑποκρίνεσθαι chez Aristippe [17] et Ariston [18].

Pour Épictète, agir en acteur se caractérise pourtant au moins autant par la performance parfaite de son rôle – qui renvoie à ce que la rhétorique appellerait des circonstances externes [19] (la situation sociale, la fonction, l'âge, le sexe) – que par la *distanciation* qui en est la condition, la *distanciation* qu'un acteur aurait à l'égard de son personnage. En ce sens, Épictète se distingue du cynique Bion et du stoïcien dissident Ariston qui insistent plutôt sur la réciproque, à savoir l'*adaptation* aux circonstances. La distanciation permet pour sa part de remplir son rôle et de le faire sans être affecté, voire de reprendre la main sur le jeu en renonçant à jouer [20]. Quiconque se confond avec son personnage ne pourra pas assumer un rôle mineur ou marginal. La pauvreté et le déclassement seront de véritables

> **La distanciation permet de remplir son rôle sans être affecté**

souffrances. À l'inverse une situation élevée risque de conduire à des abus et au désir d'avoir encore plus, en tout cas à une fascination malheureuse. Seul le décollement entre l'acteur et le personnage qu'il incarne, autrement dit la distanciation, assure une vie sans troubles malgré les aléas de la Fortune, malgré les agissements d'autrui, malgré la position subordonnée que l'on peut parfois occuper. L'acteur ne se désole pas vraiment si le personnage dont il joue le rôle perd sa fortune, ses amis, sa santé.

■ 11. On ne saurait prendre prétexte des fonctions qui nous échoient pour être injuste. *Cf.* Épictète, *Diss.*, IV 7.

■ 12. Épictète, *Diss.*, I 2. Sur la nécessaire appréciation dans l'exercice de son rôle et dans l'éventuel refus de jouer son rôle, S. Alexandre, *Évaluation et contre-pouvoir, op. cit.*, p. 223-225.

■ 13. Épictète, *Diss.*, I 12, 21.

■ 14. Épictète, *Diss.*, IV 4, 25.

■ 15. Épictète, *Diss.*, II 6, 16, 2.

■ 16. D'après Télès, « Sur l'autarcie », p. 5 (Hense) = fragment II (Fuentes Gonzalez) = Bion, fr 16 a en partie (Kindstrand), Télès, « Sur les circonstances », p. 52, 1-5 (Hense) = fragment VI (Fuentes Gonzalez) = en partie Bion, fr 16 b.

■ 17. DL, II 66.

■ 18. DL, VII 160.

■ 19. Les circonstances – ou « la » circonstance – consistent en effet à déterminer l'ensemble des éléments d'une situation donnée. À cet égard, πρόσωπον et ὑπόθεσις aussi bien que περιστάσις rendent compte de la notion de circonstance. La théorisation rhétorique de ces notions émerge d'abord chez Hermagoras. Ariston est – à la suite de Théophraste – l'un des premiers théoriciens de cette notion dans son acception éthique. Voir Aulu-Gelle, *Nuits Attiques*, I 3, 28-29 et Sextus Empiricus, *Adv. Math.*, XI 64-67, cités par G. Navaud, *Persona. Le théâtre comme métaphore théorique de Socrate à Shakespeare*, Genève, Droz, 2011, p. 46, note 4. Et de façon plus générale, J. Bouffartigues, « Le nom *peristasis* dans la pensée grecque », *in* A.-Y Julien et J.-M. Salanskis, *La circonstance*, Nanterre, Université Paris 10, 2008, p. 21-36.

■ 20. Épictète, *Diss.*, IV 7.

La distanciation n'est finalement que l'expression pratique de la connaissance et de l'usage correct d'une distinction onto-axiologique fondamentale entre ce qui dépend de nous et ce qui n'en dépend pas, laquelle implique de se rapporter toujours « avec réserve » (μεθ' ὑπεξαιρέσεως) [21] aux réalités qui ne dépendent pas de nous au lieu de les considérer avec sérieux et de s'y investir de façon inconditionnelle. Ce que nous appelons distanciation exprime donc tout à la fois la réserve (à l'égard des réalités qui ne dépendent pas de nous) et la distinction ou la non confusion (entre l'acteur et son personnage). On pourrait parler d'« allégeance performative » pour rendre compte du lien entre le maintien du donné et l'absence de troubles. Le terme d'allégeance fait en effet référence au strict maintien du donné, au respect sans faille à l'égard de ce qui est. Or, ce respect et ce maintien le sont toujours dans les termes d'une *performance* d'acteur fondée sur la distanciation qui garantit l'absence de troubles d'une part et qui me permet aussi de refuser de jouer quand j'estime que le jeu va trop loin. La performance stoïcienne vient relayer une théorie de la résistance et de l'opposition en libérant du contexte autrement qu'en s'y opposant.

En prônant la distanciation, Épictète envisage, bien avant Diderot et son célèbre *Paradoxe sur le comédien*, un mode de relation entre l'acteur et le personnage qu'il joue opposé à la conception empathique qui apparaît – positivement – dans l'*Ion* et – négativement – dans la *République* [22]. Il s'écarte également de la théorisation aristotélicienne de l'ὑπόκρισις [23]. Celle-ci se caractérise en effet par le fait d'adapter la voix et le geste aux paroles prononcées et par conséquent au personnage afin de persuader – autrement dit comme un art de l'interprétation et de l'exécution qui tend à réduire au maximum l'écart entre l'acteur qui joue et le personnage qu'il joue. Pourtant, Épictète rompt moins avec l'ὑπόκρισις qu'il n'insiste sur le point aveugle à partir duquel cet art se construit – à savoir la distinction fondamentale entre l'acteur et le personnage. Il faudrait également ajouter qu'Épictète renverse la perspective traditionnelle qui faisait du public et des juges dans les concours dramatiques, la cause du recours à l'ὑπόκρισις. Épictète n'en fait pas une nécessité conditionnelle en fonction d'autrui, mais un impératif de constitution de soi. En ce sens, il s'inscrirait dans le cadre d'une évolution de la théorisation de cet art qu'est l'ὑπόκρισις [24].

■ 21. Sur cette notion, J. Brunschwig, « De la réserve au renversement », *in* G. Romeyer-Dherbey et J.-B. Gourinat, *Les stoïciens*, Paris, Vrin, 2005, p. 357-380, ainsi que le corpus qu'il établit. Également T. Brennan, « Reservation in Stoic Ethics », *Archiv für Geschichte der Philosophie*, 82, 2000, p. 149-177.

■ 22. C'est ce que retiendra l'humanisme renaissant de Platon et de l'Antiquité. Voir par exemple, en mauvaise part, P. Nicole, *Traité de la comédie*, éditions L. Thirouin, Paris, Champion, 1998, p. 37-39 et, de façon élogieuse, le commentaire de M. Ficin. *Cf.* à ce propos J.-F. Pradeau (éd.), *Platon, Ion*, Ellipses, 2001 et, dans le même volume, E. Mehl, « Deux lectures de l'*Ion* : M. Ficin et J. W. Goethe » ; également J.-L. Nancy, *Le partage des voix*, éditions Galilée, Paris, 1982. Sur ces deux modèles, *cf.* G. Navaud, *Persona, op. cit.*, chap. II, 1.

■ 23. Aristote, *Rhétorique*, III.

■ 24. Denys d'Halicarnasse considère en effet qu'elle est impliquée dans la notion de style. Voir à ce propos A. Sonkowsky, « An aspect of Delivery in Ancient Rhetorical Theory », *Transactions and Proceedings of the American Philological Association* 90, 1959, p. 256-274. Il montre que les techniques de l'*actio* sont consubstantielles aux compositions oratoires, même avant leur présentation publique.

La performance du Cynique [25] (ὁ Κυνικός) : une exhibition en vue d'une performance de type « hypocrite »

On trouverait cependant au fil des *Entretiens* un autre phénomène qui relèverait de la performance au second sens que peut prendre ce terme en français : l'exhibition. Il s'agit cette fois de l'activité du Cynique, de la figure du Cynique telle qu'elle apparaît chez Épictète [26]. Le Cynique s'adresse certes à la foule en la haranguant, et il le fait de façon explicitement théâtrale, c'est-à-dire, dans ce contexte, outrée, exagérée [27], afin de dénoncer l'errance et la confusion des profanes qui se trompent sur la valeur des choses, sur ce qui doit être pris au sérieux et ce qui ne doit être pris qu'avec une certaine légèreté [28].

> Il doit [...] être capable, si l'occasion se présente, d'élever la voix et de monter sur la scène tragique pour répéter le discours de Socrate « Hélas ! Hommes, où vous laissez vous emporter ? [...] Comme des aveugles vous roulez d'un côté et de l'autre ; [...] vous chercher [...] la paix et le bonheur, là où ils ne sont pas, et, quand un autre vous les montre, vous n'y croyez pas non plus. Pourquoi les cherchez-vous au-dehors » [29] ?

Mais la portée de la performance du Cynique, telle qu'elle est comprise et utilisée par Épictète, réside surtout dans son être même, dans ce qu'il montre (δείκνυμι) de lui, sans rien cacher (ἀποκρύπτειν) [30]. Il veut qu'on le regarde, qu'on le voit (ἴδετέ με). Épictète affirme que son Cynique se présente explicitement comme un véritable « spectacle » (θέαμα) pour les passants [31]. En effet, le Cynique ne se contente pas de *démontrer* logiquement l'erreur des profanes, il ne se contente pas de *dénoncer*, par de simples harangues, la contradiction dans laquelle se débattent les profanes pour les exhorter à un autre mode de vie. Il entend *montrer* et rendre manifeste la contradiction dans laquelle se trouve « la plupart » aussi bien que la possibilité d'un mode de vie radicalement différent fondé sur l'axiologie stoïcienne qui, on l'a dit, consiste à tenir pour rien l'ensemble des choses qui ne dépendent pas de nous, autrement

---

■ 25. En utilisant la majuscule, on entend distinguer le Cynique idéalisé d'Épictète des représentants du courant cynique. Le Cynique qu'il nous donne à voir est un personnage très « lisse » dont toute dimension véritablement provocante est absente. M. Billerbeck, « Le cynisme idéalisé, d'Épictète à Julien », *in* M.-O. Goulet-Cazé et R. Goulet, *Le cynisme ancien et ses prolongements*, Paris, P.U.F., 1993, p. 319-338. Pour une analyse du rôle du Cynique dans la conception qu'Épictète se fait du rôle de la philosophie comme mission, *cf.* M. Schofield, « Epictetus on Cynism », *in* T. Scaltsas et A. S. Mason, *The Philosophy of Epictetus*, Oxford, Oxford University Press, 2007, p. 71-86. D'autre part, si les cyniques en tant que tels adoptent en effet un comportement provocant à l'égard de leurs concitoyens, fondé sur l'exhibition, l'idée d'adaptation aux circonstances, défendue par Bion, se rattache très explicitement, on l'a dit, à la figure de l'acteur et, par conséquent, à un type de performance théâtrale. Il faudrait enfin envisager un autre mode d'action propre aux cyniques, fondé sur le travail du langage et son renversement subversif. T. Bénatouïl, « Comment faire de la liberté avec des mots ? Critiques et usages de la parole chez Diogène le cynique », *in* B. Cassin et C. Lévy, *Genèses de l'acte de parole, dans le monde grec, romain et médiéval*, Turnhout, Brepols Publishers, 2011, p. 161-183.

■ 26. Notamment Épictète, *Diss.*, IV 8, 30-33 ; et surtout III 22. Sur ce texte, *cf.* M. Billerbeck, *Epiktet vom Kynismus (III, 22)*, Leyde, Brill, 1978, et Foucault, *Le courage de la vérité. Cours au Collège de France 1983-1984, Leçon du 21 mars*, Paris, Seuil, 2009.

■ 27. C'est avec cette même connotation que Marc Aurèle, *Pensées*, V 28, utilise le terme « tragédien », à cette différence près qu'il entend pour sa part dénoncer un comportement exagéré de déploration ou de joie.

■ 28. *Cf.* Marc Aurèle, *Pensées*, VII 3.

■ 29. Épictète, *Diss.*, III 22, 25-27. Sauf mention contraire, les traductions sont de J. Souilhé.

■ 30. Épictète, *Diss.*, III 22, 15.

■ 31. Épictète, *Diss.*, III 22, 59 ; également 89 : il fait se retourner la foule.

dit à ne s'y rapporter toujours qu'« avec réserve ». Et c'est de façon détournée qu'il s'y prend. Il ne leur fait pas la leçon, il leur parle de lui et de ce qu'ils voient de lui. Il entend leur montrer leur erreur en se montrant lui-même et en commentant cette épiphanie qu'il représente. Il leur met sous les yeux une association pour eux inouïe où le bonheur et la tranquillité sont associés à des éléments traditionnellement rattachés au malheur[32]. Il témoigne par sa vigueur physique, par la sérénité de son visage qu'une vie « stoïcienne » rend heureux et vigoureux[33] – ce qui n'est manifestement pas le cas du mode de vie des profanes à qui ils s'adressent (sans cesse anxieux pour leurs affaires, bouffis dans leurs plaisirs qu'ils considèrent à tort comme méritant tous leurs soins), ce qui n'est pas le cas non plus des puissants dont les profanes admirent le luxe sans voir le trouble dans lequel ils sont plongés. Autrement dit, le Cynique fait jouer l'exhibition sans reste contre un spectaculaire fondé sur une distorsion entre ce que l'on est et ce que l'on montre de soi, celle du cabotin professionnel qu'est le puissant. Il dénonce en effet le caractère illusoire du bonheur des puissants de ce monde en invitant à regarder « l'envers du décor » : les profanes sont éblouis par ce qu'ils voient du mode de vie des puissants, mais ils ignorent les gémissements et les lamentations que richesse et luxe occasionnent en réalité[34]. Réciproquement, il exhibe son mode de vie tout en transparence, afin de montrer qu'un autre mode de vie est possible. Le Cynique est celui qui montre que les préceptes stoïciens ne sont pas seulement des discours, il montre « que c'est possible » (ὅτι ἐνδέχεται) dans les faits (ἔργῳ)[35]. En ce sens, il est présenté comme un messager (ἄγγελος)[36] et comme un témoin (μάρτυς)[37].

Le Cynique prend de ce fait en charge ce que le maître de philosophie ne peut pas assumer. À plusieurs reprises, Épictète refuse de répondre à certains de ses interlocuteurs qui sont venus le voir[38]. Si le maître engage ses élèves à se comporter « en acteurs » comme le suggère le chapitre 17 du *Manuel*, en revanche, il ne peut jamais toucher les profanes, sourds à son propos, convaincus qu'ils sont des opinions qu'ils professent[39], convaincus que *nous* sommes tous que la santé, la richesse, l'amour sont des biens, des éléments essentiels pour être heureux et qui méritent que l'on se donne du mal. Zeus lui-même, nous dit Épictète, ne parvient pas à convaincre les profanes[40]. Il est par ailleurs extrêmement dangereux pour le philosophe de tenter de convaincre les profanes : il risquerait de se voir malmené, ou

> **Le Cynique exhibe son mode de vie tout en transparence**

32. Épictète, *Diss.*, III 22, 47-48.
33. *Ibid.*, 86-89.
34. *Ibid.*, 28-29.
35. *Ibid.*, 46-47.
36. *Ibid.*, 23.
37. *Ibid.*, 88.
38. Épictète, *Diss.*, II 14.
39. Épictète, *Diss.*, III 16.
40. Épictète, *Diss.*, IV 6, 5, 3-6, 1.

pire[41]. C'est donc aussi une démarche de sécurité qui conduit à renoncer à éclairer les profanes : le philosophe risquerait la mort sans avoir convaincu son interlocuteur et ne serait par conséquent plus utile à personne. Le Cynique répond à cette surdité des profanes et brave le danger qu'il y a à s'adresser à eux[42]. Il va là où ne peut pas aller le maître de philosophie. Épictète en fait très explicitement un pédagogue (ὁ παιδαγωγός) pour la foule ; il est l'éducateur des masses (ὁ παιδευτὴς ὁ κοινός)[43]. Le personnage du Cynique contribue de ce fait à rejeter la critique d'une liberté stoïcienne « égoïste ». Si le philosophe renonce parfois à se soucier des profanes, Épictète pense une fonction sociale destinée à pallier le « retrait » du philosophe. Au philosophe d'instruire ceux qui viennent à lui, au Cynique d'aller provoquer quelques conversions.

La thématique théâtrale comme schème d'intelligibilité de la condition humaine et de l'action humaine dans le monde permet de penser une réciprocité entre le Cynique et l'acteur, deux figures qui n'ont pas le même statut et ne se situent pas au même niveau, l'une supposant l'autre, et réciproquement. Le Cynique assume un rôle (πρόσωπον), certes magnifique et exceptionnel[44], mais c'est un rôle parmi d'autres possibles tandis que l'acteur est le modèle de comportement proprement humain, une manière de se rapporter à soi et au monde, le rôle propre (ἴδιον πρόσωπον) de l'homme qui se manifeste dans l'accomplissement de telles ou telles fonctions données : les rôles (πρόσωπα). Autrement dit, assumer le rôle de Cynique suppose que l'on se comporte déjà en homme-acteur, capable d'échapper à tous les troubles[45]. Réciproquement l'exhibition du Cynique est censée favoriser, chez les spectateurs, un décollement entre le personnage et l'acteur, une distanciation à l'égard de ce qui est traditionnellement valorisé et par conséquent recherché et chéri ou, à l'inverse, redouté et déploré. La performance-exhibition du Cynique est toujours en vue d'une performance d'acteur, qui n'est autre qu'un processus de subjectivation fécond qui assure une vie sans troubles malgré les aléas de la Fortune, malgré les agissements d'autrui, malgré la position subordonnée que l'on peut parfois occuper.

Performance stoïcienne et effets de résistance malgré tout – malgré eux ?

Performance d'acteur et performance cynique peuvent en outre être comprises comme le devenir d'une *parrhèsia* à laquelle les Stoïciens renoncent. En ce sens, la cohérence entre ces deux figures n'a rien d'anachronique. Dans la petite mythologie de l'École de Nicopolis, les figures du Cynique et de l'acteur – la performance du Cynique et la performance d'acteur – dérivent d'une même origine : *l'échec* d'une *parrhèsia* philosophique, ou du moins d'une certaine forme de *parrhèsia* : un dialogue risqué adressé aux puissants,

■ 41. Épictète, *Diss.*, II 12, 17.
■ 42. Épictète, *Diss.*, II 16, 6.
■ 43. Épictète *Diss.*, III 22, 17.
■ 44. Épictète explique à son disciple quels sont les réquisits de cette fonction qui doit être considérée comme une mission divine à ne pas prendre à la légère. En III 22, 51, il emploie l'expression τηλικοῦτο πρᾶγμα que l'on traduirait par « une affaire d'une très grande importance ».
■ 45. Épictète, *Diss.*, III 22, 5-8 ; 18-20.

conformément à la définition qu'en donne la *Rhétorique à Herennius,* un discours qui prétend être efficace contre l'efficacité des discours émanant des pouvoirs en place[46]. La *parrhèsia* philosophique se répartirait dès lors sur les deux figures du Cynique et de l'acteur sous la forme d'une *marginalisation* et d'une *intériorisation* et ne fonctionne plus vraiment comme un contre-pouvoir et n'y prétend plus[47], le seul enjeu étant de se constituer de telle sorte qu'on échappe aux troubles et d'y inviter ses semblables. Si la performance du Cynique se trouve assumer encore une fonction critique à l'égard d'autrui – dans la mesure où elle exhibe le discours critique qui préside à son mode de vie – et si son exhibition relève explicitement de la *parrhèsia*[48], il s'agit là d'une charge bien édulcorée. Il apparaît en effet davantage comme le prototype du stoïcien accompli et, surtout, il ne s'adresse pas tant aux puissants, à l'exception d'Antisthène[49], qu'aux « gens » en général et plutôt à ceux qui subissent la fascination des puissants. Plus fondamentalement, tout l'enjeu de sa critique ne vise finalement rien d'autre que cette *intériorisation* du discours critique caractéristique du jeu d'acteur. C'est en effet ainsi, comme un discours critique adressé à soi-même, que l'on peut comprendre l'examen et l'usage de ses représentations[50].

Au premier abord, l'intériorisation du discours critique qui se caractérise par une conservation sans faille du donné laisse plutôt prévoir une prolifération de l'arbitraire et de la domination dans la mesure où cette intériorisation du discours critique est le fruit d'une discipline extrêmement exigeante indisponible pour la plupart. Il n'est jamais question de « résister » ou de s'opposer, quand bien même la loi ne serait-elle que le « caprice d'un sot »[51]. La mutation du discours critique en une technique de libération sans portée explicite *à l'égard* des pouvoirs en place est indéniable. De même, la cécité à l'égard d'un problème – sans conteste anachronique – de justice sociale puisque tout n'est que rôles à jouer et que les rôles divers et variés sont absolument indifférents du point de vue du bonheur, que ce sont de purs thèmes d'exercice. Pour autant, le comportement fondé sur la distanciation, qui assure une indépendance à l'égard des aléas de la Fortune et des tentatives d'abus de pouvoir et de domination de la part d'autrui, produit également des *effets* de résistance, des effets en retour sur les pouvoirs en place dans une certaine mesure. En effet, les menaces et le chantage restent lettre morte face à celui qui est capable de jouer avec distance le personnage qui

> **Qui entend assujettir celui qui se comporte en acteur fait l'expérience des limites de son pouvoir**

■ 46. *Rhétorique à Herennius,* IV, 48 : « Il y a franc-parler (παρρησία) quand, devant des gens que nous devons respecter ou redouter, nous formulons – en usant de notre droit de nous exprimer – un reproche mérité à leur endroit ou à celui des personnes qu'ils aiment, à propos de quelque erreur ». C'est à une παρρησία de ce genre qu'Épictète fait référence.
■ 47. Épictète, *Diss.,* I 29, 9 ; IV 7, 33.
■ 48. Épictète, *Diss.,* III 22, 96-97 ; également 25 où le Cynique est présenté comme quelqu'un capable d'annoncer, sans peur, la vérité.
■ 49. Épictète, *Diss.,* IV 1.
■ 50. Sur l'usage de ses représentations, T. Bénatouïl, *Les stoïciens III,* Paris, Les Belles Lettres, 2009.
■ 51. Épictète, *Diss.,* IV 7, 34.

lui échoit. Et qui entend assujettir celui qui se comporte en acteur fait alors l'expérience des limites de son pouvoir. Celui qu'Épictète appelle le tyran ne veut pas seulement « mes biens », il attend de ma part une soumission, sous la forme de la plainte, de la supplique ou du cri de grâce, signe éclatant de sa victoire. La distanciation qui assure une absence de troubles sans faille et qui conduit à tenir pour rien ses biens, la douleur de son corps, contribue réciproquement à troubler la sérénité et la certitude de quiconque entend dominer, asservir ou assujettir à son profit [52].

Performance et performativité dans l'œuvre de Judith Butler

Les formes d'exhibition et de dédoublement de soi ont eu une indéniable postérité dans le domaine artistique et dans l'imaginaire collectif, que l'on songe par exemple à la plasticienne Orlan ou au phénomène *drag* d'un côté, à toute la littérature fantastique du XIXe siècle, à la schizophrénie et à l'emblématique Dr Jekyll/Mr. Hyde de l'autre. Autrement dit, l'exhibition et le dédoublement fraient avec l'étrange, le *freak*, le bizarre, ce que rend très bien le terme *queer* que les mouvements gays et lesbiens jadis stigmatisés par ce terme se réapproprient pour s'auto-désigner, selon le processus désormais bien connu de resignification [53], et qui en vient plutôt à signifier aujourd'hui des revendications résolument non identitaires et non normatives [54] de personnes ou de groupes qui se retrouvent notamment dans leur opposition à ce qu'on pourrait appeler la « pensée straight » [55]. Quant à la notion de distanciation, elle a pour sa part franchement mauvaise presse, entre frilosité et franc désengagement, ce qu'illustrerait le film éponyme d'Amos Gitaï. Le désengagement dont il s'agit ne permet pas de trouver la paix, il consiste plutôt à laisser la guerre, à s'en laver les mains. Du côté de la philosophie, on retrouve chez Sartre et en mauvaise part la question de la performance – c'est la fameuse vignette du garçon de café qui s'abîme dans l'inauthenticité. Il faut attendre les travaux de Butler pour une véritable réhabilitation et un usage philosophique fort de la notion de performance [56].

Chez Butler comme chez les Stoïciens, la performance n'a rien d'univoque et elle s'inscrit délibérément dans une perspective critique. On distingue chez Butler, à propos de ses travaux sur la question du genre [57], une performance critique révélatrice et une performance révélée que l'on pourrait reformuler respectivement en termes de performance et de performativité, pour

---

■ 52. Sur la question des effets de résistance, *cf.* S. Alexandre, *Évaluation et contre-pouvoir, op. cit.*, chap. 7.

■ 53. J. Butler, *Le Pouvoir des mots. Discours de haine et politique du performatif* (1997), 2004, notamment p. 35 pour la référence au terme « queer ».

■ 54. S. Bourcier, *Queer Zones. Politique des identités sexuelles et des savoirs*, éditions Amsterdam, 2001. *Queer Nation* est pour sa part un mouvement qui fait son apparition aux Etats-Unis en 1990 pendant la *Gay Pride* de New York. Plus récemment, le mouvement Bash Back ! né en 2007 dont l'ouvrage *Queer Ultraviolence* (2011), traduit en 2016 sous le titre *Vers la plus Queer des insurrections*, propose une anthologie. Sur l'expression et l'évolution de la culture *queer* au cinéma, B. Mennel, *Le Cinéma Queer* (2012), Paris, L'Arche, 2013.

■ 55. M. Wittig, *La pensée straight* (1992), Paris, éditions Amsterdam, 2001.

■ 56. Il faudrait cependant mentionner E. Newton, « Role Models », *Mother Camp : Female Impersonators in America*, Chicago, The University of Chicago Press, 1971 dont J. Butler précise qu'elle s'inspire.

■ 57. Pour les références, *cf.* ci-dessus.

reprendre la distinction sur laquelle insiste Fassin [58]. La première forme de performance [59] est celle du *drag* – *drag king* ou *drag queen* – qui s'illustre par exemple dans le film de J. Livingston, *Paris is Burning* sorti en 1981 [60]. Même si l'étymologie du mot reste assez obscure – la traîne d'une robe ? – et parfois fictive – un acronyme pour DRessed As a Girl ? – le phénomène qui est ainsi désigné renvoie au fait de (sur)jouer la masculinité (*drag king*) ou la féminité (*drag queen*) telles qu'elles sont codifiées par des normes admises, au moyen d'un certain accoutrement considéré comme expressément masculin ou féminin, de vêtements, de maquillage, et par des attitudes et des poses étudiées [61]. Le *drag* ne relève cependant pas seulement du pur spectacle même si les dimensions ludique et agonistique ne sont pas absentes bien au contraire. Le *drag* est aussi une manière d'exister en tant que minorité par la création d'une culture. Il fait partie des cultures *underground* du Harlem des années 1920 [62]. Mais surtout, et c'est cela qui nous intéresse, Butler y voit là un phénomène heuristique et critique pour les comportements considérés comme « naturels », « normaux ». La performance *drag* vient en effet révéler ce qui est inaperçu [63] et que l'on pourrait considérer comme une quatrième blessure narcissique pour l'humanité : que l'identité de genre n'est qu'un fantasme et une fiction idéalisée, que les comportements de « monsieur et madame tout-le-monde » relèvent eux aussi d'une forme de performance [64] comprise alors comme réalisation ou actualisation de « normes de genre » assujettissantes [65], comportements, actes et désirs qui façonnent en retour – construisent – cette fameuse identité de genre dont on voit qu'elle n'a rien d'originel ou de stable et qu'elle ne renvoie pas à une quelconque intériorité fondatrice [66].

■ 58. *TG*, préface, p. 13.

■ 59. Première dans l'ordre phénoménologique : en tant que spectacle ou participant volontairement du spectaculaire, elle nous saute aux yeux et elle nous apparaît d'emblée comme une performance alors que l'autre forme de performance qu'elle révèle ne nous saute nullement aux yeux et doit faire l'objet d'un travail d'élucidation et de prise de conscience.

■ 60. J. Butler cite ce film à plusieurs reprises. *Cf.* également B. Mennel, *Le cinéma queer, op. cit.*, p. 120-121.

■ 61. P. Schacht et L. Underwood, *The Drag Queen Anthology : The Absolutely Fabulous but Flawless Customary World of Female Impersonators*, Haworth Press Inc, Routledge, 2004. Également, F. Laberge, *La construction socio-discursive de l'image médiatique de la* drag queen *Mado Lamotte. Les frontières de la transgression sociale*, mémoire de maîtrise de l'Université de Laval, 2013.

■ 62. G. Chauncey, *Gay New York (1890-1940)*, 1994, Paris, Fayard, 2003 ; également G. Chauncey, *Hidden From History : Reclaiming Gay and Lesbian History*, New York, Plume Book, 1990, cités par E. Dorlin, *Sexe, genre et sexualité, op. cit.*, P.U.F., 2008, p. 110.

■ 63. Sur l'effet d'invisibilité, *TG*, p. 259 : « S'il est possible de situer la "cause" du désir, du geste, de l'acte à l'intérieur du "soi" chez l'acteur ou l'actrice, alors les régulations politiques et les pratiques disciplinaires qui produisent ce genre apparemment cohérent sortent de fait du champ de vision. Le fait de passer d'une origine politique et discursive de l'identité de genre à un "noyau" psychologique exclut qu'on analyse la constitution politique du sujet genré et les idées toutes faites sur l'indicible intériorité de son sexe ou de sa véritable identité ».

■ 64. *TG*, p. 45.

■ 65. J'emploie le terme au sens où Butler le définit dans *La vie psychique du pouvoir, op. cit.*, dans sa double dimension de subordination (à un ordre) et de constitution du sujet, lui conférant ainsi visibilité sociale, reconnaissabilité mais aussi capacité – et puissance – d'agir (*agency*). Voir p. 263-264 qui souligne toute la dimension injonctive et toute la violence de l'ordre normatif : « Les distinctions de genre font partie intégrante de ce qui "humanise" les individus dans la culture d'aujourd'hui. En effet, on ne manque généralement pas de punir celles et ceux qui n'arrivent pas à faire leur genre (*to do their gender*) comme il faut ».

■ 66. *TG*, p. 258-259.

Outre la dimension « naturelle » d'un sexe *naturellement* dimorphique (mâle *ou* femelle, *et rien d'autre*), c'est une cohérence « naturelle » et « spontanée » qui est généralement admise entre ce sexe (compris comme un donné « naturel » et « évident »), le genre (dès lors soumis lui aussi à une division binaire et compris en terme d'identité stable [67]), et l'orientation sexuelle (assimilée à une hétérosexualité reproductive considérée à son tour comme « normale »). Et c'est bien ce naturel, la dimension fictive, fictionnelle ou illusoire de ce naturel que la performance théâtralisée, exagérée du *drag* vient mettre au jour [68] contribuant ainsi à « dénaturaliser le genre » et la conception « expressive » qu'on mobilise généralement. Réciproquement, c'est l'occasion de mettre au jour la dimension construite et *performative* du genre compris dès lors comme un « style corporel », donnant lieu à une « stylisation du corps [69] ». Notre masculinité ou notre féminité sont une activité de tous les instants. Nous répétons et réitérons, dans chacun de nos comportements, des normes de genre [70]. Nous ne performons donc pas moins que le *drag queen*, mais, dans la mesure où nous performons conformément à notre état civil, conformément à ce qu'implicitement on attache à « monsieur » ou à « madame », donc en incarnant la norme « comme il faut », cette performance de genre passe inaperçue : tout cela est « tacite [71] ». Nous avons au contraire l'illusion d'une intériorité stable qui serait à l'origine de nos actes, de nos comportements et de nos désirs. On distingue bien deux types de performances : la performance inaperçue des gens qui se croient « normaux » par contraste avec d'autres qui seraient sinon « anormaux » du moins marginaux, et la performance « subversive [72] » qui révèle l'inaperçu, qui dénonce l'illusion et qui remet en cause les catégories admises. Contrairement aux lectures qui ont pu être faites de *Trouble dans le genre* et notamment du recours au *drag*, la théorie de la performativité du genre n'implique aucune déréalisation du genre non plus qu'une liberté totale au sens où l'on choisirait délibérément son genre, au sens où l'on pourrait choisir tel genre un jour, tel autre le lendemain. La performance de genre se fait toujours à partir d'une scène de contraintes. À l'inverse, cela

> **La performance *drag* a une portée critique : l'identité de genre n'est qu'un fantasme**

---

67. *TG*, p. 265.

68. *Ibid.*, p. 261 : « La performance *drag* joue sur la distinction entre l'anatomie de l'acteur ou actrice de la performance (*the performer*) et le genre qui en est l'objet. Mais en réalité nous avons affaire à trois dimensions contingentes de la corporéité signifiante : le sexe anatomique, l'identité de genre et la performance du genre. Si l'anatomie de l'acteur ou actrice de la performance est déjà distincte de son genre, et si l'anatomie et le genre de cette personne sont tous deux distincts du genre de la performance, alors celle-ci implique une dissonance non seulement entre le sexe et le genre, mais aussi entre le genre et la performance. Si le genre produit une image unifiée de la "femme" (ce qu'on critique souvent), il révèle aussi tous les différents aspects de l'expérience genrée qui sont artificiellement naturalisés en une unité à travers la fiction régulatrice de la cohérence hétérosexuelle. En imitant le genre, le *drag* révèle implicitement la structure imitative du genre lui-même – ainsi que sa contingence. »

69. *TG*, p. 263 ; 265.

70. J. Butler, « Régulations de genre », *Défaire le genre*, p. 59 : « Le genre n'est pas tout à fait ce qu'on "est" ni ce qu'on "a". Le genre est le dispositif par lequel le masculin et le féminin sont produits et normalisés en même temps que les formes interstitielles hormonales, chromosomiques, psychiques et performatives du genre ».

71. *TG*, p. 264.

72. *Ibid.*, p. 46.

n'implique pas non plus de déterminisme absolu [73]. Et c'est bien ce double aspect que la performance *drag* met au jour et qui est au cœur de *Défaire le genre :* l'assujettissement (*subjection*) et la puissance d'agir (*agency*). Non seulement le *drag* donne à voir quelque chose qui passait jusqu'alors pour inaperçu, mais, dans la mesure où il brouille les frontières entre le réel et l'irréel, il contribue aussi à « ouvrir le champ des possibles » [74], ce que Butler reformule tout au long de son œuvre dans les termes de l'intelligibilité des vies et des corps, et de la dimension « vivable » des vies, deux aspects qui sont refusés aux corps différents, aux vies qui n'incarnent pas « comme il faut » les normes de genre, qui ne « font pas leur genre [75] ». Cela nous conduit à rappeler, s'il en était besoin, que la transformation dans les manières de voir, dans les catégories de pensée, même si elle n'est pas suffisante, demeure un préalable indispensable [76]. Enfin, et ce serait une dernière remarque, il ne s'agit pas de faire l'éloge et l'apologie du travestissement ou de la parodie pour eux-mêmes, comme si le travestissement et plus généralement la parodie étaient par eux-mêmes subversifs [77] et comme si le *drag* était susceptible de devenir un modèle, un paradigme [78]. Ce n'est que dans un contexte particulier que le *drag* ou la parodie sont des éléments susceptibles de donner à voir la dimension performative du genre et le système contraignant des normes qui régulent les performances de genre. Mais ils peuvent tout aussi bien être récupérés. D'où la dimension très interrogative du chapitre qui, en même temps qu'elle développe sur le *drag*, se demande quelles formes de performances peuvent être subversives. Il ne s'agit pas de distinguer du subversif et du non subversif en soi, mais de distinguer – ou de produire – une performance qui, à tel moment, dans tel contexte, contribue à déconstruire les catégories de pensées et les normes qui commandent le réel et qui, réciproquement, relèguent certaines formes de vie dans l'irréel.

Perspectives pour une possible articulation

Dans chacun de nos corpus, la notion de performance apparaît deux fois : une fois sous la forme théâtrale d'une exhibition spectaculaire adressée à autrui (le personnage du Cynique ou du *drag*), une fois sous une forme dramatique ou performative (la performance de l'acteur stoïcien, la performance de genre). Et dans chacun de nos deux corpus les deux types de performances s'articulent l'une par rapport à l'autre : la dimension performative du genre, inaperçue pour la plupart, est révélée par la performance *drag ;* la performance du Cynique incarne pour sa part de façon exacerbée les avantages d'une action distanciée caractéristique de la performance d'acteur, et elle révèle l'absence d'une telle performance chez ceux à qui ils s'adressent. On pourrait donc rapprocher la performance *drag* et plus généralement les performances de genre qui s'avèrent subversives, de l'exhibition du Cynique et du rôle critique

■ 73. J. Butler est très claire sur ce point, dans *La Vie psychique du pouvoir, op. cit.*, p. 43. Sur le double écueil interprétatif, *TG*, préface, p. 13-19.
■ 74. *TG*, p. 43.
■ 75. *Ibid.*, p. 43.
■ 76. *Ibid.*, p. 46.
■ 77. *Ibid.*, p. 45.
■ 78. *Ibid.*, p. 45.

qu'il assume à l'égard de ses concitoyens. Les uns comme les autres mettent au jour quelque chose d'inaperçu par la plupart. En recourant à l'outrance, à la théâtralisation[79], les uns comme les autres viennent *troubler* la vie comme elle va, et déconstruire des évidences. La performance théâtralisée et assumée a, par ailleurs, chez Butler comme chez les Stoïciens, une fonction éminemment critique et elle intéresse la question de la résistance face à la domination. Et dans chacun des deux cas, cette résistance se fait de l'intérieur des rapports de pouvoir : maintien du donné pour les Stoïciens, incarnation subversive des normes pour Butler qui retrouve en cela une thèse chère à Foucault.

Malgré la proximité entre les figures du *drag* et du Cynique, malgré un horizon critique commun doublé d'un projet d'émancipation, le diagnostic se formule pourtant différemment. La performance *drag* nous révèle que nous sommes tous des *performers*, ce qu'ignorent les gens qui se considèrent « normaux ». De fait, qui que nous soyons et quoi que nous fassions de et avec nos corps, nous reprenons et répétons des normes de genre. La performance, l'imitation, est notre mode de vie. À l'inverse le Cynique révèle à ses contemporains qu'ils se comportent comme des personnages de théâtre, sans aucune distance à l'égard de ce qui leur arrive, sans actualiser leur condition d'acteur. Par son outrance, le *drag* révèle une performance inaperçue – la performativité du genre – tandis que la performance du Cynique révèle – pour la déplorer – une *absence* de performance de la part de la majorité. « Nous sommes tous des *performers* » affirmerait Butler ; « nous devrions réussir à être des *performers* » s'exclamerait Épictète. Si l'injonction du *Manuel* à se rappeler que l'on est acteur pourrait s'appliquer à nos deux auteurs, elle prendrait des sens différents : cela signifierait, pour Butler, prendre conscience que l'on agit effectivement comme des acteurs[80] – que nous performons ; l'injonction stoïcienne à se rappeler que

> La performance *drag* et l'exhibition du Cynique déconstruisent des évidences

l'on est acteur est une manière de nous engager à agir comme des acteurs – à performer. Ce ne sont pourtant pas tant les conclusions qui divergent que les prémisses comme le laisse déjà suggérer la formulation précédente. L'un et l'autre diagnostic mobilisent en réalité une conception différente de la performance : l'incarnation, la répétition ou la réitération plus ou moins « correcte » ou « décalée » de normes (de genre) pour Butler, une action sur le mode de la distanciation pour Épictète. Il n'y a pas tant opposition dans le diagnostic (être *performer* sans le savoir ou ne pas réussir être un véritable *performer* alors qu'on est dans la même situation qu'un acteur) que différence dans les prémisses qui conduisent au diagnostic (ce que performer veut dire). Plus encore, ce n'est pas seulement le sens mais le statut accordé

---

79. Épictète, *Diss.*, III 22 26 et *TG*, p. 39 qui parle de la « théâtralité de la présentation *queer* de soi ».

80. Sans que, toutefois, un acteur préexiste véritablement à la performance. En effet, l'identité de genre – et donc de l'acteur si l'on veut filer la métaphore – est un effet en retour, constitué par l'ensemble des actes, comportements, manières d'être du dit acteur. La position d'Épictète serait peut-être moins éloignée qu'il pourrait sembler au premier abord dans la mesure où la qualité éthique de l'agent, son personnage éthique ne se réalise que dans un certain rapport au monde. L'identité (en l'occurrence éthique) ne préexiste pas aux actes, désirs et comportements effectivement mis en œuvre.

à la performance qui diverge. En tant que redescription critique du réel, la performance de genre relève de ce qui a lieu, tandis que la performance stoïcienne relève explicitement du devoir être et, par suite, devient une marque d'excellence. Pour Épictète, nous l'avons dit, la performance ne rend pas compte de la situation de l'homme dans le monde. La performance, gage d'indépendance à l'égard de tous les aléas, est attendue et impliquée dans la condition humaine assimilée à une troupe d'acteurs, mais cela n'est réalisé et actualisé que par une petite minorité. La performance apparaît donc bel et bien chez Épictète comme un *modèle* de comportement, ce qu'elle n'est pas chez Butler qui se garde bien de promouvoir quelque « modèle » que ce soit ou quelque conception déterminée de la vie bonne ou de l'humain [81]. Ce qui ne signifie pas, à l'inverse, que Butler ne nous engage à rien. La critique des normes de genre et de leur violence dénoncée dans *Trouble dans le genre* ou dans *Défaire le genre* aussi bien que la généalogie critique du sujet qu'elle développe notamment dans *La vie psychique du pouvoir* nous engagent à « ne pas laisser aux normes le soin de définir ce qu'est une "vie vivable" » et à faire quelque chose avec ce que l'on fait de moi [82] ». Autrement dit la perspective critique et généalogique nous permet, comme le suggère M. Fœssel en rapprochant Butler de Foucault, « de n'être pas tellement gouvernés ». Comment ? C'est là que l'écart avec Épictète est manifeste. Mieux, Butler nous engage moins à vivre de telle ou telle manière qu'elle n'envisage, via la transformation des manières de voir, une transformation sociale qui rendrait vivables et possibles des vies jusqu'à présent invisibilisées et invivables [83]. Le type d'action auquel elle semble inciter, ce sont des actions susceptibles de mettre en crise l'ordre normatif en vigueur [84] – sans statuer jamais sur le mode de vie que chacun devrait mener. En ce sens, elle s'inscrit dans la perspective de la « théorie *queer* » pour laquelle elle constitue d'ailleurs une référence [85].

La divergence par rapport à Épictète s'accroît de façon significative dès lors qu'on examine plus précisément ce qu'emporte et ce qu'engage le modèle de comportement qu'il propose. Agir « en acteur » contribue certes, on l'a dit, à produire un certain nombre d'effets en retour sur les pouvoirs. En ce sens, il semble que l'on retrouve encore un modèle similaire chez Épictète et chez Butler qui consiste à envisager un trouble dans les rapports de pouvoir à partir d'une action du sujet [86] – si l'on nous autorise ce terme anachronique à propos des Stoïciens. Aussi pourrait-on dire que notre lecture des Stoïciens s'inspire d'une lecture de Butler [87] et que, réciproquement, Butler travaille

■ 81. *TG*, p. 44 : « La vision normative – au sens positif du terme – qui est proposée dans ce livre ne prend pas la forme – et ne peut pas prendre la forme – de mots d'ordre du type "subvertissez le genre comme je le dis et la vie sera belle" ». *Cf.* l'Entretien de Foucault avec Michael Bess, du 3 novembre 1980, in *L'origine de l'herméneutique de soi. Conférences prononcées à Dartmouth College*, Paris, Vrin, 2013, p. 155.

■ 82. J. Butler, « Agir de concert », *art. cit.*, p. 15.

■ 83. J. Butler, « Hors de soi », *art. cit.*, p. 45.

■ 84. *TG*, p. 276, « quelles […] stratégies locales de contestation du "naturel" pourraient nous conduire à dénaturaliser le genre ».

■ 85. *TG*, p. 25 qui rappelle en outre que l'expression vient de Theresa de Lauretis.

■ 86. F. Brugère et G. Le Blanc, *Judith Butler, op. cit.*, notamment introduction.

■ 87. Mais il ne s'agit pas de plaquer des concepts contemporains sur les textes antiques, en l'occurrence les *Entretiens* et le *Manuel*, et de vouloir à toute force adapter Épictète à notre époque. La perspective butlerienne et notamment l'idée d'un effet en retour de l'action du sujet, constitué dans et par les normes, sur les normes qu'il incarne nous conduit à poser à Épictète des questions que l'on n'aurait pas songé à lui poser.

un motif que l'on trouve déjà chez Épictète, sans qu'elle y fasse elle-même explicitement référence de façon approfondie. Ce sont bien deux pensées de la résistance qui se font jour à partir du motif de la performance – performer sur le mode de la distanciation ; performer sur le mode de la répétition légèrement décalée. À cette différence près que l'effet de résistance est presque mécanique ou réactif chez les Stoïciens : il s'apparente en effet une réaction au sens presque chimique du terme qui se produit à l'occasion d'une tentative d'abus de pouvoir sur la personne du stoïcien-acteur.

On pourrait dire également que Butler approfondit les termes de ce motif de résistance puisqu'elle traite des normes et du pouvoir plutôt que des relations interindividuelles. La résistance stoïcienne affecte moins [88] les rapports de pouvoir que la morgue de tel ou tel puissant. En tout cas, elle est censée favoriser une libération de l'individu au sein même d'un système de contraintes, sans changer le rôle ou le thème qui est donné. C'est au plus fort de la performance *conforme* à tel ou tel rôle que la distanciation assure une forme de liberté. C'est encore la distanciation qui permet de ne pas être effrayé par les menaces au point d'agir contre sa volonté. Chez Butler, l'ambition est cependant moins de conquérir une forme de sérénité pour soi-même dans un système de contraintes donné (en l'occurrence une situation socio-économique ou une tentative de domination), que la transformation d'un système normatif qui joue un rôle constitutif au point de rendre certaines vies possibles et d'autres impossibles. Elle explore de fait un niveau – celui des normes – que n'explore pas Épictète. Épictète nous libère du caractère aliénant de la situation sans modifier la situation elle-même. Butler entend desserrer l'étau des normes. Et telle est la différence majeure entre l'un et l'autre propos.

La notion de « convenables » (καθήκοντα) – ces actions que les Stoïciens considèrent comme des « fonctions propres » et qu'il convient d'accomplir en tant qu'humain, sauf cas de force majeure [89] – illustrerait peut-être encore mieux cette cécité stoïcienne à l'égard de la dimension proprement normative de l'assujettissement. Pour un stoïcien, il s'agit non seulement d'assumer telle ou telle fonction qui nous échoit, tel statut social, la situation dans laquelle nous place tel revers de Fortune, mais nous devons aussi accomplir un certain nombre d'actions qui sont considérées comme proprement humaines, et, dans ce cadre, nous comporter conformément à ce qu'exige notre âge ou notre

L'un des gains de l'articulation entre nos deux pensées réside donc en ceci qu'une question contemporaine, au premier abord anachronique, nous conduit à relire les textes anciens et à faire émerger des perspectives jusqu'alors non questionnées.

■ 88. Même si, dans le contexte romain, on a pu soutenir que le développement de l'éthique stoïcienne pouvait jouer un rôle dans la transformation des rapports de pouvoir, notamment eu égard au rapport pyramidal propre à l'institution de bienfaisance. *Cf.* S. Alexandre, *Évaluation et contre-pouvoir, op. cit.*, chap. 7.

▦ 89. DL, VII, 109 = en partie *SVF*, III, 496. Les stoïciens distinguent en effet des convenables qui sont indépendants des circonstances (les actions qu'il convient de faire quand on n'est pas dans une situation extraordinaire : veiller sur sa santé par exemple) et d'autres qui sont en fonction des circonstances (ce qui renvoie à une situation exceptionnelle : s'estropier soi-même par exemple). Les convenables sont des actes qui caractérisent un comportement adapté ou approprié à la constitution du vivant en question, en l'occurrence l'humain pour notre propos. Le convenable au sens strict est cantonné dans une sphère non morale qui s'étend à la dimension relationnelle et sociale du comportement. DL, VII 108, donne comme exemple de convenables le fait d'honorer ses parents, ses frères, sa patrie. Se marier, avoir des enfants sont aussi des exemples de convenables.

genre qui apparaissent comme des données, des faits qui, en outre, engagent un certain *ethos*. On pourrait reformuler cela dans les termes du rôle, qui renvoie à la fois à un nom (homme, vieux…) et à des « actes appropriés » (οἰκεῖα ἔργα), un programme de comportement qui serait comme le texte du rôle à jouer (ἐπαγγελία) [90]. Être homme (ἀνήρ), c'est, sauf erreur de la nature – « monstruosité » qui renvoie, en termes butleriens, à une idéalisation des corps qu'elle dénonce – avoir une certaine pilosité. Être homme implique ensuite d'assumer ce rôle d'homme qui commande de ne pas s'épiler (ce qui renvoie cette fois à ce que Butler appellerait la performativité du genre) [91]. Alors que la performance *drag* révèle, pour la subvertir, la répétition des normes de genre, la performance d'acteur est aussi, entre autres, un appel au respect de ce qu'il faut bien appeler des normes mais qui sont en outre présentées comme des comportements « naturels », ce qui est encore un trait caractéristique de la vie des normes comme le souligne Butler. Si le contre nature (homme glabre, femme poilue) ou le monstrueux est encore, en quelque façon, une merveille de la nature (τέρας) qu'on exhibe dans les foires (la femme à barbe), en revanche la performance de genre subversive est reléguée par Épictète au dernier degré de l'abomination : ce n'est plus qu'un « hideux spectacle » (θέημα). Cela reviendrait en quelque sorte à contredire volontairement, de soi-même (αὐτός), ce qu'Épictète estime relever de la nature et de l'ordre naturel (φύσει). La performance *drag* viendrait en quelque sorte dénoncer la facticité et la contingence de ce que les Stoïciens présentent pour leur part comme « naturel » et même comme un argument en faveur d'une Providence [92]. On pourrait dire que la notion de convenable définit très bien ce qu'est une norme, mais échoue à en dénoncer la violence en la réinscrivant dans la nature : je *suis* homme ou femme, et cela engage tel type de comportement. Butler renverse la proposition : tel comportement est attendu, qui constitue l'homme ou la femme comme des identités stables dont on considère qu'elles sont le foyer d'actions qui expriment cette identité.

Deux pensées de la résistance se font jour à partir du motif de la performance

C'est bien le niveau de réflexion et le problème formulé qui changent et, par suite, la nature individuelle ou collective de la résistance, la dimension accidentellement ou essentiellement politique de cette résistance. On ne saurait négliger le conservatisme stoïcien qui n'appelle à aucune transformation d'ordre social [93]. Mais c'est moins cela qui doit être souligné ici que la différence dans les problèmes envisagés. Le problème d'Épictète consiste à savoir comment remplir au mieux son rôle sans en être affecté (la distanciation est la solution), le rôle se déclinant sous de multiples aspects dont certains engagent notre identité d'humain, d'humain genré et dans telle ou telle période de sa vie.

■ 90. Épictète, *Diss.*, II 10, 7-12 : « Souviens-toi que tu es fils […] ; frère […] ; jeune, […] vieux. […] Car toujours, chacun de ces noms, si on les considère attentivement, suggère les actes appropriés ».
■ 91. Épictète, *Diss.*, III 1, 27.
■ 92. Épictète, *Diss.*, I 6, 9.
■ 93. S. Alexandre, « "Mépriser les richesses" : principe pour la vie heureuse, stratégies de réalisation, enjeux politiques », *in* É. Helmer (dir.), *Richesse et pauvreté : le regard des philosophes antiques*, Paris, Vrin, 2016, p. 85-110.

Le problème de Butler consiste en revanche à souligner que ce qu'Épictète appelle des fonctions propres procède d'un système normatif assujettissant et violent. Épictète et Butler ne s'opposent donc pas vraiment, au sens où ils défendraient des positions divergentes à partir d'un problème qui leur serait commun. Disons plutôt qu'ils ne parlent pas de la même chose. Et c'est bien là ce qui nous donne à penser. En effet, cela nous permet de montrer ce que manquent des formes de résistance de type stoïcien, autrement dit le statut d'un certain nombre de pratiques fondées sur le soin de soi et plus généralement les théories de la dénonciation et de la domination. Réciproquement, la distanciation n'apparaît-elle pas comme un élément important mais non théorisé de la vie dans les normes et de leur incarnation décalée ?

Sandrine Alexandre
IrePh, Université de Nanterre

DOSSIER

Aperçus de la pensée stoïcienne

SUR L'ÉCOLE D'ÉPICTÈTE

Olivier D'Jeranian

Tel qu'Arrien l'indique dans les *Entretiens*, le cours d'Épictète comprenait une partie technique, où l'apprentissage de la doctrine et des démonstrations était de mise, et une autre, à laquelle nous avons seulement accès, où le maître discutait plus librement avec des interlocuteurs de tous horizons sur des sujets d'ordre spécifiquement éthiques en interprétant la doctrine stoïcienne selon ses propres catégories conceptuelles. Cette deuxième séquence pédagogique interroge directement l'utilité de la première, et engage une réflexion plus large sur l'école philosophique, reprenant la discussion traditionnellement menée entre stoïciens et académiciens sur la *scholè*. Épictète apporte ainsi un éclairage original sur le rôle, le sens et la fonction des pratiques scolaires à l'époque romaine, dans la perspective stoïcienne d'une vie philosophiquement authentique, en accord avec la nature.

Enseigner le stoïcisme

L e témoignage d'Arrien dans les *Entretiens* montre qu'Épictète dispensait un cours comprenant une partie technique, dans laquelle il procédait à l'explication d'un texte ou d'un point de doctrine de l'ancien stoïcisme [1], et une partie moins scolaire (à laquelle nous avons seulement accès), où il s'adressait plus librement à ses disciples ou à des visiteurs occasionnels sur des questions d'ordre éthique [2]. Pour comprendre son enseignement et ses objectifs, les spécialistes se sont

---

■ 1. Épictète, *Entretiens* (désormais abrégé *E.*) I, 10, 8, texte établi et traduit par R. Muller, Paris, Vrin, 2015. En développant certains points techniques peut-être en fonction de son public (la logique n'étant réservée qu'aux étudiants les plus avancés). Cf. *E.* III, 2, 8. Voir aussi I, 17, 4-8.
■ 2. *E.* I, 11 ; II, 2 ; 4 ; 14 ; III, 1 ; 4 ; 7 ; 9.

intéressés à ces deux séquences successives [3], qui interrogent l'articulation entre la théorie et la pratique dans le stoïcisme d'Épictète.

On remarqua à juste titre que cette manière d'organiser le cours ne devait sans doute rien au hasard des ajustements pédagogiques, mais participait plus sûrement d'une réflexion philosophique sur l'usage des doctrines. Alors qu'il était disciple de Musonius Rufus, Épictète avait en effet appris que les principes doivent être mis en pratique pour être utiles [4], idée qu'il reprendra à son compte dans le *Manuel* (52, 1) et ailleurs à de nombreuses reprises [5]. Bien que, contrairement à une idée reçue, il ne délaisse aucunement la logique [6], celle-ci lui semblait « inféconde » (ἄκαρπά) si elle était étudiée pour elle-même ou juste « pour parader [7] », c'est-à-dire sans que les principes ne soient appliqués, comme si Chrysippe, l'exégète de la Nature, était lu « pour lui-même » sans que l'on cherche à comprendre la volonté de la Nature dans le but de s'y accorder [8].

Du fait de la disparition de l'institution scolaire stoïcienne et de l'autonomisation des maîtres au début de l'époque impériale, on assistait à un développement progressif de l'explication de texte, la lettre faisant autorité en l'absence de la parole. Conséquemment à l'établissement d'une « orthodoxie » stoïcienne essentiellement fondée sur les thèses de Chrysippe, le développement du commentaire impliqua paradoxalement des innovations théoriques résultant de la libre interprétation des textes. Et ces innovations tiennent généralement à l'usage des doctrines. En effet, s'il est une préoccupation commune aux Stoïciens impériaux, c'est la mise en œuvre de doctrines conçues par leurs prédécesseurs hellénistiques, en regardant le contenu de leurs témoignages comme autant d'outils

> **Épictète affirme que la logique couronne l'éducation philosophique et ne l'initie pas**

pour parvenir au bonheur et à la vertu, mais dont la notice restait encore à écrire. Pour Marc Aurèle, il faudra se répéter les « points principaux » (κεφάλαια) [9], dont l'application permet de « vivre en homme [10] », de se les approprier psychologiquement, de les avoir constamment « sous la main » (πρόχειρος / *in promptu*) [11]. Cette pratique est sûrement inspirée d'Épictète

■ 3. Épictète improvise souvent à partir du cours technique qu'il vient de développer, voir par exemple *E.* I, 13, 1 et I, 14.
■ 4. Musonius, *Entretiens* (désormais abrégés *D.*), *Musonius Rufus, Entretiens et fragments,* trad. fr. A. Jagu, Hildesheim, Olms, 1979, *Sur l'exercice* (*Prédications* VI), I, 25, 14-26, 5.
■ 5. Épictète dit qu'il faut pratiquer les θεωρήματα (ainsi que des syllogismes) pour ne pas qu'ils deviennent *inutiles* (ἄχρηστα). *E.* II, 24, 81 ; 26, 13 ; *M.* 52, 1. Voir aussi *E.* II, 21, 20-21.
■ 6. Épictète ne se préoccupait donc pas essentiellement d'éthique dans ses cours, mais développait aussi des points techniques sur les syllogismes (*E.* I, 26), ainsi qu'il l'a probablement appris de Musonius (I, 7, 32). Sur ce point, voir J. Xenakis, « Logical Topics in Epictetus », *The Southern Journal of Philosophy,* été 1968, p. 94-102.
■ 7. *E.* I, 26, 9.
■ 8. Épictète, *Manuel* (désormais abrégé *M.*), *Le Manuel* d'Épictète, introduction, trad. et notes par P. Hadot, Paris, Librairie générale française, 2000, chap. 49 ; *E.* I, 17, 17-18.
■ 9. Marc Aurèle, *Pensées pour moi-même* (désormais abrégé *P.*), trad. fr. M. Meunier, Paris, Garnier Flammarion, 1992 (1964), II, 1 ; IV, 3 et 26 ; VII, 22, 2 ; VIII, 21, 2 ; XI, 18 ; XII, 7-8 et 26. Sur ce point, voir P. Hadot, *La citadelle intérieure. Introduction aux* Pensées *de Marc Aurèle,* Paris, Fayard, 1992 (réed. 1997), p. 72-75.
■ 10. *Ibid.* XI, 18, 5.
■ 11. Voir aussi Sénèque, *Lettres à Lucilius,* textes édités et traduits par P. Veyne, Paris, Robert Laffont, 1993, 94, 26 et Musonius, *D.* VI, 44-51.

et de Musonius, pour qui l'apprentissage des doctrines ne vaut rien sans la pratique et les exercices, ces procédés sans doute classiques dans la formation scolaire du disciple [12] :

C'est la raison pour laquelle les philosophes recommandent de ne pas se contenter d'apprendre mais d'y ajouter la pratique régulière, et ensuite l'exercice. Car à la longue nous avons pris l'habitude de faire le contraire de ce que nous avons appris, et nous suivons ordinairement les opinions qui vont à l'encontre des opinions correctes. Or si nous ne faisons pas passer les opinions correctes dans l'usage ordinaire, nous ne serons jamais que les interprètes de jugements qui nous sont étrangers. [...] C'est une chose de mettre en réserve des pains et du vin, c'en est une autre de les manger. Ce qui est mangé est digéré et réparti dans le corps, devient nerfs, chair, os, sang, donne un beau teint et une respiration aisée. Ce qui a été mis en réserve, tu as toute facilité, quand tu veux, de le prendre et de l'exhiber ; mais tu n'en retires aucun autre profit que celui de laisser croire que tu le possèdes. En quoi l'interprétation de ces doctrines diffère-t-elle de celle qu'on peut faire des doctrines des autres écoles [13] ?

Comme nous le voyons dans ce passage, l'utilité n'est pas propre aux dogmes ou même aux parties de la philosophie, mais elle relève de la responsabilité de l'élève, qui peut continuer à « commenter » (ἐξηγήσασθαι), à « disserter » (τεχνολογῆσαι) sur les dogmes de l'école sans jamais en tirer le moindre profit. Ainsi, la distinction entre *les choses qui dépendent de nous* et *les choses qui ne dépendent pas de nous,* distinction par laquelle s'ouvre le *Manuel*, s'inscrit dans une volonté pédagogique d'assimilation des doctrines stoïciennes.

Il est probable que le *Manuel* s'adressait au profane [14] plutôt qu'au progressant, parce qu'il insiste sur le sens de la vie philosophique, dont la bonne compréhension conditionne l'entrée correcte à l'école. Mais les disciples confirmés, qui maîtrisent les doctrines et les arguments, n'en sont pas moins concernés, puisqu'ils doivent éprouver leurs compétences en dehors de l'école [15]. Parallèlement à la métaphore de la réserve alimentaire, on trouvera celle de la digestion, qu'Épictète utilise comme Sénèque [16], pour décrire un processus d'assimilation par la mise en pratique des principes.

L'enjeu concerne plus particulièrement la logique, qui constitue la partie la plus théorique et scolaire de l'enseignement stoïcien. En *E.* III, 26, Épictète affirme que la logique (et plus particulièrement l'art de faire des syllogismes) couronne l'éducation philosophique et ne l'initie pas. D'un autre côté (I, 17) il montre que la logique conditionne l'action en tant que principe (puisqu'on ne

---

12. *E.* II, 9, 13. J. Sellars, dans *The Art of Living. The Stoics on the Nature and Function of Philosophy*, Aldershot, Ashgate, 2003 et 2009 (2nd éd.), p. 115-8, pense que la pratique d'*exercices spirituels* devait faire partie du cursus stoïcien, conjointement aux démonstrations, sans que celui-ci ne s'y réduise.

13. *E.* II, 9, 13-19.

14. Selon l'avis de Simplicius, in *Ench. Praef.*, p. 61-81, P. Hadot (éd.).

15. Pour John Sellars (« Stoic practical Philosophy in the Imperial Period », *in* R. Sorabji et R. W. Sharples (eds.), *Greek and Roman Philosophy, 100BC-200AD, Bulletin of the Institue of Classical Studies,* Suppl. 94/1, 2007, p. 115-140, p. 136), le *Manuel* devait s'adresser seulement aux disciples « confirmés », en ce qu'il constitue une série d'exercices venant compléter l'instruction théorique faite en classe, dans un processus de « digestion ».

16. *Cf.* Sénèque, *Lettre* 2, 2-4 ; 84, 5-8. Sénèque utilise *innutrio* et *concoquo*.

peut pas « comprendre » comment il faut agir dans la vie sans savoir ce que « comprendre » veut dire ni sans savoir « ce qu'il y a à comprendre », et que nous révèle Chrysippe). Pour dissiper l'apparent paradoxe, il faut revenir au chapitre 52 du *Manuel*, dans lequel Épictète énumère les trois « lieux » de la philosophie : l'usage des principes théoriques (ὁ τῆς χρήσεως τῶν θεωρημάτων), le lieu relatif aux démonstrations, et enfin, celui qui renforce et analyse les deux premiers. La logique relève de la troisième et dernière discipline – celle de l'assentiment –, produisant l'immutabilité (ἀμεταπτωσία). Celle-ci vise en effet à consolider ce qui a déjà été mis en sécurité (ἀσφάλεια), ce qui a été solidifié par l'habitude déjà prise par le sage [17]. Et il en va également de la responsabilité de l'homme de faire bon usage de la doctrine et des syllogismes, responsabilité que l'on pourra « mesurer » à l'aune des comportements qu'il adopte :

> Mais toi tu t'exerces pour acquérir la capacité de démontrer ; de démontrer quoi, en fait ? Tu t'exerces à ne pas être égaré par des sophismes. Égarer à partir d'où ? Montre-moi d'abord ce que tu conserves, ce que tu mesures ou ce que tu pèses ; et ensuite fais-moi voir ta balance ou ton médimne. Jusqu'à quand vas-tu mesurer de la cendre ? Ce qu'il te faut démontrer, n'est-ce pas ce qui rend les hommes heureux, ce qui fait avancer leurs affaires comme ils le veulent, ce qui leur permet de n'avoir personne à blâmer, personne à qui faire des reproches, mais de se soumettre au gouvernement de l'univers ? Montre-moi tout cela. « Voici, je te le montre, dit l'autre, je vais analyser des syllogismes. » Cela, esclave, c'est ce qui mesure, non ce qui est mesuré. C'est pourquoi tu es maintenant châtié pour tes négligences : tu trembles, tu ne dors pas, tu demandes conseil à tout le monde, et si tes résolutions ne doivent pas être agréées par tous, tu penses qu'elles sont mauvaises [18].

De manière tout à fait significative, la démonstration (δείκνυσθαι) d'un comportement est distinguée de l'art de faire des démonstrations (ἀποδεικνύειν δύνασθαι), comme ce qui est mesuré (τὸ μετρούμενον) doit l'être de ce qui mesure (τὸ μετροῦν). Le charpentier ne montre pas ses outils, ou ne démontre pas par des dissertations sur le bâtiment qu'il est charpentier, mais le fait au moyen de son activité de charpentier, c'est-à-dire, par la maison qu'il construit [19]. Autrement dit, un individu se mesure à son « œuvre propre », par l'outil théorique, parce que cette activité (ἔργον) est produite par une opinion (δόγμα) qui en rend l'homme responsable (αἴτιος). On comprend ainsi pourquoi la logique devient un critère, une « mesure » pour bien vivre (c'est-à-dire, en accord avec la nature) [20], notamment parce que les normes de l'action sont naturelles [21].

En tant que critère, la logique détermine l'apprentissage de la conséquentialité (τὸ ἀκόλουθον), et surtout celle qui a trait à la vie et qui consiste à agir

---

■ 17. *E.* I, 7, 25-29.
■ 18. *E.* III, 26, 16-20.
■ 19. *E.* III, 21, 1-7. Épictète hésite entre deux métaphores, celle de la construction et celle de la digestion (Cf. *M.* 46, 2), qui toutes deux évoquent l'idée de processus d'appropriation.
■ 20. *E.* I, 17, 6-8.
■ 21. *E.* II, 20, 21. Voir IV, 6, 26.

d'accord avec la nature [22], suivant la définition stoïcienne du τέλος [23]. Plus facile parce qu'elle ne possède pas d'enjeu pratique direct [24], la « théorie » sera donc l'objet prioritaire de l'entraînement philosophique par rapport aux choses relatives à la vie (βιωτικά) [25]. C'est, pour Épictète, un outil pour réaliser une vie « conséquente », permettant de former l'esprit à l'acceptation de « ce qui suit » (ἀκόλουθον), c'est-à-dire des événements, afin de l'appliquer par la suite dans la vie en « examinant les antécédents et les conséquents » d'une activité, pour être heureux [26].

La logique doit donc faire l'objet d'un examen (ἐπίσκεψις) [27], afin de ne pas, « comme le font les fous », se servir de la seule mesure que constitue le fait d'avoir des opinions mais de juger selon des principes philosophiques [28]. Thomas Bénatouïl a considéré ce moment dans les études comme celui de l'épreuve d'un « détour théorique [29] », à la fois nécessaire et dangereux. C'est en effet l'usage des principes philosophiques qui compte, comme de toute chose indifférente, selon la règle générale d'Épictète [30]. Mais ce détour théorique implique en retour un « examen » [31], un moment réflexif qui n'est rien d'autre que l'assomption par l'homme de sa responsabilité fondamentale à l'égard de ses opinions, produites par les activités propres à sa faculté de choisir, la *prohairesis* [32]. Ainsi, le progressant à peine « sorti de l'école » (ἐκ σχολῆς ἐληλυθότος) démontre sa bonne utilisation de la partie maîtresse de son âme, la *prohairesis* [33], en exposant ses opinions [34] selon les circonstances qui se présentent à lui [35]. On pourrait dire qu'Épictète ne considère le passage de l'école à la vie que comme un moment d'épreuve qui mesure, quelle que soit la circonstance envisagée, le progrès du disciple par son comportement.

Loisir et activité philosophique : entrer à l'école

Pour le philosophe de Nicopolis, l'école est avant tout un lieu où l'on apprend l'*historia* des doctrines philosophiques [36]. Mais si elle est un lieu de formation pour les débutants [37], un « cabinet médical [38] », le « loisir » propre à l'étude des raisonnements et à la contemplation n'est réservé qu'aux étudiants

■ 22. Épictète, *E.* I, 26, 1.
■ 23. *Cf.* DL, VII, 87-89.
■ 24. Nous suivons ici T. Bénatouïl, *Les stoïciens*, tome III, Paris, Les Belles Lettres, 2009, p. 136.
■ 25. *E.* I, 26, 3-4.
■ 26. *M.* 29. Voir aussi le fragment 1.
■ 27. *E.* I, 17, 6-7.
■ 28. *E.* II, 11, 18. Puisque « l'opinion de chacun est insuffisante à déterminer la vérité » (*E.* II, 11, 15).
■ 29. T. Bénatouïl, *Les stoïciens, op. cit.*, p. 134-140. Voir *E.* II, 23, 36-41 (sur le fait que l'enseignement est nécessaire, mais que ses procédés rhétoriques peuvent captiver et perdre celui qui apprend).
■ 30. T. Bénatouïl, *Les stoïciens, op. cit.*, p. 139.
■ 31. *E.* I, 7, 4 (sur l'examen des raisonnements dialectiques) ; 10, 10 (sur l'examen de nous-mêmes et de nos propres biens et maux) ; 11, 40 (sur l'examen des opinions) ; 17, 10, 12, 16, 20 ; 20, 18 ; II, 11, 24 (sur l'examen des « normes ») ; III, 9, 6 ; IV, 1, 100 (sur ce que veut dieu et son gouvernement) ; 5, 12 (sur l'examen de notre ressource d'homme) ; *M.* 29, 3, 5, 7 (sur l'examen d'une entreprise et de ses conséquences, *cf. E.* III, 23, 1-3).
■ 32. *E.* I, 17, 21-28.
■ 33. *E.* II, 23, 5-12.
■ 34. Pour Épictète le δόγμα mesure l'action et les états mentaux (*M.* 5), et mesure en retour l'homme qui agit et le « fait voir » (*E.* III, 2, 12).
■ 35. *E.* I, 30, 5.
■ 36. *E.* II, 21, 10.
■ 37. Sur le jeune homme venu à l'école et devenu comme un athlète, voir par exemple *E.* II, 17, 29.
■ 38. *E.* III, 23, 30.

experts [39]. Ce double usage de *scholè*, à la fois lieu d'enseignement et loisir, peut s'expliquer par une volonté de rénover l'enseignement philosophique du moins dans les pratiques traditionnelles de la « vie scolaire » (lecture, commentaire et étude des syllogismes) [40] et l'entraînement aux épreuves de la vie quotidienne. Pour Épictète, le mode de vie adopté par le disciple en dehors de l'école trahira aussi bien la qualité de l'opinion (δόγμα) que celui-ci s'est formé à l'intérieur, que son option philosophique véritable, rendant son passage à l'école stoïcienne vain si son attitude est, par exemple, digne d'un épicurien. L'insistance de ce dernier à observer le comportement du disciple à la sortie de l'école [41] n'implique donc peut-être pas tant une opposition entre l'étude scolaire et théorique, d'une part, et la pratique [42], d'autre part, qu'une conception de l'école *comme* une pratique de la théorie.

> L'école ne doit pas être un passe-temps mais un lieu d'entrainement

Cette position est développée à l'occasion d'une bataille menée sur deux fronts. Contre les académiciens, d'une part, qui font du *loisir*, de l'étude des raisonnements et de la contemplation le fin mot de l'activité philosophique [43]. Contre les pseudo-cyniques, d'autre part, qui se donnent l'apparence du philosophe, selon une mode assez courante à cette époque. Aux premiers, Épictète répond qu'il y a une différence entre se consacrer à l'étude des controverses philosophiques, activité qui nécessite du loisir et qui doit être réservée aux experts, et se consacrer urgemment à sa propre préparation (ce qui doit être la priorité des débutants) [44]. Pour le philosophe de Nicopolis,

---

■ 39. *E.* I, 29, 58 : la *théoria* est pour ceux qui ont du *loisir* – voir aussi II, 14, 28 (les philosophes sont ceux qui contemplent la « foire du monde »). En *E.* II, 1, 33, Épictète affirme que la « méthode » scolaire est réservée à ceux qui ont du loisir, parce qu'ils sont déjà exempts de troubles (voir aussi III, 2, 16). En *E.* III, 9, 19, il soutient qu'on peut se livrer à l'étude du raisonnement (« φιλοτεχνήσω καὶ περὶ τὸν λόγον ») quand on a du loisir (εὐσχολῶ) et que les désirs sont en sécurité. Cf. *E.* IV, 4, 1-5, sur le fait que le loisir (ici, de lire) est assujetti à autrui et est donc un extérieur. Il rend malheureux si on le désire pour lui-même (puisqu'on est malheureux d'en être privé). Voir aussi *E.* IV, 4, 24 : l'ἀσχολία, et la σχολή étant ce qui détruit la *prohairesis* si on y place son bonheur (puisque ce sont des extérieurs).

■ 40. *E.* II, 17, 34-40 ; III, 2, 13-15. Voir *E.* I, 8, 8, sur les dangers pour ceux qui ont du talent en matière de rhétorique mais qui manquent de formation philosophique (l'*askolia* dans l'étude de la morale : § 6). On trouve la même idée chez Marc Aurèle, *cf. P.* II, 2-3 ; IV, 30 ; VIII, 8.

■ 41. *E.* II, 8, 15-16 ; 9, 15-16 ; 10, 29-30 (faire des progrès dans la péroraison à l'école, mais pas au dehors) ; 13, 20-27 ; 16, 2 et 20-28 ; 19, 9 ; III, 3, 17 ; 20, 18 ; IV, 1, 132-137 (quand on examine les biens et les maux à l'école mais pas au dehors) ; 138-142 ; 5, 37 (« ἐν σχολῇ λέοντες, ἔξω δ' ἀλώπεκες ») ; 7, 32 : être entré *une seule fois* à l'école des philosophes et ignorer ce qu'on est (non pas chair et os, mais partie directrice) ; 12, 12.

■ 42. C'est ce que soutient Thomas Bénatouïl, *Les stoïciens, op. cit.*, p. 143, qui fonde son analyse sur *E.* II, 16, 20-21.

■ 43. T. Bénatouïl a reconstruit ce débat à partir de la lecture du *Théétète* (174 a-175 c, et aussi 172 c, 175 d-176 a). Dans ce dialogue, c'est le *loisir* qui permet à Socrate de « reprendre une nouvelle fois l'examen » (154 e et 172 c) – sur la vie scholastique comme proprement philosophique, cf. *Politique* 263 b. Quant à Aristote, qui s'inspira de lui, il considérait la philosophie comme une activité libre, « reine des sciences » (*Métaphysique* A. 2, 982 b 5) faisant de la « vie de loisir » (βίος σχολαστικός, *cf.* Aristote, *Éthique à Nicomaque* 1177 b 21-22 et DL V, 37) le propre de l'homme libre dans la mesure où elle est à elle-même, et comme ce dernier, sa propre fin (*Mét.* A. 2, 981 b 20-24 et 982 b 25 ; Cf. *EN* 1176 b 7). Le *Théétète* le soulignait déjà : si le loisir et la paix caractérisent l'activité philosophique (*Théét.* 172 c), c'est parce qu'ils sont avant tout opposés à l'urgence et à la violence (*Théét.* 175 d-176 a) de la rhétorique judiciaire, asservissant l'homme des tribunaux dans « un esclavage qui dure depuis l'enfance » (*Théét.* 173 a 5)..

■ 44. *E.* I, 27, 15-21.

l'école ne doit pas être un « passe-temps » (διατριβή) [45], à la manière de la conception académicienne, mais un lieu d'entraînement semblable à un gymnase, une école de gladiateurs qui ne prépare qu'au combat [46]. Réapparaît ici la vieille controverse entre stoïciens et académiciens sur le *loisir* [47], dans laquelle Épictète prend position d'une façon assez originale. En citant Cléanthe, qui étudiait (σχολάζων) tout en puisant de l'eau la nuit [48], il cherche à montrer la valeur de la vie philosophiquement authentique [49], celle-là même vécue par Socrate :

> Socrate, lui, que dit-il ? « De même que l'un se réjouit (ce sont ces mots) d'améliorer son champ, un autre son cheval, de même moi je me réjouis chaque jour en prenant claire conscience que je deviens meilleur. [50] » – Meilleur en quoi ? En belles phrases ? – Homme, ne dis pas de sottises ! – Dans la formulation de petits principes théoriques ? – Qu'est-ce que tu racontes ? – Mais je ne vois vraiment pas quelle autre occupation se livrent les philosophes. – Ce n'est rien, à ton avis, de ne jamais faire de reproches à personne, dieu ou homme ? de ne blâmer personne ? de présenter toujours le même visage en sortant de chez soi et en rentrant ? C'est cela, le savoir que possédait Socrate, et cependant il ne disait jamais qu'il savait ou enseignait quoi que ce soit. Si quelqu'un demandait des belles phrases ou de petits principes théoriques, il l'amenait à Protagoras, à Hippias, pour la même raison que, s'il était venu chercher des légumes, il l'aurait conduit chez le jardinier [51].

De manière assez significative, on trouve une distinction entre les pratiques scolaires et l'occupation (ἀσχολία) véritable des philosophes. L'exemple de Socrate est particulièrement intéressant, dans la mesure où, à l'inverse des pseudo-philosophes, il ne se vantait ni de savoir, ni d'enseigner [52]. La critique des académiciens est donc liée à la deuxième cible d'Épictète, les vaniteux et les faux philosophes [53]. Le sérieux que suppose la vie authentiquement philosophique, qui excluait la conception platonico-aristotélicienne de la philosophie comme loisir, exclut également la conception pseudo-cynique de la philosophie comme anticonformisme [54].

Un fragment d'un des livres perdus des *Entretiens* nous donne la clé de l'argument, qu'Épictète développe ailleurs [55], en montrant que l'erreur qui consiste à juger un philosophe d'après les apparences tient à la préconception

---

■ 45. Voir, *Manuel* 52, 2 : « (trad. Gourinat mod.) C'est en effet au troisième domaine (*i.e.* logique, au lieu du premier : la mise en pratique des principes) que nous passons notre temps, et c'est pour lui que nous déployons tout notre zèle. »

■ 46. *E.* IV, 4, 30-32. Voir aussi *E.* I, 29, 34 (§ 33-43) ; II, 1, 36 (apporte-moi la mort et vois !)

■ 47. Pour une discussion autour du débat entre académiciens et stoïciens, voir T. Bénatouïl, « Le débat de la vie scholastique », in *Platonic Stoicism. Stoic Platonism. The Dialogue between Platonism and Stoicism in Antiquity*, M. Bonazzi et C. Helmig (éd.), Leuven, University Press, 2007, p. 6.

■ 48. *E.* III, 26, 23. *Cf.* DL VII, 168.

■ 49. Cléanthe aurait répondu à Antigone que son labeur était fait « en vue de la philosophie », et Zénon lui aurait fait payer une obole sur ses gages (DL VII, 169).

■ 50. Xén., *Mémorables* I, 6, 8 sq.

■ 51. *E.* III, 5, 14-18.

■ 52. Voir aussi *E.* III, 23, 9-29. On trouve un parallèle chez Musonius (cité d'ailleurs par Épictète au § 29), cité par Aulu-Gelle dans les *Nuits Attiques* V, 1 (Musonius fr. XLIX Hense).

■ 53. *E.* I, 8, 6-10 ; II, 16, 34 ; 19, 19 ; 21 ; III, 2, 10.

■ 54. *E.* III, 22, 50-52 ; IV, 8, 15-16.

■ 55. Voir *E.* IV, 8, 7-10. T. Bénatouïl, *Les stoïciens, op. cit.*, p. 145, rapproche ce passage de *République* 499 e-500 b, où Platon rend coupables les faux-philosophes et non les ignorants de ternir l'image de la philosophie.

confuse et indistincte de ce qu'est un philosophe, confusion qui conduit à conclure en l'inutilité totale de la philosophie quand on a posé par principe qu'untel, qui prend des airs de philosophes, en est vraiment un :

> Quand, dit Arrien, Épictète remarquait chez un homme une pudeur perdue, un zèle malséant, des mœurs dépravées, de la témérité [...] ; quand il voyait, poursuit Arrien, un homme de cette espèce toucher aux études philosophiques, aborder la physique, s'exercer à la dialectique [...], alors il invoquait tout haut l'aide des dieux et des hommes, et, le plus souvent par des cris, invectivait ce dernier en s'exprimant en ces termes : « Homme, où mets-tu ces choses ? Regarde si le réceptacle a bien été nettoyé (σκέψαι, εἰ κεκάθαρται τὸ ἀγγεῖον) ! Car si tu les mets là où il y a présomption [56], elles disparaissent (ἂν γὰρ εἰς τὴν οἴησιν αὐτὰ βάλ[λ]ῃς, ἀπώλετο) ! Et si elles pourrissent, elles se changent en urine, en vinaigre, ou pire encore ! » [...] par là, ce très grand philosophe montrait que les écrits et les doctrines philosophiques, lorsqu'ils sont déversés à l'intérieur d'un homme vil et vulgaire, changent, se transforment et se corrompent comme si on les mettait dans un réceptacle plein de crasse et de saletés, et, comme lui-même le disait « κυνικώτερον » [de manière très cynique], deviennent urine ou quelque chose de plus immonde encore [57].

On juge donc par défaut les philosophes « ἀπὸ τῶν ἐκτὸς », c'est-à-dire d'après les apparences. L'expression « ἄνευ τοῦ πράττειν, μέχρι τοῦ λέγειν » (« sauf pour agir, juste pour parler ») peut ainsi être rattachée à la parodie épictétéenne des vers d'Aristophane sur les Lacédémoniens [58] : « ἐν σχολῇ λέοντες, ἔξω δ᾽ ἀλώπεκες » (« à l'école des lions, mais dehors des renards »). Autrement dit, il ne faut pas conclure comme les néopyrrhoniens à l'inutilité ou même la dangerosité des enseignements et des pratiques scolaires – puisqu'Épictète les juge lui-même utiles [59] – mais plutôt entrer correctement à l'école des philosophes. S'il faut du temps pour se faire « écolier » (σχολαστικόν), parce qu'il faut d'abord examiner ses propres opinions [60], et s'il faut de l'âge et de l'expérience pour « tenir école » (σχολὴν ἔχει) [61], il faut d'abord « avoir nettoyé le réceptacle » (κεκάθαρται τὸ ἀγγεῖον), c'est-à-dire l'âme [62] qui recevra les doctrines, pour ne pas que celles-ci se transforment en déchets par mésusage. L'utilisation d'une expression « très cynique » (κυνικώτερον), qui relève de la métaphore de la propreté [63], est destinée aux pseudo-cyniques qui ignorent que le cynisme suppose une vie totalement philosophique, tant à l'égard des événements [64]

> L'école est conçue selon un double mouvement d'intériorisation et d'extériorisation

---

■ 56. Sur la présomption (οἴησις) comme mauvaise application (par ajout) de la prénotion (πρόληψις), voir *E.* II 11, 6-18 ; et sur son rejet comme premier objectif de celui qui se lance dans la philosophie, voir *E.* II 17, 1 et 39.
■ 57. Aulu Gelle, *Nuits Attiques*, XVII, 19 (= Epict. fr. 10).
■ 58. *E.* IV, 5, 37, qui parodie Aristophane, *La Paix*, 1189-1190.
■ 59. *E.* II, 21, 20-21.
■ 60. *E.* I, 11, 39-40.
■ 61. *E.* III, 21, 11.
■ 62. Sur la métaphore de l'âme comme réceptacle, voir *E.* IV 13, 15-16.
■ 63. Sur cette métaphore et son usage contre les pseudo-cyniques, voir *E.* IV, 11.
■ 64. *E.* III, 22, 53-62.

qu'à celui des relations sociales [65]. Menant une vie austère, le cynique sera « propre et attirant » (καθαρὸν εἶναι καὶ ἀγωγόν) [66], parce qu'attirer les jeunes à ses leçons (τὰς σχολάς) pour les donner sur un tas de fumier témoigne d'un sentiment inhumain, plus qu'excentrique, Épictète préférera que se présente à lui un jeune homme propre, attiré par la beauté et aspirant à la décence, plutôt que négligé et sale [67].

Le rapport entre ce qu'on apprend, démontre, comprend, commente et récite « à l'école » (ἐν σχολῇ), et ce qu'on démontre « au dehors » (ἔξω), par son comportement, est mis en parallèle, dans le fragment 10, avec celui pratiqué entre les doctrines et les enseignements philosophiques qu'on verse « dans l'âme », et ce qui transparaît dans notre comportement, seulement des discours (μέχρι τοῦ λέγειν) et des apparences extérieures (ἐκτὸς) de philosophe. Autrement dit, le comportement du disciple *au dehors* de l'école s'explique par ce qui se trouve mélangé *à l'intérieur* de son âme, ces enseignements qu'il a reçus *à l'école* et que son attitude *extériorise* par effet d'assimilation, de digestion [68]. Ce jeu de l'intérieur et de l'extérieur confond l'école et l'âme, le disciple ne pouvant compter que sur son propre maître intérieur, la *prohairesis*, unique responsable de son progrès moral.

Cette interaction entre l'enseignement philosophique du « dogme » et l'opinion (δόγμα) individuelle fait voir à nouveau que l'école, en tant que pratique des dogmes, est conçue par Épictète selon un double mouvement d'intériorisation et d'extériorisation : on entre à l'école, on y démontre des jugements (δόγματα) qui entrent « en nous » – on sort de l'école et nos comportements démontrent les jugements qu'on s'est formés à l'intérieur. L'école est donc un lieu où le disciple reçoit du maître les dogmes mais encore fabrique lui-même ses propres opinions :

Après cela on dit : « Personne ne retire aucun profit de l'école. » En effet, qui vient à l'école, oui, qui vient pour se soigner ? Qui vient avec l'intention d'y apporter ses jugements pour les débarrasser de leurs impuretés ? Qui vient pour prendre conscience des jugements dont il a besoin ? Pourquoi vous étonnez-vous alors si vous remportez de l'école ces mêmes jugements que vous y apportez ? C'est que vous ne venez pas pour vous en défaire, pour les corriger ou pour les remplacer par d'autre. [...] Et après cela vous dites : « Les principes théoriques sont inutiles. » À qui ? À ceux qui ne s'en servent pas comme il faut. [...] Si maintenant tu me demandes : « Les syllogismes sont-ils utiles ? » Je te répondrai que oui, et si tu veux je te démontrerai comment ils le sont. « Ils m'ont donc été utiles à moi ? » Homme, tu ne m'as pas demandé s'ils t'ont été utiles à toi, mais s'ils sont utiles en général, n'est-ce pas ? [...] Cherche d'abord à arrêter l'écoulement et à cicatriser tes petites blessures. Vous aussi, hommes, soignez d'abord vos plaies, arrêtez les écoulements, mettez le calme dans votre pensée et apportez-la à l'école débarrassée de tout facteur de distraction. Vous connaîtrez alors quelle est la force de la raison [69].

■ 65. *E.* III, 22, 67-87.
■ 66. *E.* III, 22, 89.
■ 67. *E.* IV, 11, 25-36.
■ 68. *E.* II, 9, 18 ; IV, 8, 34-40. Sur les enseignements qu'on se contente de « vomir », voir *E.* I, 26, 16 ; III, 21, 1-3 et *M.* 46, 2.
■ 69. *E.* II, 21, 15-17, 20-22.

Dans la mesure où l'opinion est la matière que travaille intérieurement le disciple lorsqu'il est à l'école – au moyen des principes (θεωρήματα) qu'on lui enseigne –, et puisque cette opinion est le fondement de sa responsabilité (la cause de ses actions et de ses passions) [70], c'est au disciple que revient l'usage moral de ces mêmes principes.

Leur utilité et le profit qu'il en retire [71] dépendent, d'une part, d'une perception (συναίσθησις) de sa faiblesse [72], qui rend possible la purification (ἐκκάθαρσις) des opinions (δόγματα) – ou de la *prohairesis* [73] –, d'autre part, de ses dispositions psychologiques (qui doit déjà avoir « calmé son esprit » et n'être pas pris par des distractions – « ἀπερίσπαστον [74] »), et, enfin, d'une capacité à s'en servir « quand il faut et comme il faut [75] » (ὅτε δεῖ καὶ ὡς δεῖ). De manière paradoxale, donc, seuls les progressant peuvent faire un bon usage de l'école, puisqu'eux seuls sont prêts à consolider leur âme par l'étude des raisonnements, des principes et des syllogismes.

Car c'est bien un entraînement qu'il faut venir chercher à l'école d'Épictète, tous les moyens étant bons pour éprouver les véritables motivations du disciple [76]. Ainsi, le choix de la vie philosophique nécessite de la persévérance (qui transformera les moqueries des autres en admiration) [77], et un engagement conscient de ses capacités propres, qui vise à tenir une seule attitude [78]. Le chapitre 29 du *Manuel*, destiné peut-être davantage aux débutants, leur indique que la voie philosophique suppose un engagement total et inconditionnel [79].

Là encore, la responsabilisation est maximale, dans la mesure où il s'agit de choisir une seule et même attitude en s'employant (φιλοτεχνεῖν) [80] soit aux « intérieurs » (« τὰ ἔσω » : la partie directrice, la *prohairesis* et ses activités, qui dépendent de nous), soit aux « extérieurs » (« τὰ ἔξω » : les choses qui ne dépendent pas de nous). Ce choix de vie – être un homme « bon ou mauvais », c'est-à-dire, un philosophe ou un profane –, est entièrement rabattu sur notre choix de placer ce que nous sommes sur *ce qui dépend de nous* ou non [81].

Tel qu'il est décrit au chapitre 48 du *Manuel*, le progressant se trouve ainsi entre le profane (ἰδιώτης) et le philosophe [82], puisqu'il « ne blâme personne » (οὐδένα ψέγει) mais « s'accuse lui-même » (ἑαυτῷ ἐγκαλεῖ) lorsqu'il est entravé

---

70. Voir *E.* III, 9, 4 et *M.* 5.
71. Parallèle en *E.* II, 19, 10.
72. *E.* II, 1, 1 ; 17, 1.
73. *E.* II, 23, 40-41. Dans ce passage, la purification de la *prohairesis* et le redressement de la puissance d'user des représentations est directement liée à l'attraction qu'exerce sur certains l'enseignement éloquent des principes.
74. Qualité propre au cynique, *cf. E.* III, 22, 69 (hapax épictétéen).
75. On retrouve cette expression dans un contexte différent, à propos de la mort de Socrate (qui a été utile aux autres en quittant la vie au bon moment et comme il fallait), *cf. E.* IV, 1, 169.
76. *E.* III, 6, 9-10. Épictète cite ici Musonius. Sur la sélection des élèves et le programme spécifique en fonction de leur niveau, voir Th. Colardeau, *Étude sur Épictète*, La Versanne, Encre Marine, 2004 (1903), p. 85, 105, 168, 189, 255.
77. *M.* XXII.
78. *M.* 29, 7 (parallèle en *E.* III, 23, 1-3).
79. John Sellars, *art. cit.*, p. 136, pense que le *Manuel* fait suite à l'enseignement théorique fait à l'école. Cette position, somme toute parfaitement tenable, repose néanmoins sur la distinction trop tranchée – en tout cas pour Épictète – entre théorie et pratique.
80. Terme (et ses dérivés) qui réapparaît plusieurs fois dans les *Entretiens* : Cf. II, 5, 21 ; 17, 15 ; 20, 21 ; 23, 3 ; III, 9, 19 ; 26, 2 ; IV, 11, 9 et 26.
81. *E.* II, 5, 10-14.
82. *E.* III, 19. Voir J. Sellars, *art. cit.*, p. 121.

par quelque chose ou empêché (ὅταν ἐμποδισθῇ τι ἢ κωλυθῇ), car il a compris que c'est son propre jugement qui le contraint à agir et qui le trouble [83].

C'est ainsi qu'à l'école d'Épictète le « dogme » philosophique est pratiqué, les opinions devant être rattachées à notre *prohairesis* (sans quoi elles deviennent absurdes : ἀλλόκοτα) [84], car « les opinions droites à propos des matières rendent la *prohairesis* bonne » [85]. La fabrication de l'opinion (δόγμα πεποιῆσθαι) et son usage correct dépendront de la compréhension de la distinction entre *ce qui dépend de nous* et *ce qui ne dépend pas de nous*, distinction initialement produite par la *prohairesis*, et orientant le disciple dans l'appropriation de la doctrine officielle, en plaçant le bien et le mal dans *ce qui dépend de nous*, c'est-à-dire, dans sa *prohairesis* et ses activités [86], non dans les choses qui lui sont étrangères [87].

Par conséquent, l'école, au sens classique du terme, devient secondaire par rapport à la vie philosophique, et l'étude des livres et des traités dépend de la correction de l'usage des représentations [88], seule chose qui dépende de nous. Épictète rejoue vraisemblablement l'opposition du modèle socratique et du modèle platonico-aristotélicien [89], sans dénigrer l'école, mais sans non plus faire du loisir la finalité de l'activité philosophique.

La citadelle et l'arène : quitter l'école

Thomas Bénatouïl [90] a souligné le désaccord entre Épictète et son maître Musonius [91] à propos de « l'isolement pédagogique » et le retrait dans la vie aux champs, pour étudier « à loisir » la philosophie. Valéry Laurand a montré que, la société causant l'échec du mouvement naturel de l'appropriation, la philosophie devait prendre le relais au moyen d'un isolement, dans lequel le philosophe ne serait en relation qu'avec lui-même ou, tout au plus, avec un autre philosophe [92]. D'une manière générale, on trouverait une méthodologie propédeutique au bonheur dans la retraite, la liberté et l'autarcie [93].

Cette interprétation semble en effet s'accorder à première vue avec les mises en garde d'Épictète, pour qui les profanes sont à éviter lorsque nos opinions, contrairement aux leurs, sont trop peu vigoureuses [94]. Mais reprenant l'injonction du Socrate de la *République*, pour qui le philosophe doit redescendre dans la caverne [95], Épictète enjoint à son disciple de se préparer à descendre dans l'arène (ἀγῶνα), où il ne dépend certes pas de lui de vaincre,

---

■ 83. *E.* I, 11 ; 31-36.
▦ 84. *E.* I, 19, 16. Voir aussi III, 3, 19. Sur l'opinion fautive d'un bien extérieur (dans la tyrannie), voir IV, 5, 29.
■ 85. *E.* I, 29, 3.
▦ 86. *E.* I, 22, 10 ; *M.* 31, 2.
■ 87. Cf. *E.* I, 29, 1 ; l'essence du bien se situant dans l'*usage qu'il faut faire des représentations* (I, 20, 15-16).
■ 88. *E.* IV, 4, 10-18. Marc Aurèle de son côté aura la même idée (*P.* II, 2 : « ἄφες τὰ βιβλία »).
■ 89. *E.* IV, 4, 21.
■ 90. T. Bénatouïl, *Les stoïciens, op. cit.*, p. 145-6.
■ 91. Musonius, *D.* IX, 5-7 ; Marc Aurèle, *P.* II, 7.
▦ 92. V. Laurand, *Stoïcisme et lien social. Enquête autour de Musonius Rufus*, Paris, Classique Garnier, 2014, p. 193.
■ 93. T. Bénatouïl, *Les stoïciens, op. cit.*, p. 32-3.
■ 94. *E.* III, 16, 7-16.
▦ 95. *République* (519 c-520 a), où Socrate reconnaît qu'il faut obliger « ceux qu'on laisse *occuper leur temps* jusqu'à la fin à s'éduquer » (τοὺς ἐν παιδείᾳ ἐωμένους διατρίβειν διὰ τέλους) à gouverner et à ne pas demeurer « dans les îles des Bienheureux », tout obstacle à la vie de loisir contemplatif sera soit à éviter, soit, si cela s'avère impossible, à accomplir au plus pressé. Ce point fait l'objet de la critique de Chrysippe (Plutarque, *De stoic. rep.* 1033C = *SVF*, III. 702 = LS 67X).

mais où il peut accomplir ses devoirs pourvu qu'il sache se « détourner des extérieurs [96] ». En effet, il ne s'agit pas de désirer un objet qualifié de « bien » ou d'en fuir un autre qualifié de « mal », puisque bien et mal sont dans la *prohairesis*, mais de se détourner des choses extérieures à sa *prohairesis* (« ἀποστὰς τῶν ἐκτὸς ») [97] et de se « concentrer sur sa *prohairesis* » [98], c'est-à-dire uniquement sur ce qui dépend de nous : l'usage des représentations. Ainsi, le « rejet des extérieurs » n'est un rejet des objets « indifférents » qu'en tant qu'ils sont étrangers à la *prohairesis* et non en tant qu'ils seraient des maux *à éviter*. On en conclut alors qu'il y a urgence, pour le disciple, à se retirer au moins provisoirement dans l'espace protégé de sa *prohairesis*.

Mais cette retraite ne peut être que temporaire et préventive, puisque la sagesse consiste à se rendre utile aux hommes [99]. Compte tenu de son influence cynique et socratique [100], Épictète considère le « repli » dans l'acropole de l'âme comme un repli stratégique [101]. Dans le *Manuel* (29, 7), la retraite « en dehors de l'arène » n'est pas faite pour trouver de la sécurité dans le loisir, et la tranquillité dans l'étude (puisque l'étude vient à la fin du progrès moral). Au contraire, elle est faite pour s'occuper des « affaires les plus importantes ». S'il faut s'éloigner des insensés, c'est parce que leur commerce est dangereux si nos opinions, moins vigoureuses bien que tout aussi faibles intellectuellement que les leurs, fondent à leur contact comme la cire au soleil [102]. Le repli, pour Épictète, doit ainsi être l'occasion d'un affermissement des opinions et de leur mise en pratique [103], les « études » étant réservées à ceux dont les opinions sont déjà assurées et qui, comme Socrate, sont capables d'amener avec douceur les profanes à leurs propres vues [104]. Là où Sénèque prenait Socrate pour modèle, « car s'enterrer n'est pas se conserver [105] », mais préconisait de se retirer quand les circonstances l'exigent, Épictète considère Socrate comme un modèle « à incarner », si l'on veut être un homme, puisqu'on doit vouloir vivre comme lui [106].

> Le repli doit être l'occasion d'un affermissement des opinions

---

■ 96. *M.* XIX. Parallèle en *E.* III, 6, 5-7 ; 22, 102. Sur l'invincibilité du sage, voir Sénèque, *De la constance du sage*, I, 4 ; et Marc Aurèle, *P.* VIII, 48.

■ 97. Ou par exemple en *E.* I, 4, 39 : « ἀπόστασις τῶν ἀπροαιρέτων ».

■ 98. *E.* III, 24, 106 ; IV, 1, 81 ; 4, 107. Voir aussi *M.* 10, 1.

■ 99. *E.* III, 13, 22 ; IV, 1, 169 (fût-ce par le fait de bien savoir mourir, comme Socrate).

■ 100. Sénèque prend également Socrate pour modèle (*Tranq. An.* V, 2-3), mais prône tout de même le « détachement spontané » des affaires, si les conditions politiques sont impraticables (*Tranq. An.* V, 5).

■ 101. Selon l'expression de T. Bénatouïl, *Les Stoïciens, op. cit.*, p. 32-33, un repli vers une « base arrière fortifiée ».

■ 102. *E.* III, 16, 7-16.

■ 103. *E.* III, 16, 13.

■ 104. *E.* III, 16, 5-6.

■ 105. Sénèque, *Tranq. An.* V, 4.

■ 106. *M.* 51, 3. Sur le Socrate d'Épictète, voir J.-B. Gourinat, « Le Socrate d'Épictète », *Philosophie Antique*, I (2001), p. 137-165, Paris, et A. A. Long, *Epictetus. A Stoic and Socratic Guide to life*, Oxford, Clarendon Press, 2002.

Ainsi, cette « citadelle » dont s'inspirera Marc Aurèle [107] est essentiellement faite de jugements, qui font le tout de l'âme [108], puisque « tout est opinion [109] » et parce que la sécurité, l'invincibilité ou, à l'inverse, le malheur de l'homme en dépendent directement. Sénèque aussi considérait que la véritable citadelle était l'âme [110], et le repli philosophique comme un refuge dans l'espace clos de l'intériorité [111]. Mais en montrant que la force de l'âme tient à ces activités prohairétiques que sont les jugements, Épictète ne valide pas pour autant un stoïcisme méditatif. Le thème du renforcement des jugements [112] montre au contraire que l'invincibilité n'est pas une conséquence de la retraite, et qu'elle ne peut s'éprouver même que dans les liens noués avec autrui, nos « compagnons terrestres [113] ».

On trouve ainsi deux moments distincts dans la même « pratique philosophique » au cœur de la conception épictétéenne de l'école stoïcienne. Le premier, qui concerne le débutant-progressant, dont les opinions ne sont pas assez fortes, consiste en un processus de responsabilisation [114], dans lequel la précaution d'éviter de nouer des relations avec n'importe qui reste de mise [115]. Le second, qui concerne uniquement le disciple avancé, consiste en un processus de consolidation par l'étude des raisonnements. Pour le débutant, la pratique philosophique implique un passage à l'épreuve, une descente dans l'arène, pour tester ses forces et ses faiblesses [116]. Autrement dit, la retraite et le loisir philosophique n'apparaissent qu'en dernier lieu, puisque l'étude ne concerne que ceux qui sont déjà en absolue sécurité.

C'est que l'isolement (ἐρημία) est un état d'insécurité [117] à ne pas confondre avec la solitude (τὸ μόνον εἶναι). Celle-ci, bien qu'elle soit antinaturelle en vertu de la sociabilité naturelle de l'homme [118], devra néanmoins être l'objet d'un exercice, et peut se trouver dans la contemplation du gouvernement divin et de nos rapports avec le reste du monde. L'exercice de la solitude, qui entraîne à se passer des autres [119], a pour objectif de « se suffire à soi-même » et de « vivre uniquement avec soi-même [120] » (ἑαυτῷ ἀρκεῖν, […] ἑαυτῷ συνεῖναι). Mais il n'est pas une fin en soi et ne se fait pas non plus à l'aube de la vie, puisqu'il vise précisément à renouer des relations profitables avec et pour autrui. Sénèque, qui comparait sa villa et son âme en affirmant l'infériorité de la première sur la seconde – parce qu'elle « confère à toutes choses le prix

▥ 107. Marc Aurèle, P. VIII, 48. À la différence près que c'est l'examen des jugements par la raison, et non la formation des opinions.
■ 108. E. IV, 5, 26. Voir aussi II, 22, 34 et IV, 11, 8.
■ 109. Marc Aurèle, P. XII, 8 ; 22.
■ 110. Sénèque, Lettre 55, 8.
■ 111. Qu'on compare par exemple cette retraite protectrice à l'exposition nécessaire du prince, et dont les actions sont toujours visibles aux yeux des hommes (De Clem., VIII, 2-5). Ailleurs, Sénèque montre que les puissants, parce qu'ils sont constamment « exposés », souhaitent une retraite qu'ils ne peuvent qu'imaginer (De brev. vit. IV, 1-6).
■ 112. E. I, 28, 25 ; IV, 1, 86-90 ; 5, 25-29.
■ 113. Voir par exemple E. I, 1, 9 ; III, 24, 114.
■ 114. M. 48.
■ 115. E. III, 12, 12 (« cruche et pierre, dit-on, ne peuvent aller ensemble »).
■ 116. E. III, 12, 11.
■ 117. E. III, 13, 3.
■ 118. E. III, 13, 5.
■ 119. E. III, 13, 6-8.
■ 120. E. III, 13, 6-7.

qu'elles ont pour elle » considérant que la solitude pouvait paradoxalement rendre plus présente la société des amis [121] –, choisit de quitter Rome pour s'y retrouver seul avec soi-même [122]. Mais Épictète, qui choisit ceux qui vivront avec lui [123], reste conscient de n'être jamais isolé [124] (comme Caton) [125], d'être en toutes circonstances en sécurité, et, à l'instar des enfants, n'est jamais embarrassé d'être seul [126]. Il ne cherche pas le repli dans les livres [127], dans l'acropole invincible de son âme, l'étude ou la méditation : il veut être Socrate, c'est-à-dire assumer pleinement son rôle d'homme, avec et pour les hommes, en supportant les injures et en ramenant les hommes avec douceur à ses vues [128].

Puisque « la vie est pleine de toutes autres choses que de livres [129] », la véritable « préparation à la vie » (ἐπὶ τὸ βιοῦν παρασκευή) consistera dans l'usage des représentations [130]. C'est la raison pour laquelle l'apprentissage philosophique ne conduit pas à se retirer dans l'espace sécurisé de l'âme, la citadelle n'étant investie pleinement qu'au moment où l'on y trouve, par l'examen des noms, les règles d'actions correspondant à nos relations sociales [131]. À l'école d'Épictète, la préparation sera « incarnation », si l'on peut dire, des doctrines stoïciennes par le biais de la distinction opératoire faite entre *ce qui dépend de nous* et *ce qui ne dépend pas de nous*, qui doit donner lieu à cette liberté *en acte* – celle que Socrate a, selon Épictète, au plus haut point illustrée [132] – dans son adhésion totale au monde et à ses événements, non seulement dans l'espace protégé de l'école, la citadelle intérieure de son âme, mais encore dans la plaine ouverte du *cosmos*.

Olivier D'Jeranian
Agrégé et docteur en philosophie
Université Paris 1 Panthéon-Sorbonne
Professeur au Lycée Sainte-Marie d'Antony

▥ 121. Sénèque, *Lettre* 55, 8-11. Voir aussi *De Tranq. An.* XVII, 3.
▥ 122. *Lettre* 104, 6-8.
▥ 123. Voir Épictète, *S.* VI ; VII ; XLIII (35) ; XLIX (41) ; L (42). Voir aussi Sénèque, *Tranq. An.* VI, 7-8 et VII.
▥ 124. *E.* III, 13, 16.
▥ 125. Cicéron, *De Off.* III, 1, 1.
▥ 126. Épictète, *E.* III, 13, 18.
▥ 127. *E.* IV, 10, 26 (les livres sont des objets extérieurs [à la *prohairesis*] dont il faut abandonner l'acquisition).
▥ 128. Voir par exemple *E.* IV, 5, 1-5 et *M.* 53, 2.
▥ 129. *E.* IV, 4, 11.
▥ 130. *E.* IV, 4, 12-18.
▥ 131. *E.* II, 10.
▥ 132. *E.* IV, 4, 21.

LES INTROUVABLES
DES CAHIERS

FAITS OU ESSENCES ?
Un débat sur la proposition conditionnelle stoïcienne, entre logique et physique

Thomas Bénatouïl

L'historiographie de la philosophie antique, et plus particulièrement du stoïcisme, a retenu que la syllogistique stoïcienne a été redécouverte à la suite des avancées de la logique formelle au début du XXᵉ siècle. Celles-ci ont permis à Jan Łukasiewicz de mettre en évidence dans un article publié en polonais en 1934, « Sur l'histoire de la logique des propositions », l'originalité de la logique stoïcienne [1], alors que la plupart des historiens antérieurs de la philosophie ou de la logique, en particulier Zeller et Prantl [2], ne voyaient dans la logique stoïcienne qu'une complication extrême et vaine de celle d'Aristote [3]. Du point de vue des avancées de la logique mathématique permises par Frege, Peirce, Russell et Whitehead, la syllogistique stoïcienne pouvait enfin selon Łukasiewicz être comprise comme une logique des propositions et reconnue comme plus fondamentale que celle d'Aristote, qui consistait en une logique des termes ou des prédicats. La logique aristotélicienne a pour variables des termes ou prédicats comme « Homme » ou « Animal » qu'elle met en relation (grâce à ce que Łukasiewicz appelle des « foncteurs » comme « Tout X est Y ») dans des propositions (« Tout homme est un animal »), elles-mêmes liées dans des syllogismes, qui constituent des thèses logiques. La logique stoïcienne a pour variables les propositions elles-mêmes (« Il y a de la lumière », « Il fait jour ») qu'elle lie également par des foncteurs (« Si p, alors q ») pour constituer un système de règles d'inférence [4], comme le fameux premier indémontrable stoïcien [5], plus connu sous le nom de *modus ponens* : « Si p, alors q. Or p. Donc q. »

---

1. J. Łukasiewicz, « Sur l'histoire de la logique des propositions », *in* J. Łukasiewicz, *Écrits logiques et philosophiques*, K. Vandenborre, S. Richard et F. Schang (éd.), Paris, Vrin, 2013, p. 59-81 ; voir p. 59-72 notamment.
2. C. von Prantl, *Geschichte der Logik in Abendlande*, Leipzig, Hirzel, 1855, 2 vol. ; E. Zeller, *Die Philosophie der Griechen in ihrer geschichtlichen Entwicklung*, 5ᵉ éd., Leipzig, R. Reisland, 1923, vol. 3.1. *Die Nachtaristotelische Philosophie, Erste Hälfte*.
3. On notera qu'il s'agit déjà de l'un des axes de la critique du stoïcisme développée dans l'Académie (par Carnéade et surtout Antiochus d'Ascalon), comme on le voit bien chez Cicéron, *De finibus bonorum et malorum* IV, 8-10.
4. Selon Łukasiewicz, Aristote utilise parfois implicitement ces règles d'inférence et il lui arrive même d'en expliciter certaines.
5. Diogène Laërce, *Vies et doctrines des philosophes illustres* VII, 80-81 (= Long et Sedley 36A).

Développée par plusieurs historiens de la logique, cette lecture a ensuite été nuancée en analysant la syllogistique stoïcienne dans ses propres termes, mais surtout en rappelant l'insertion de celle-ci dans les cadres de la dialectique et de la logique stoïciennes, dont les objectifs dépassent de loin l'établissement d'un système de règles formelles d'inférence [6].

Or, dès la fin XIXe siècle, Victor Brochard, dans le premier article que nous éditons ici [7], avait déjà mis en évidence l'originalité de la syllogistique stoïcienne et les limites des lectures de Zeller et Prantl en la replaçant dans le cadre du système stoïcien dans son ensemble pour mieux la distinguer de celle d'Aristote. Il soulignait en effet la cohérence de la syllogistique avec ce que l'on appelle aujourd'hui la métaphysique ou l'ontologie du stoïcisme [8], en l'occurrence sa thèse que seuls les individus physiques existent, qui le conduit à élaborer une logique nominaliste fondée sur l'idée de loi de succession nécessaire des événements, alors que celle d'Aristote reposait sur l'idée d'essence [9]. Brochard s'interrogeait ensuite sur la nature de cette nécessité et la connaissance de ces lois par l'homme et proposait de redonner une place centrale à la théorie stoïcienne des inférences par signes, qu'il lisait comme une théorie empiriste et inductive de la connaissance, qui fait songer à celle de Stuart Mill [10].

Dix ans plus tard, cette interprétation était discutée par Octave Hamelin [11], qui confirmait la première partie de l'analyse de Brochard, à savoir l'originalité de la logique stoïcienne et sa cohérence avec la physique, mais la tenait pour fondée sur la notion de conséquence et non sur celle de loi [12], car les propositions conditionnelles stoïciennes (du type « S'il y a de la lumière, alors il fait jour ») expriment selon lui des relations analytiques entre un effet et la cause dans laquelle il est contenu (et non des relations externes entre des faits bruts). Comme chez Spinoza et Taine [13], le nominalisme stoïcien n'exclut pas

---

6. Voir J.-B. Gourinat, *La dialectique des stoïciens*, Paris, Vrin, 2000, p. 9-13 et p. 293-294 sur les lectures de la syllogistique stoïcienne au XXe siècle. Pour la première phase (dans le sillage de Łukasiewicz), on peut citer les noms de B. Mates, *Stoic logic*, University of California Press, Berkeley, 1961 et de William et Martha Kneale, *The development of logic*, Oxford, Clarendon Press, 1962. Pour la deuxième phase, ceux de M. Mignucci, *Il significato della logica stoica*, Bologna, Riccardo Pàtron, 1965 ; M. Frede, *Die Stoische Logik*, Göttingen, Vandenhoeck und Ruprecht, 1974 et C. Imbert, « Théorie de la représentation et doctrine logique dans le stoïcisme ancien », *in* J. Brunschwig (éd.), *Les Stoïciens et leur logique*, 2e éd. revue et complétée, Paris, Vrin, 2006, p. 79-108 (édition originale : 1978) ; *Pour une histoire de la logique : un héritage platonicien*, Paris, P.U.F., 1999. S'y ajoutent ensuite ceux de S. Bobzien, *Die stoische Modallogik*, Würzburg, Königshausen & Neumann, 1986 et « Stoic logic », in Brad Inwood (éd.), *The Cambridge Companion to the Stoics*, Cambridge, Cambridge University Press, 2003, p. 85-123 ; et J.-B. Gourinat, *La dialectique des stoïciens*, op. cit.

7. « Sur la Logique des Stoïciens », *Archiv für Geschichte der Philosophie*, vol. 5, n° 4, 1892, p. 449-468. Victor Brochard (1848-1907) fut professeur d'histoire de la philosophie ancienne à la Sorbonne ; il est l'auteur notamment d'une monographie (remarquée par Nietzsche) sur le scepticisme : *Les sceptiques grecs* (1887), 4e éd., Paris, Le Livre de poche, 2002 ; une grande partie de ses articles ont été réunis dans V. Brochard, *Études de philosophie ancienne et de philosophie moderne* (1912), 4e éd., Paris, Vrin, 1974.

8. Voir J. Brunschwig, « Stoic Metaphysics », *in* B. Inwood (éd.), *The Cambridge Companion to the Stoics*, op. cit., p. 206-232.

9. « Sur la Logique des Stoïciens », art. cit., p. 456 (nous citons l'article dans les pages de l'édition originale, reproduites entre crochet dans cette réédition).

10. *Ibid.*, p. 465.

11. O. Hamelin, « Sur la logique des stoïciens », *L'Année philosophique*, 1901, p. 13-26. Octave Hamelin (1856-1907) fut professeur de philosophie à la Sorbonne à partir de 1905. En philosophie ancienne, il est l'auteur notamment du *Système d'Aristote*, L. Robin (éd.), Paris, Vrin, 1920, et d'un commentaire sur le *De fato* de Cicéron (Villers-sur-Mer, Éditions de Mégare, 1978).

12. « Sur la logique des stoïciens », art. cit., p. 13.

13. *Ibid.*, p. 24-25.

l'existence des essences individuelles, ou « raisons séminales » de chaque être, que peut saisir la raison humaine et qui sont fondées sur l'unité panthéiste de la nature soumise à un déterminisme causal universel.

Dans une réponse à Hamelin demeurée inédite mais publiée dans un recueil d'études posthume [14], Brochard reconnaissait alors que son rapprochement avec Stuart Mill n'était sans doute pas éclairant [15], mais soulignait que l'interprétation du conditionnel stoïcien comme une relation analytique d'inclusion, qui ne vaut que pour des concepts, rend incompréhensible la différence entre la logique stoïcienne des faits individuels et la logique aristotélicienne des essences. Il proposait alors « de concilier le nominalisme des Stoïciens avec leur rationalisme » [16] en mobilisant une notion de nécessité qui soit intelligible et rationnelle mais ne soit pas logique ou analytique. Il invoquait l'exemple de la nécessité hypothétique de Leibniz (qu'il opposait à la nécessité absolue de Spinoza) et suggérait qu'on en trouve un équivalent dans le stoïcisme, en invoquant la doctrine chrysippéenne des possibles (exposée notamment dans le *De fato* de Cicéron) qui prétend maintenir le destin sans tout réduire à la nécessité.

Ce débat français sur la syllogistique et la théorie de la connaissance stoïciennes a eu beaucoup moins d'échos que la lecture rétrospective et proprement logique de Łukasiewicz [17], mais son influence en France, bien que discrète, n'est pas négligeable. Le fameux opuscule de Bréhier de 1908 sur *La théorie des incorporels dans l'ancien stoïcisme* s'ouvre sur le rejet par le stoïcisme et l'épicurisme de « toute cause intelligible et incorporelle » (platonicienne ou aristotélicienne) et, s'il note l'absence de toute étude d'ensemble sur les incorporels stoïciens, renvoie à Prantl et aux articles de Brochard et Hamelin sur l'exprimable et la logique [18]. Il passe d'abord sous silence leur débat, mais l'instruit implicitement à nouveau dans son second chapitre sur les exprimables. Réaffirmant d'abord que « toutes les liaisons se ramènent à une seule, la liaison d'identité, qui est exprimée clairement dans le συνημμένον » [19], il critique ensuite avec Hamelin le rapprochement entre la théorie des signes et une logique inductive comme celle de Stuart Mill [20]. Mais, loin de voir dans le stoïcisme une forme d'anticipation du parallélisme spinoziste, Bréhier insiste sur le fait qu'en ne s'appliquant qu'à des termes incorporels, les fameux « exprimables » (*lekta*), la dialectique stoïcienne s'élabore « en dehors de tout contact avec le réel » physique et

■ 14. V. Brochard, « La Logique des Stoïciens (deuxième étude) », *in* V. Brochard, *Études de philosophie ancienne et moderne*, Paris, Librairie Félix Alcan, 1912, p. 239-251.
■ 15. *Ibid.*, p. 250.
■ 16. *Ibid.*, p. 246.
■ 17. Comme le remarque J.-B. Gourinat, *La dialectique des stoïciens, op. cit.*, p. 9 et p. 293, qui note cependant que « Brochard est le premier historien de la logique stoïcienne à avoir souligné que celle-ci ne tient pas compte de la quantité des propositions, ne fait pas entrer en jeu les relations de contenance et ne porte pas sur des essences mais sur des individus et des "groupes de qualité". »
■ 18. É. Bréhier, *La Théorie des incorporels dans l'ancien stoïcisme*, 9ᵉ éd., Paris, Vrin, 1997, p. 2 et p. 23.
■ 19. *Ibid.*, p. 30. Ce point est déjà concédé par Brochard, « Sur la Logique des Stoïciens », art. cit., p. 458, qui le complète ensuite avec l'idée qu'un συνημμένον peut être également vrai sur la base de l'expérience (p. 460).
■ 20. É. Bréhier, *La Théorie des incorporels dans l'ancien stoïcisme, op. cit.*, p. 31. Voir aussi Hamelin, « Sur la logique des stoïciens », art. cit., p. 19-23. La critique est reprise par V. Goldschmidt, *Le système stoïcien et l'idée de temps* (1953), 4ᵉ éd., Paris, Vrin, 1989, p. 82.

sensible [21], si bien que ses efforts pour « dépasser le raisonnement identique » n'ont pu aboutir : elle « ne sait sortir du fait brut donné ni par l'idée générale qu'elle nie, ni par la loi qu'elle ne connaît pas encore, et elle doit se contenter de le répéter indéfiniment » [22]. Brochard et Hamelin ont donc bien perçu la spécificité nominaliste de la logique stoïcienne mais ont été, surtout le premier, trop généreux avec elle.

On sait que soixante ans plus tard, Deleuze suivra de près la lecture de Bréhier mais transformera son reproche – « la dialectique reste à la surface de l'être » – en une dimension cruciale et positive du sens et de l'événement découverts par l'ontologie stoïcienne contre Platon [23]. La « deuxième série de paradoxes » de *Logique du sens*, qui introduit les Stoïciens et cite Bréhier, s'intitule ainsi « des effets de surface ». Deleuze ne cite jamais Brochard et Hamelin mais retrouve leur débat dans la vingt-quatrième série, au moment crucial où il se demande si les Stoïciens sont parvenus à élaborer une véritable logique du sens et des événements. Or la réponse est négative selon Deleuze, les Stoïciens n'ayant pas résisté à la double tentation de réduire les rapports expressifs entre événements à la causalité physique ou à la contradiction logique, et il faut les abandonner au profit de Leibniz pour élaborer une véritable théorie « des compatibilités et incompatibilités alogiques » entre événements [24]. Le débat initial entre Brochard et Hamelin est donc implicitement transformé en une sorte de dialectique de la raison stoïcienne [25], cette dernière ayant ouvert une voie qu'elle n'a semble-t-il pas été capable de suivre jusqu'au bout.

Le renouveau des études stoïciennes depuis les années soixante-dix s'est efforcé, on l'a dit, d'interpréter les textes stoïciens pour eux-mêmes et dans leur contexte historique et philosophique, développant et nuançant la comparaison avec Platon ou Aristote proposée par Brochard, et laissant à l'arrière-plan la question de savoir si les Stoïciens ont anticipé Spinoza, Leibniz, Mill ou la logique propositionnelle. Ont-elles ce faisant oublié le débat de fond entre Brochard et Hamelin sur la nature de la liaison stoïcienne entre les faits ? Pas du tout. Le débat renaît là où Brochard et Hamelin (puis Bréhier) l'ont d'abord situé, à savoir dans l'interprétation de la théorie stoïcienne de l'implication : il s'agit de savoir si le conflit entre la contradictoire du conséquent et l'antécédent

21. É. Bréhier, *La Théorie des incorporels dans l'ancien stoïcisme, op. cit.*, p. 34. Si l'on peut discuter le diagnostic sévère de Bréhier, il est vrai que la nature incorporelle des objets logiques est négligée par Brochard et Hamelin. Dans son second article, « La logique des stoïciens (deuxième étude) », art. cit., p. 243, Brochard écrit par exemple : « La proposition et le raisonnement stoïciens portent uniquement sur des réalités, et en cela sans doute leur Logique ressemble à celle d'Aristote [...]. Mais les Stoïciens se séparent tout aussitôt d'Aristote en déclarant que les réalités dont il s'agit sont des êtres individuels ». Brochard se réfère ainsi aux corps particuliers, qui ne sont pas les objets *immédiats* de la dialectique stoïcienne.

22. É. Bréhier, *La Théorie des incorporels dans l'ancien stoïcisme, op. cit.*, p. 36.

23. G. Deleuze, *Logique du sens* (1969), Paris, Éditions de Minuit, 1989.

24. *Ibid.*, p. 198-200. Deleuze suit donc la piste ouverte par le second article de Brochard, consistant à s'inspirer de Leibniz pour penser la spécificité de la logique stoïcienne (ni analytique, ni empiriste, voir note suivante). Il faut cependant noter que, chez Deleuze, cette piste est elle aussi assez vite abandonnée à cause de la soumission des séries d'événements à un impératif de convergence chez Leibniz (*ibid.*, p. 201-203), que Deleuze propose de dépasser grâce au « perspectivisme » de Nietzsche.

25. *Ibid.*, p. 69 : « Les événements sont les seules idéalités ; et, renverser le platonisme, c'est d'abord destituer les essences pour y substituer les événements comme jets de singularités. Une double lutte a pour objet d'empêcher toute confusion dogmatique de l'événement avec l'essence, mais aussi toute confusion empiriste de l'événement avec l'accident ».

(selon la définition que donne Chrysippe de l'implication [26]) est empirique ou logique, et la question a continué de diviser les spécialistes [27]. L'autre terrain du débat est la théorie des signes, qui a fait l'objet de nombreuses études et qui est difficile à reconstituer à cause du caractère allusif de nos sources, à savoir Sextus Empiricus, qui ne permet pas d'attribuer avec certitude aux Stoïciens (ou à d'autres auteurs) les différentes conceptions du signe qu'il distingue [28].

Ce que ces études ultérieures révèlent, c'est à la fois la pertinence des problèmes posés par Brochard et Hamelin et le fait qu'ils ont sans doute eu tort d'exiger que les Stoïciens adoptent une conception unique de la liaison entre faits (empirique ou analytique) et une seule méthode correspondante pour les découvrir. Les stoïciens ne sont pas kantiens et ne voient pas de problème dans l'idée qu'on acquiert empiriquement la connaissance de relations nécessaires et rationnelles, y compris quand elles sont d'ordre cosmologique et théologique [29]. Et ils peuvent avoir considéré différents types de liaisons entre faits, les unes se limitant à une conjonction empirique solidement attestée, comme dans le cas de la divination [30], les autres reposant sur la nature des termes liés. En tout cas, quelle que soit la solution que l'on adopte aux problèmes posés par Brochard et Hamelin, elle doit se développer à la fois sur le plan de la théorie logique, sur celui de la théorie de la connaissance, celui de l'ontologie et celui de la causalité, voire sur celui de la physique dans son ensemble (y compris la théologie), en raison de la systématicité du stoïcisme. Ce n'est pas le moindre mérite du premier article de Brochard puis du débat avec Hamelin d'avoir remis cette ambition originale du stoïcisme au cœur de son étude [31].

Thomas Bénatouïl
Université de Lille
UMR Savoirs, Textes, Langage

■ 26. Sextus Empiricus, *Esquisses Pyrrhoniennes* II, 110-113 (= Long et Sedley 35B).

■ 27. Voir l'analyse détaillée de ce débat (entre J. Gould « Chrysippus : on the criteria for the truth of a conditional proposition », *Phronesis*, vol. 12, n° 2, 1967, p. 152-161 et M. Frede, *Die Stoische Logik, op. cit.*, qui citent Brochard et Hamelin) dans J.-B. Gourinat, *La dialectique des stoïciens, op. cit.*, p. 221-228. Ce dernier avance avec précaution l'hypothèse que Chrysippe aurait conçu l'implication de manière modale, ce qui semble aller dans le sens de la piste esquissée par Brochard dans son second article.

■ 28. Voir G. Verbeke, « La philosophie du signe chez les Stoïciens » (1978), *in* J. Brunschwig (éd.), *Les Stoïciens et leur logique*, 2e éd. revue et complétée, Paris, Vrin, 2006, p. 261-282, qui résume le débat Brochard-Hamelin-Bréhier et ses répliques plus récentes (voir aussi p. 282 la mise à jour bibliographique de D. Lories), et J.-B. Gourinat, *La dialectique des stoïciens, op. cit.*, p. 228-234.

■ 29. Voir G. Verbeke, « La philosophie du signe chez les Stoïciens », art. cit., p. 280 et J.-B. Gourinat, *La dialectique des stoïciens, op. cit., p.* 224-225, qui s'appuie sur Claude Imbert.

■ 30. Chrysippe refusait d'ailleurs de formuler les théorèmes de la divination au moyen d'une implication : voir Cicéron, *De fato* 14 (= Long et Sedley 38E) et J.-B. Gourinat, *La dialectique des stoïciens, op. cit.*, p. 225-226.

■ 31. Après avoir évoqué allusivement le débat Brochard-Hamelin et approuvé Bréhier, V. Goldschmidt, *Le système stoïcien et l'idée de temps, op. cit.*, p. 81, souligne ainsi que le plus important est la concordance entre logique et physique dans le stoïcisme, ce qui lui permet d'ailleurs de prendre ses distances avec certaines critiques de Bréhier, *La Théorie des incorporels dans l'ancien stoïcisme, op. cit.* sur la superficialité de la logique. Pour une autre approche du stoïcisme comme système où l'influence de Brochard et Hamelin est palpable (et où ils sont cités sur certaines questions d'interprétation des textes), voir J. Vuillemin, *Nécessité ou contingence, l'aporie de Diodore et les systèmes philosophiques*, Paris, Éditions de Minuit, 1984, p. 322-330, qui considère la physique stoïcienne comme un exemple et un « modèle du nominalisme des événements », l'un des six types de système philosophique possible selon sa classification *a priori*. Tout en validant l'interprétation du stoïcisme par Brochard comme nominalisme basé sur des faits mis en série dans les lois, l'approche de Vuillemin propose des hypothèses originales et très intéressantes (non-empiristes) sur la nature des lois et de la science stoïciennes, qu'il appuie sur des exemples astronomiques.

LES INTROUVABLES
DES CAHIERS

NOTE SUR L'ÉDITION

Stéphane Marchand

Cette nouvelle édition du débat entre Victor Brochard et Octave Hamelin sur le stoïcisme est établie à partir de leurs premières versions publiées : Brochard Victor, « Sur la Logique des Stoïciens », *Archiv für Geschichte der Philosophie*, vol. 5, n° 4, 1892, p. 449-468.

Hamelin Octave, « Sur la logique des Stoïciens », *L'Année philosophique*, 1901, p. 13-26.

Brochard Victor, « Sur la logique des stoïciens (deuxième étude) », in *Études de philosophie ancienne et moderne*, Paris, Librairie Félix Alcan, 1912, p. 239-251.

Nous indiquons entre crochets droits [] les pages des éditions originales. En note, entre crochets droits [], nous proposons une traduction des textes latins et grecs cités en essayant de reprendre les choix lexicaux des auteurs, ainsi qu'une explicitation des références bibliographiques.

Liste des abréviations utilisées :

Alex., *Top.* = Alexandre d'Aphrodise, *Commentaire sur les* Topiques *d'Aristote*

Cicéron, *Ac.* = Cicéron, *Académiques*

Cic., *De Div.* = Cicéron, *De la divination*

Cic., *Nat. D.* = Cicéron, *De la nature des dieux*

Cic., *Tusc.* = Cicéron, *Tusculanes*

Cic., *De fin.* = Cicéron, *Des termes extrêmes des biens et des maux*

Dexip., *in Categ.* = Dexippe, *Commentaire sur les* Catégories *d'Aristote*

Sext., *P.*ou *Pyrrh.* = Sextus Empiricus, *Esquisses Pyrrhoniennes*

Sext., *M.* ou *Ad. Math.* ou *Math.* = Sextus Empiricus, *Adversus Mathematicos*

Diog. = Diogène Laërce, *Vies et opinions des philosophes illustres* VII

Plut., *Adv. Col.* = Plutarque, *Contre Colotès*

Plut., *comm. not.* = Plutarque, *Des notions communes contre les Stoïciens*

Plut., *De εἰ ap. Delph.* = Plutarque, *Sur l'ε de Delphes*

Simplic., *Cat.* = Simplicius, *Commentaires sur les Catégories d'Aristote*

Stobée, *Ecl. Eth.* = Stobée, *Eclogae physicae et ethicae* ou *Anthologie*

LES INTROUVABLES
DES CAHIERS

SUR LA LOGIQUE DES STOÏCIENS [1]

Victor Brochard

L a logique formelle des Stoïciens a été jugée sévèrement par les historiens. Prantl et Ed. Zeller s'accordent à lui refuser toute originalité [2] ; ils lui reprochent de s'être bornée à répéter, dans une sorte de catéchisme, ce qu'Aristote avait dit, et d'avoir sans utilité, substitué une terminologie nouvelle et moins exacte à celle dont s'était servi le fondateur de la logique. La science logique a selon eux plus perdu que gagné à cette transformation. La logique stoïcienne n'est qu'un vain et stérile formalisme. Quelque jugement que l'on doive définitivement porter sur cette partie du système stoïcien, il faut commencer par reconnaître que Prantl et Zeller l'ont étudiée avec un soin extrême, qu'ils l'ont exposée avec une lucidité méritoire : la présente étude n'a à aucun degré la prétention d'apporter des éclaircissements nouveaux sur les détails de la logique des Stoïciens. Nous voudrions seulement, en nous appuyant sur les travaux de ces savants, présenter sur l'interprétation de l'ensemble, quelques réflexions qui serviront peut-être à montrer sous un autre aspect le vrai sens et la portée de la logique stoïcienne, à marquer ses rapports avec la logique d'Aristote, à déterminer sa place dans l'histoire de la philosophie.

Un premier point sur lequel il est inutile d'insister, parce que tout le monde est d'accord, c'est qu'aux yeux des Stoïciens, fidèles à la tradition d'Antisthènes, les idées générales, les concepts, les ἐννοήματα ne sont que des noms. Il n'existe en réalité que des [450] individus : le général n'existe pas (Simplic. *Cat.* 26, ε, οὗτινα τὰ κοινὰ παρ' αὐτοῖς λέγεται ... ὁ γὰρ ἄνθρωπος οὔτις ἐστίν, οὐ γὰρ ἐστι τίς ὁ κοινός [3] ; cf. Diog. VII, 61). Le λεκτόν [4] est incorporel (cf. Stein, *Psychol. der Stoa*, t. II, p. 290, *seq.*) [5]. L'opposition entre le point de vue des Stoïciens et celui des socratiques est bien marquée dans ce passage de Sextus (*P.* II, 219 : εἰ μὲν ἐννοήματα εἶναι τὰ γένη καὶ τὰ εἴδη λέγουσιν....εἰ δὲ ἰδίαν ὑπόστασιν

■ 1. 1ʳᵉ édition : V. Brochard, « Sur la Logique des Stoïciens », *Archiv für Geschichte der Philosophie*, vol. 5, no 4, 1892, p. 449-468 ; repris *in* V. Brochard, *Études de philosophie ancienne et de philosophie moderne* (1912), 4ᵉ éd., Paris, J. Vrin, 1974, p. 220-238.

■ 2. [Carl von Prantl, *Geschichte der Logik im Abendlande*, Leipzig, Hirzel, 1855, Erster Band ; Eduard Zeller, *Die Philosophie der Griechen in ihrer geschichtlichen Entwicklung*, Leipzig, R. Reisland, 1876-1882, Theil 3, 1 « Die Nacharistotelische Philosophie, Erste Hälfte » ; c'est à ce dernier volume que fait référence Brochard lorsqu'il cite « Zeller, IV ».]

■ 3. [« ils appellent les termes communs des "non quelque chose" ... "l'homme" n'est pas un homme particulier, car un terme commun n'est pas une chose particulière » ; voir Long et Sedley 30E]

■ 4. [Le « dicible », ou « l'exprimable », voir Long et Sedley, Section 33]

■ 5. [Ludwig Stein, *Die Psychologie der Stoa*, Berlin, Verlag von S. Calvary & Co., 1886-1888, 2 vol.]

αὐτοῖς ἀπολείπουσι…) [6]. Il est vrai que cette question des λεκτά a soulevé dans l'école stoïcienne d'interminables discussions (Sext. M. VIII, 262). Prantl signale (p. 421) la difficulté que présente l'interprétation des textes. Mais, si nous comprenons bien les passages de Sextus, la discussion ne portait pas sur l'existence réelle, objective, comme nous disons aujourd'hui, de choses correspondantes aux λεκτά ; c'est un point sur lequel il semble impossible que des Stoïciens se soient trouvés en désaccord ; ce qui est en question, c'est l'existence même de ces λεκτά (Sextus discute ce point en cherchant s'il existe des signes) M. VIII, 218, 336, τὰ λεκτά εἰ ἔστι ζητεῖται [7]. Faut-il dire qu'il y en a ? (υπαρξις) ; quelle en est la nature (261), et quelle est cette φύσις ἀσώματος [8] (268) ? Ce que niaient les dissidents (Basilides nommé par Sextus, 258, n'est probablement pas le maître de Marc Aurèle, mais le stoïcien cité dans l'*Index Hercul.* C. 51, cf. Zeller, IV, p. 570), c'est qu'il y eut, même dans notre esprit, des λεκτά (οἱ ἀνῃρηκότες τὴν ὕπαρξιν τῶν λεκτῶν) [9] : poussant le nominalisme à l'extrême, ils ne reconnaissaient comme les épicuriens, que des sons, φωναί. La différence entre le nominalisme des Stoïciens et celui d'Épicure (analogue à celle du nominalisme de Stuart Mill et du nominalisme de Hobbes) était justement que ces derniers n'admettaient que des φωναί (Sext. M. VIII, 13 δύο μόνον ἀπολείποντες, σημαῖνον τε καὶ τυγχάνον… περὶ τῇ ψωνῇ τὸ ἀληθὲς καὶ ψεῦδος ἀπολείπειν [10]. Cf. *P.* II, 107, *M.* VIII, 336, Plut. *Adv. Col.* LXXII) tandis que les Stoïciens entre l'objet réel τυγχάνον et le son qui le désigne, σημαῖνον, tenaient compte de la signification du nom, laquelle est une chose, πρᾶγμα, et ne peut être comprise par les hommes qui ne parlent pas la même langue. (Sext. *M.* VIII, 12, σημαῖνον μὲν εἶναι τὴν φωνήν, οἷον τὴν Δίων, σημαινόμενον δὲ αὐτὸ τὸ πρᾶγμα τὸ ὑπ᾽ αὐτῆς δηλούμενον …) [11]. [452] C'est cet intermédiaire, qui est le λεκτόν, que Basilides voulait écarter, pour s'en tenir uniquement à ce qui est corporel.

Quoi qu'il en soit de ce point particulier, le nominalisme des Stoïciens est hors de doute : c'est déjà une différence, et des plus considérables, entre leur logique et celle d'Aristote. Si les Stoïciens sont conséquents avec eux-mêmes, s'ils n'ont pas usurpé cette réputation qu'ils ont toujours eue, d'avoir constitué un des systèmes les mieux liés dans toutes ses parties, de s'être montrés les plus habiles dialecticiens de l'antiquité, ils ont dû construire une logique purement nominaliste. Et c'est ce qu'ils ont fait.

Dès le premier abord, quand on examine les textes, à la vérité trop peu nombreux, qui nous ont été conservés, on s'aperçoit que la division des êtres en genres et en espèces ne tient que fort peu de place dans leur philosophie, et qu'elle n'en tient aucune dans leur logique. Sans doute, ils n'ignorent pas cette division : il leur arrive de la mentionner (Diog. VII, 60, Sext. *P.* I, 138). Dans leur liste des catégories, ils admettent un genre suprême, γενικώτατον. Mais il est aisé de constater que ces classifications n'ont rien à voir avec

---

6. [« S'ils [*sc.* les dogmatiques] disent que les genres et les espèces sont des notions… mais s'ils leur concèdent une existence propre… »]
7. [« on cherche si les dicibles existent »]
8. [« nature incorporelle »]
9. [« ceux qui refusent l'existence des dicibles »]
10. [« ils en admettent seulement deux, le signe et l'objet réel… et placent le vrai et le faux dans les sons »]
11. [« le signifiant est la voix, comme "Dion" ; le signifié est la chose-même qui est révélée par la voix »]

la logique proprement dite. La logique n'a pas à s'occuper des ἐννοήματα (Simplic. *Cat*. 3. τὸ περὶ ἐννοημάτων καθ᾽ ὃ ἐννοήματα λέγειν οὐ λογικῆς, ἀλλὰ τῆς περὶ ψυχῆς ἐστι πραγματείας)[12]. Prantl (p. 629) a d'ailleurs bien montré le caractère nominaliste de la théorie des catégories. Dans un système tel que le leur, il ne saurait être question de l'essence, ou de la forme telles que l'entendaient les péripatéticiens. S'ils parlent de l'οὐσία, ils entendent par-là cette matière sans forme, ἄποιος, ἄμορφος, qui ne peut ni croître ni diminuer, et qui, loin de distinguer les différents êtres, est la même chez tous. Ce qui constitue la nature propre de chaque être, ce n'est pas un élément commun à plusieurs êtres compris dans une même classe, c'est au contraire un ἰδίως ποιόν, une qualité individuelle et concrète, et par là, il faut entendre quelque chose de corporel, une certaine détermination de la matière, si bien que cette matière, qui est la qualité, s'ajoute à cette autre matière sans qualité qui est l'essence, et qu'il y a, à la lettre, en tout être, deux sujets ou deux matières (Plut. *com. not*, 44, 4. ὡς δύο ἡμῶν ἕκαστος [452] ἐστιν ὑποκείμενα, τὸ μὲν οὐσία, τὸ δὲ ποιὸν[13] ; cf. Dexip. *in Categ*., 12, 15). En d'autres termes, il peut bien y avoir deux individus semblables : il n'y a nulle part identité. Il n'y a que des individus. La difficulté si grande que nous trouvons à concilier les deux propositions essentielles de la philosophie d'Aristote : « Il n'y a de science que du général » : « l'individu seul existe réellement », a été résolue d'une façon très simple par les Stoïciens : ils ont supprimé la première proposition. Ils n'ont gardé que la seconde, en quoi ils sont bien d'accord avec une partie très importante du système d'Aristote, mais non pas à coup sûr la partie du système où se trouve la logique. S'il n'y a dans la réalité que des individus, la science, et en particulier la logique, ne doit avoir affaire qu'à des individus. On peut dire avec Trendelenburg (*Hist. -Beitr*. I, p. 322)[14] que le ποιόν joint à l'οὐσία correspond à l'εἶδος d'Aristote comme principe formel[15] : mais il n'a plus rien de commun avec l'idée, avec le concept, tel que l'avaient admis tous les socratiques. L'opposition des deux théories est bien indiquée par Sextus, *P*. II. 212. Aussi voyons-nous, que dans la théorie de la définition, telle que l'ont formulée Chrysippe (Diog. 60, ἰδίου ἀπόδοσις)[16] et Antipater (λόγος κατ᾽ ἀνάλυσιν ἀπαρτιζόντως ἐκφερόμενος)[17] il n'est plus question de genre, ni d'espèce, ni d'essence. La définition est l'énumération des caractères propres à chaque être. Elle n'indique pas la différence spécifique : elle compte les différences. Elle exprime séparément ce que le nom exprime en totalité (Simplic. *Categ*. 16, β.), c'est-à-dire qu'elle est toute nominale. Elle reste d'ailleurs une proposition convertible, (Bekk. *Anecd*. p. 643)[18]. Au τὸ τί ἦν εἶναι d'Aristote on substitue avec Antisthènes τὸ τί ἦν[19] (Alex. *Top*. 26). L'homme est défini ζῷον λογικὸν

■ 12. [« le discours sur les notions en tant que notions n'appartient pas à la logique, mais est l'affaire de la partie qui traite de l'âme »]
■ 13. [« chacun d'entre nous est comme deux sujets, la matière et la qualité »]
■ 14. [Adolf Friedrich Trendelenburg, *Historische Beiträge zur Philosophie*, Berlin, Bethge, 1846-1862.]
■ 15. [le *qualifié* joint à la *substance* – donc la matière selon les stoïciens – correspond à la *forme* d'Aristote comme principe formel]
■ 16. [« l'explication du propre »]
■ 17. [« un énoncé, issu d'une analyse, formulé de façon adéquate (à l'objet) », trad. R. Goulet]
■ 18. [Immanuel Bekker, *Anecdota Graeca*, Berlin, G. C. Naukium puis G. Reimerum, 1814-1821, 3 vol.]
■ 19. [Au "ce que c'était que d'être" d'Aristote on substitue avec Antisthènes "ce qui était".]

θνητὸν νοῦ καὶ ἐπιστήμης δεκτικόν[20] (Sext. *P.* II, 211, *M.* VII, 226). Et la théorie de la division est toute semblable. Il n'y a pas de division qui soit fondée sur la classification des êtres : c'est pourquoi les Stoïciens admettent tant de sortes de division (Zeller, IV, p. 90, 2).

La théorie de la proposition présente cette particularité fort significative qu'il s'agit presque toujours de propositions composées, conditionnelles ou disjonctives (mais ces dernières se ramènent aisément aux premières) ; la proposition par excellence aux yeux des [453] stoïciens, est le συνημμένον[21]. Et il est aisé de comprendre pourquoi. D'abord leur nominalisme leur fait une loi de faire le moins possible usage de ces notions générales qui ne correspondent à rien. S'il est vrai que les êtres individuels sont seuls réels, et si la proposition doit exprimer la réalité, il ne faudra pas la considérer comme un rapport de convenance ou de disconvenance entre deux idées, ou entre un individu et une idée. La proposition conditionnelle a le mérite de dire clairement que si tel être concret possède telle qualité, il en possède aussi une autre ou que si un fait est donné, un autre est donné en même temps. S'il fait jour, il y a de la lumière ; si Socrate est homme, il est mortel. Ensuite, ces propositions ont l'avantage d'être par elles-mêmes des inférences. Les propositions simples et catégoriques ont leur utilité dans la vie, et on les mentionne à leur place dans la logique stoïcienne : mais elles n'ont pour ainsi dire aucun rôle dans la logique proprement dite. Elles constatent des réalités directement perçues : or la logique va du connu à l'inconnu, du visible à l'invisible : elle est une science d'inférences. Les propositions conditionnelles sont la forme la plus naturelle et la plus simple de l'inférence : c'est avec elles que commence la logique.

Il suit de là une première conséquence fort importante : c'est qu'il n'y a plus lieu, en logique de tenir compte de la quantité des propositions. Nous voyons bien que pour faire des descriptions exactes, les Stoïciens ont distingué des ὡρισμένα, des ἀόριστα, des μέσα[22] (Sext. *M.* VIII, 96. Diog. 70) : mais nous voyons aussi que cette distinction n'est d'aucun usage dans leur logique. Pour la même raison, ils ont modifié la terminologie d'Aristote sur l'opposition des propositions, entendu autrement que lui l'opposition des contradictoires et des contraires, donné un autre sens aux mots ἀντικείμενα et ἐναντίον (Sext. *M.* VIII, 89. Diog. 73).

C'est encore pour la même raison que dans la logique stoïcienne, le syllogisme conditionnel remplace ordinairement le syllogisme catégorique. Par la manière dont ils formulent leurs raisonnements, les Stoïciens ont échappé à la nécessité de résoudre une question qui a embarrassé les logiciens de toutes les époques, celle de savoir si le syllogisme doit s'interpréter en compréhension [454] ou en extension. Faut-il dire que l'attribut est compris dans le sujet, ou que le sujet est contenu dans la classe d'êtres représentés par l'attribut ? Ni l'un, ni l'autre, répondent Zénon et Chrysippe. Il ne s'agit point de genres qui contiennent des espèces ou de concepts définis par des différences spécifiques. Le raisonnement porte uniquement sur des individus et des groupes de qualités liés selon certaines

■ 20. [« animal rationnel, mortel, capable d'intellect et de science »]
■ 21. [le conditionnel]
■ 22. [« des propositions définies, des indéfinies, des intermédiaires »]

lois. Si Socrate présente les qualités exprimées par le mot homme il devra présenter la qualité exprimée par le mot mortel. Par suite, il n'y a pas lieu de s'occuper des modes et des figures du syllogisme. Les stoïciens ont tenu cette gageure de constituer toute une logique sans Baroco ni Baralipton. Galien (*de Hipp. et Plat. plac.* t. II, p. 224) reproche à Chrysippe de n'avoir jamais eu recours à ces syllogismes, et de les avoir négligés. Ce n'est ni par oubli, ni par crainte de la subtilité, on peut le croire, que Chrysippe a laissé de côté cette partie de la logique : c'est de propos délibéré, et par une conséquence légitime de l'idée qui lui sert de point de départ. Aux yeux d'un stoïcien conséquent, les classifications et réductions de syllogismes dont Aristote avait donné le modèle, et où se complaira plus tard la scolastique, ne sont plus qu'un vain exercice d'esprit, sans utilité et sans raison d'être : ne peut-on conjecturer que c'est à ces formes de syllogismes que Chrysippe faisait allusion quand il écrivait trois livres sur les συλλογιστικοὶ ἄχρηστοι [23] (Ps. Gal. Εἰσαγ. διαλ. 58) [24].

Tout ce qu'il est possible et légitime de faire, c'est de ramener tous les syllogismes possibles à un petit nombre de types élémentaires de forme conditionnelle, ou disjonctive. C'est précisément ce que les Stoïciens ont fait en distinguant cinq syllogismes irréductibles ou ἀναπόδεικτοι (Diog. 79, Sext. *P.* II, 157). On peut, comme dans la logique d'Aristote, représenter les termes par des lettres ou mieux encore par des chiffres (Sext. *M.* VIII, 227) afin sans doute de bien marquer qu'il s'agit, non de relations de concepts, mais d'un ordre de succession entre des choses concrètes. Toute la théorie du syllogisme se réduit donc à des formules très simples, bien plus simples en tout cas que les modes concluants de la syllogistique classique : (Sext. *M.* VIII, 227. Diog. 79-81). 1. εἰ [455] τὸ πρῶτον, τὸ δεύτερον· τὸ δέ γε πρῶτον· τὸ ἄρα δεύτερον. — 2. Εἰ τὸ πρῶτον, τὸ δεύτερον· οὐχὶ δέ γε τὸ δεύτερον· οὐκ ἄρα τὸ πρῶτον — 3. Οὐχὶ καὶ τὸ πρῶτον καὶ τὸ δεύτερον· τὸ δέ γε πρῶτον· οὐκ ἄρα τὸ δεύτερον. — 4. Ἤτοι τὸ πρῶτον ἢ τὸ δεύτερον· ἀλλὰ μὴν τὸ πρῶτον· οὐκ ἄρα τὸ δεύτερον. — 5. Ἤτοι τὸ πρῶτον ἢ τὸ δεύτερον· οὐχὶ δὲ τὸ δεύτερον· πρῶτον ἄρα ἐστίν. [25] — À la vérité, la réduction des syllogismes complexes à leurs formes simples, l'analyse, comme on l'appelait, n'était pas toujours aisée. On en a la preuve dans le long exemple que Sextus (*M.* VIII, 234-244) reproduit d'après Énésidème, et ou manifestement le sceptique s'amuse à reproduire les subtilités stoïciennes. Si nous possédions les écrits perdus des Stoïciens, nous aurions probablement d'autres exemples analogues. Nous y verrions qu'il y avait place aussi dans cette logique pour de vaines recherches, comme dans l'autre, qu'on savait aussi y perdre son temps, qu'elle pouvait elle aussi donner naissance à une scolastique. Mais encore faut-il reconnaître que la logique ainsi conçue n'est pas, comme on l'a dit tant de fois, une simple reproduction, ni même une simplification de celle d'Aristote. Elle est autre chose. Elle est orientée dans une autre direction : elle est animée d'un autre esprit.

---

23. [« les syllogismes inutiles »]

24. [Il s'agit du traité de Galien appelé aussi *Institutio Logica*, voir von Arnim, *Stoicorum Veterum Fragmenta* II, 247 et Galien, *Traités philosophiques & logiques*, Paris, GF Flammarion, 1998, p. 286.]

25. [« –1. Si le premier, alors le second ; or, le premier ; donc le second. –2. Si le premier, alors le second ; or Non (le second), donc le premier. –3. Non (et le premier et le second) ; or le premier, donc Non (le second) –4. Soit le premier, soit le second ; or le premier, donc Non (le second). – 5. Soit le premier, soit le second ; mais Non (le second), donc le premier »]

C'est ce qu'on voit plus clairement encore peut-être si on cherche à résoudre la question, difficile en tout système de logique, de savoir sur quel principe repose le raisonnement syllogistique. Il ne peut être ici question du *dictum de omni et nullo* [26] ; et pas davantage de la contenance des termes, s'enveloppant les uns les autres ; ou de la convenance des termes s'appliquant les uns aux autres. Le principe de la logique des Stoïciens, c'est que si une chose présente toujours certaine qualité, ou certain groupe de qualités, elle présentera aussi, la qualité ou les qualités qui coexistent toujours avec les premières ; ou, comme on disait au Moyen Âge, *nota notae est nota rei ipsius* [27]. Le mot qui exprime la relation du sujet et de l'attribut n'est plus ὑπάρχει ou ἔνεστι : c'est ἀκολουθεῖ ou ἔπεται [28]. — Un rapport de succession constante ou de coexistence est substitué à cette existence substantielle, impliquant l'idée d'entités éternelles et immuables, admise par tous les socratiques. En d'autres termes, [456] l'idée de loi remplace l'idée d'essence. Nous trouvons presque la formule moderne de l'uniformité du cours de la nature. En faisant table rase de ces entités à l'aide desquelles Aristote expliquait encore la diversité des êtres, les Stoïciens ont gardé l'idée de l'ordre invariable dans lequel se succèdent les événements : il le fallait bien pour que la science fût possible. La raison qui anime et gouverne l'univers demeure toujours d'accord avec elle-même, puisqu'elle est la raison, puisqu'elle agit toujours en vue du meilleur : elle est donc la nécessité. Ainsi à l'idée de l'universel se substitue celle du nécessaire : et la formule socratique « Il n'y a de science que du général », est remplacée par celle-ci : « Il n'y a de science que du nécessaire ».

Il resterait à examiner de près cette idée de la nécessité, et à chercher comment les Stoïciens la justifient. Malheureusement, les renseignements que nous avons sur ce point sont bien fragmentaires et incomplets.

La logique des Stoïciens, on l'a vu ci-dessus, ne s'occupe guères que de la proposition conditionnelle, du συνημμένον. Le συνημμένον marque le premier degré de l'inférence : il exprime déjà un rapport nécessaire. D'où vient cette nécessité ? En quoi consiste-t-elle et comment la connaissons-nous ? Tel est le problème que les Stoïciens se posaient sous cette forme : quel est le critérium du συνημμένον ὑγιές [29]. Nous savons par le témoignage de Sextus (*M.* VIII, 112) et de Cicéron (*Ac.* II, 47, 143. *In hoc ipso quod in elementis dialectici docent, quomodo judicare oporteat verum falsumne sit, si quid ita connexum est ut hoc : Si dies est, lucet ; quanta contentio est ! Aliter Diodoro, aliter Philoni, Chrysippo aliter placet* [30]) que de grandes discussions s'étaient élevées à ce sujet parmi les Stoïciens. Il n'est pas très facile de savoir comment ils résolvaient la difficulté.

■ 26. [ou *dictum de omni et nullo dicitur etiam de quibusdam et singulis,* principe selon lequel ce qui est affirmé (ou nié) pour un tout vaut pour ses parties]

■ 27. [le signe d'un signe est le signe de la chose elle-même]

■ 28. [Ce n'est plus « est » ou « est inclus dans » mais « il s'ensuit », « il suit »]

■ 29. [la proposition conditionnelle valable]

■ 30. [« Sur l'objet même que les dialecticiens enseignent pour commencer : comment il faut juger de la vérité ou de la fausseté d'une proposition conditionnelle comme celle-ci "s'il fait jour, il fait clair" ; quelle polémique ! Diodore a un avis, Philon un autre, et Chrysippe encore un autre »]

Tout le monde accorde que le συνημμένον est correct (Sext. *M.* VIII, 112) ὅταν ἀκόλουθῇ τῷ ἐν αὐτῷ ἡγουμένῳ τὸ ἐν αὐτῷ λῆγον [31]. Mais quand et comment y a-t-il un lien nécessaire entre l'antécédent et le conséquent ? Selon Philon (cf. Sext. *P.* II, 104-113) la condition, nécessaire et suffisante, c'est que le συνημμένον ne commence pas par une proposition vraie pour finir par une [457] fausse. Sur les quatre cas qui peuvent se présenter, il y en a trois où le συνημμένον sera correct et un où il sera faux. Le συνημμένον sera vrai s'il commence par le vrai pour finir par le vrai, « s'il fait jour, il y a de la lumière » ; — s'il commence par le faux pour finir par le faux : « si la terre vole, elle a des ailes » ; — s'il commence par le faux pour finir par le vrai : « si la terre vole, la terre existe ». Il sera faux, si commençant par le vrai il finit par le faux : « s'il fait jour, il fait nuit ». Cette théorie avait le tort de confondre la vérité réelle, et la liaison logique, ou comme disent les modernes, la logique de la conséquence et la logique de la vérité. Diodore n'eut pas de peine à montrer l'insuffisance du critérium de Philon. D'après ce critérium en effet, cette proposition : « S'il fait jour, je discute » sera vraie, au moment où je discute, car elle commence par une vérité et finit par une vérité. Cependant, elle est fausse à d'autres moments. Bien plus, ce συνημμένον : « S'il fait nuit, il fait jour », faux selon Philon, sera vrai quand il fait jour, puisque commençant par une proposition fausse, il finit par une vraie. Aussi faut-il, selon Diodore, modifier le critérium de Philon, et dire qu'un συνημμένον est correct quand il n'est pas, et n'a jamais été possible que commençant par une proposition vraie, il finisse par une fausse.

Dans cette critique, on voit que Diodore joue sur le sens du mot ἀκόλουθῇ [32], qui peut signifier soit une simple consécution empirique, soit une connexion nécessaire. Au vrai, c'est dans ce dernier sens, les exemples invoqués par lui en sont la preuve, que Philon l'entendait. Mais la formule employée par lui avait le tort de s'appliquer aux simples successions dans le temps : c'est ce que Diodore fait justement remarquer. Il ne suffit pas que deux propositions soient vraies, ou fausses, ou l'une fausse et l'autre vraie pour qu'il y ait entre elles la liaison qui constitue le συνημμένον. Il faut un lien plus étroit : il faut une véritable nécessité.

La correction de Diodore semble fort raisonnable. Nous voyons pourtant par le texte de Cicéron déjà cité (*Ac.* II, 143) que Chrysippe ne s'en était pas contenté. Il n'est peut-être pas fort difficile [458] de deviner pourquoi. La théorie de Diodore sur le συνημμένον se rattache très vraisemblablement à sa doctrine des possibles, et nous savons que Chrysippe l'a vivement combattue (Zeller, IV, p. 108, 3). La possibilité, selon Diodore, ne se distingue pas de la réalité. Tout ce qui n'arrive pas n'a jamais été possible. En d'autres termes, il règne dans l'univers une nécessité absolue. La possibilité ou l'impossibilité d'un événement est rigoureusement déterminée en soi, mais sans que nous puissions toujours la connaître. Par suite la nécessité qui lie l'antécédent et le conséquent d'un συνημμένον est une nécessité objective, impliquant un ordre universel de la nature, une loi qui la gouverne. Il ne s'agit pas ici, comme pour

■ 31. [« lorsque son conséquent suit de son antécédent »]
■ 32. [« suit »]

Philon, de la compatibilité et de l'incompatibilité des idées dans notre esprit, mais de la compatibilité et de l'incompatibilité des choses dans la nature. Une telle doctrine menait droit à la négation de toute liberté : et c'est pourquoi Chrysippe l'a combattue. Mais en laissant même de côté ce point de vue, le critérium de Diodore devait lui paraître insuffisant puisque nous ne sommes pas juges de ce qui est possible ou impossible : le critérium ne serait applicable, que si la science était achevée, ou si nous étions des Dieux.

Quelle théorie Chrysippe a-t-il substituée à celle de Diodore ? C'est ce que les textes ne nous disent pas expressément. Mais il résulte du passage de Sextus (*P*. II, 111) que pour trouver la pensée de Chrysippe, nous avons à choisir entre la συνάρτησις et l'ἔμφασις[33]. La συνάρτησις, prise strictement, est un lien si étroit entre l'antécédent et le conséquent d'un συνημμένον que la contradictoire du second est incompatible avec le premier. Dès lors, les seuls συνημμένα vrais seront ceux qui sont composés de propositions identiques, comme « s'il fait jour, il fait jour » : καθ' οὕς τὰ μὲν εἰρημένα συνημμένα ἔσται μοχθηρά, ἐκεῖνο δὲ ἀληθὲς, εἰ ἡμέρα ἐστίν, ἡμέρα ἐστίν[34].

On voit le chemin parcouru. Tout-à-l'heure avec Diodore, la nécessité était dans les choses mêmes : à présent elle n'est plus que dans notre esprit. En langage moderne, toutes les propositions vraies étaient nécessaires *a posteriori* : pour les nouveaux Stoïciens, il n'y a plus de vraies que les propositions analytiques, et même les propositions identiques.

[459] Outre cette συνάρτησις ainsi entendue, Sextus nous parle, mais très brièvement et d'une façon assez obscure, de l'ἔμφασις : un συνημμένον est vrai lorsque le conséquent est contenu en puissance dans l'antécédent οὗ τὸ λῆγον ἐν τῷ ἡγουμένῳ περιέχεται δυνάμει. Sextus ajoute : καθ' οὕς τo εἰ ἡμέρα ἐστίν, ἡμέρα ἐστίν, καὶ πᾶν διφορούμενον ἀξίωμα συνημμένον ἴσως ψεῦδος ἔσται, αὐτὸ γὰρ ἐν ἑαυτῷ περιέχεσθαι ἀμήχανον[35], ce qui semblerait vouloir dire à première vue que des Stoïciens, aussi intrépides dans leurs déductions que les éléates eux-mêmes, refusaient de tenir pour vraies même les propositions identiques, sous prétexte qu'une chose ne pouvant être contenue en elle-même, le sujet ne peut renfermer l'attribut qui lui est identique. Mais on peut interpréter autrement le texte de Sextus. Il s'agit probablement d'une réflexion qui lui est personnelle, d'une objection, ou d'une réduction à l'absurde qu'il oppose aux partisans de l'ἔμφασις en même temps qu'il expose leur doctrine : l'objection est bien dans sa manière habituelle, et l'emploi du mot ἴσως semble bien indiquer qu'il parle en son propre nom.

Si cette interprétation est exacte, l'ἔμφασις ne serait qu'une autre forme de la συνάρτησις, ou plutôt la συνάρτησις elle-même ne serait que l'ἔμφασις. Il y aurait συνάρτησις entre le sujet et l'attribut d'une proposition, l'antécédent et le conséquent d'un συνημμένον non seulement lorsque le second serait identique au premier, mais lorsque le second serait contenu implicitement, δυνάμει dans le premier, analytiquement, comme nous dirions aujourd'hui.

■ 33. [« la cohérence et l'implication »]
■ 34. [« selon eux, les propositions conditionnelles évoquées précédemment seront mauvaises, mais celle-ci est vraie : "s'il fait jour, il fait jour" ».]
■ 35. [« selon eux, la proposition "s'il fait jour, il fait jour", et toute proposition conditionnelle dupliquée sera probablement fausse, car il est impossible qu'une chose soit contenue en elle-même »].

Nous n'avons pas d'exemples cités directement par les textes, de la συνάρτησις ainsi entendue. Peut-être cependant peut-on en trouver un dans le passage de Sextus *M.* VIII, 254 τὸ περιεχόμενον τῷ τοιούτῳ συνημμένῳ « εἰ καρδίαν τέτρωται οὗτος, ἀποθανεῖται οὗτος » [36] : la blessure au cœur implique la mort, à-peu-près comme le triangle implique l'égalité des trois angles à deux droits : et cela directement, sans recours immédiat à l'expérience, de même que le signe est défini, *P.* II, 100 ὁ μὴ συμπαρατηρηθὲν τῷ σημειωτῷ [37]. En tout cas, le fait que Plutarque (*De* εἰ *ap. Delph.* p. 387) ne distingue pas la συνάρτησις et l'ἔμφασις, le fait aussi que Sextus lui-même, lorsque dans le Π. μαθημ. [38] VIII, 117 il rencontre le même sujet, [460] ne fait plus allusion à cette distinction, semblent indiquer qu'elle n'avait pas une très grande importance.

On peut donc croire que Chrysippe s'est prononcé pour la συνάρτησις entendue au sens large. Un συνημμένον est vrai quand le conséquent est implicitement contenu dans l'antécédent. Et nous savons qu'il y est implicitement contenu soit lorsqu'il lui est identique, soit lorsque l'expérience, et surtout l'expérience accumulée, les θεωρήματα[39] (Cic. *De fato* VI, 11) nous l'a appris. Ainsi la cicatrice implique la blessure. Par-là, Chrysippe pouvait admettre une partie des opinions de Diodore, dire par exemple qu'il y a une συνάρτησις entre ces deux propositions *Non et natus est quis oriente canicula, et is in mari morietur* [40] (Cic. *De fato*, VIII, 15) parce que l'expérience nous a appris cette liaison, en vertu d'un θεώρημα. Mais en même temps, il pouvait ne pas étendre cette conception à tous les cas possibles : *hoc Chrysippo non videtur valere in omnibus*[41] (*Ibid.* VII, 14). En tous cas, on voit que les Stoïciens avaient bien vu l'importance du problème, si on ne peut affirmer qu'ils l'aient complètement résolu à propos du συνημμένον en général.

La même difficulté devait se présenter devant eux plus pressante encore, à propos de ces συνημμένα particuliers qu'ils appellent les signes ou les preuves. C'est, sous un autre nom, le problème de l'induction.

Il est assez surprenant que divers historiens aient pu exposer la logique stoïcienne sans presque faire mention de cette théorie : c'est cependant le cœur du système. La logique stoïcienne est essentiellement une séméiologie. Elle précède logiquement la théorie de la démonstration qui ne peut s'établir sans elle. Sextus, dans sa critique, lui assigne la même place ; et nous voyons que dès l'époque d'Énésidème les sceptiques s'étaient acharnés sur cette partie de la doctrine, sentant bien qu'elle détruite, tout le reste s'écroulait.

La théorie des signes n'a pas d'analogue chez Aristote : ou plutôt elle correspond à la théorie des vérités immédiates, des premiers principes connus intuitivement par le νοῦς. C'est elle qui rend compte du contenu de chaque science, car il est clair [461] qu'on ne pouvait aller bien loin avec des principes purement formels, tels que εἰ τὸ πρῶτον καὶ τὸ δεύτερον [42]. Seulement, il n'y a

■ 36. [« ce qui contient une proposition conditionnelle comme "s'il a été blessé au cœur, il va mourir" »]
■ 37. [« ce qui n'est pas observé en même temps que ce qui est signalé »]
■ 38. [= *Adversus Mathematicos*]
■ 39. [« les principes, les règles générales »]
■ 40. [« Non à la fois ("quelqu'un est né au lever de la Canicule" et "il mourra en mer") »]
■ 41. [« Chrysippe ne pense pas que cela soit valable dans tous les cas »]
■ 42. [« Si le premier, alors le second »]

pas ici d'intuition intellectuelle : il faut expliquer autrement la connaissance des vérités primordiales.

On connaît la définition stoïcienne du signe (Sext. *P*. II, 104. *M*. VIII, 24) σημεῖον εἶναι αξίωμα ἐν ὑγιεῖ συνημμένῳ προκαθηγούμενον, ἐκκαλυπτικὸν τοῦ λήγοντος [43]. Entre le signe et la chose signifiée que le signe a pour office de découvrir, il y a donc un rapport de nécessité. C'est d'ailleurs ce que les Stoïciens affirment avec une extrême énergie. Les mots ἀκολουθία, συνάρτησις, ἕπεσθαι ont bien cette valeur, et ils reviennent sans cesse dans les textes. Le signe, par sa nature propre, par sa constitution intime ἐκ τῆς ἰδίας φύσεως κατασκευῆς (Sext. *P*. II, 102, *M*. VIII, 201) révèle la chose signifiée. Entre le signe et la chose signifiée, le lien est si étroit que si la seconde disparaît le premier s'évanouit aussitôt : c'est l'ἀνασκευή [44] (Sext. *M*. VI, 4. VII, 214) qui paraît avoir été surtout défendue par les Stoïciens récents dans leur polémique avec les épicuriens (Natorp, *Forschungen* p. 244) [45].

Mais comment cette nécessité nous est-elle connue ? Ce ne peut être uniquement par les sens : malgré leur sensualisme, les Stoïciens voient bien qu'ils sont ici insuffisants. Aussi disent-ils que le signe est intelligible, νοητόν (Sext. *M*. VIII, 179) et ils se séparent sur ce point des épicuriens, plus fidèles peut-être à leurs principes communs. Cependant il serait absurde de supposer que l'expérience ne soit pour rien dans la connaissance des signes. Les exemples ordinairement invoqués sont au contraire empruntés à l'observation ; si cette femme a du lait elle a enfanté ; — la cicatrice atteste une blessure ; — la fumée est le signe du feu ; — la sueur prouve l'existence des pores de la peau (Sext. *P*. II, 99. *M*. VIII, 252). Sans doute une distinction s'est établie entre le signe commémoratif, ὑπομνηστικόν, simple consécution fondée sur l'expérience, et le signe indicatif, ἐνδεικτικόν (Sext. *P*. II, 100). Ce serait une question de savoir si cette distinction a été connue des premiers stoïciens, ou si au contraire elle n'a pas été aperçue plus tard, précisément en raison des difficultés que signalaient les adversaires du stoïcisme. Mais ce n'est pas ici le lieu de [462] discuter ce point de détail. Parmi les signes indicatifs, nous trouvons des exemples qui manifestement supposent l'expérience : Sext. *M*. VIII, 252 εἰ γάλα ἔχει ἐν μαστοῖς ἥδε, κεκύηκεν ἥδε — εἰ καρδιάν τέτρωται οὗτος, ἀποθανεῖται οὗτος [46]. Même quand il s'agit de signes concernant les choses invisibles (Sext. *P*. II, 101 αἱ περὶ τὸ σῶμα κινήσεις σημεῖά ἐστι τῆς ψυχῆς) [47], on ne peut dire que l'expérience et ses analogies soient entièrement absentes. En tout cas, il ne saurait être question de connaissance *a priori* : l'idée de l'*a priori* telle que nous l'entendons aujourd'hui, est étrangère à la pensée antique.

Il semble que quand les Stoïciens parlent de la nécessité, ou de l'impossibilité de concevoir une chose, de son inintelligibilité, d'accord en cela avec les épicuriens (Natorp, *Forsch*. 250 κατακλείειν εἰς το ἀδιανόητον) [48] ils se réfèrent

---

■ 43. [« le signe est, dans un raisonnement conditionnel valable, la proposition antécédente qui est révélatrice du conséquent ».]

■ 44. [l'élimination]

■ 45. [Paul Natorp, *Forschungen zur Geschichte des Erkenntnisproblems im Alterthum : Demokrit, Epikur und die Skepsis*, W. Hertz, 1884.]

■ 46. [« Si ses seins ont du lait, alors elle a enfanté – Si cet homme est blessé au cœur, il mourra »]

■ 47. [« les mouvements du corps sont des signes de l'âme »]

■ 48. [« conclure à l'inconcevabilité »]

à une sorte de sens commun, à une accumulation d'expériences faites par tout le monde, à des axiomes empiriques consacrés par l'usage, la tradition, surtout par le langage, et comme par le consentement universel. C'est au fond à peu près de la même manière qu'Aristote conçoit l'induction quand il essaie de la justifier (Zeller, III, p. 242).

L'expérience passée et commune garantit en quelque sorte l'expérience actuelle de chacun : et contester les résultats obtenus par cette expérience, c'est se mettre en opposition avec des vérités évidentes, et des certitudes acquises : c'est se contredire, et se mettre, dans l'impossibilité de penser et de parler. Il y a ainsi à la base de la science une sorte d'induction grossière et instinctive, une induction *per enumerationem simplicem*, faite sans ordre et sans méthode, mais dont les résultats paraissent certains parce qu'ils sont incontestés, et que d'ailleurs on ne voit pas le moyen de s'en passer.

Cependant, il était impossible que l'insuffisance de cette conception échappât à des critiques aussi pénétrants que l'étaient les adversaires du stoïcisme. Les sceptiques ne manquèrent pas de signaler le cercle vicieux impliqué par la théorie stoïcienne du syllogisme. Pour arriver à cette conclusion : « il y a de la lumière », le stoïcien s'appuie sur cette majeure : « s'il fait jour, il y a de la lumière ». Mais d'où sait-il que cette majeure, est vraie, si ce n'est [463] en s'appuyant sur la conclusion ? Ne faut-il pas qu'il ait constaté directement et sans preuve que la lumière accompagne le jour ? et si cette proposition elle-même a besoin d'être prouvée, peut-on dire qu'il y ait dans aucune démonstration la moindre preuve ? (Sext. *P.* II, 178, 165.) Plus voisins à bien des égards des Stoïciens, les épicuriens ne les attaquaient pas avec moins de force. Le traité de Philodème π. σημείων καὶ σημειώσεων [49] nous montre avec quelle subtilité et quelle profondeur les questions relatives à l'induction avaient déjà été traitées par les disciples de Zénon de Sidon (v. Bahnsen, Philippson [50], et surtout Natorp, *Forschung.* p. 244, *seq.*). Les épicuriens professaient une théorie très savante sur la τοῦ ὁμοίου μετάβασις [51]. Nous y voyons qu'ils prenaient les Stoïciens à partie précisément sur leur théorie de la nécessité, et sur cette ἀνασκευή qu'ils admettaient eux aussi, mais en l'expliquant autrement. Nous n'y voyons pas ce que les Stoïciens répondaient à tant de difficultés si habilement signalées. Peut-être se bornaient-ils à dire qu'il faut affirmer la nécessité sous peine de faire disparaître la science, réponse qui ne pouvait satisfaire ni les sceptiques, puisqu'ils niaient la science, ni les épicuriens, puisqu'ils la fondaient autrement.

Deux passages curieux de Sextus nous indiquent bien un moyen de sortir d'embarras. Il y est dit que les Stoïciens avaient recours à l'hypothèse (Sext. *M.* VIII, 367) : ἀλλ' οὐ δεῖ, φασί, πάντων ἀπόδειξιν αἰτεῖν, τινὰ δὲ καὶ ἐξ ὑποθέσεως λαμβάνειν, ἐπεί οὐ δυνήσεται προβαίνειν ἡμῖν ὁ λόγος, ἐὰν μὴ δοθῇ τι πιστὸν ἐξ αὐτοῦ τυγχάνειν [52]. D'autre part, on nous dit que la vérité des hypothèses se confirmait par les conséquences qu'on en tirait (Sext. *M.* VIII, 375) : ἀλλ'

■ 49. [Il s'agit du traité connu aussi sous le titre du *De Signis*, voir Philodème, *On methods of inference*, ed. by P. H. De Lacy and E. A. De Lacy, Napoli, Bibliopolis, 1978]

■ 50. [R. Philippson, *De Philodemi libro qui est* περὶ σημείων καὶ σημειωσέων *et Epicureorum doctrina logica*, Humboldt-Universität, 1881.]

■ 51. [« le passage au semblable »]

■ 52. [« Mais, disent-ils, il ne faut pas demander une démonstration pour toutes choses, et poser certaines choses par hypothèse, puisque notre raisonnement ne pourra pas avancer à moins que ne soit accordé qu'une chose puisse être fiable par elle-même »]

εἰώθασιν ὑποτυγχάνοντες λέγειν, ὅτι πίστις ἐστὶ τοῦ ἐρρῶσθαι τὴν ὑπόθεσιν τὸ ἀληθὲς εὑρίσκεσθαι ἐκεῖνο τὸ τοῖς ἐξ ὑποθέσεως ληφθεῖσιν ἐπιφερόμενον· γὰρ τὸ τούτοις ἀκολουθοῦν ἐστιν ὑγιές, κἀκεῖνα οἷς ἀκολουθεῖ ἀληθῆ καὶ ἀναμφίλεκτα καθέστηκεν [53]. Il est difficile de contester qu'il y ait une curieuse analogie entre cette doctrine, et la conception moderne de la méthode expérimentale, qui fait une si large place à l'hypothèse, à condition qu'elle soit vérifiée par l'expérience. On peut, si l'on veut, louer les Stoïciens d'avoir rencontré cette idée. Mais il ne semble pas qu'elle ait [464] été admise par l'école tout entière. Nous ne savons pas à quels philosophes Sextus fait allusion : il s'agit peut-être d'un expédient de quelques stoïciens isolés. C'est ce que sembleraient confirmer le peu d'importance que le sceptique attache à cet argument, et la réfutation sommaire qu'il en fait. Enfin il faut avouer qu'elle ne s'accorde guères avec l'esprit du système, avec l'orgueil de ces dogmatistes qui avaient la prétention de tout démontrer, ou au moins d'appuyer toutes leurs démonstrations sur des vérités inébranlables.

En résumé, il ne paraît pas que les Stoïciens aient répondu d'une manière claire et distincte à la question de savoir comment la nécessité s'introduit dans les jugements conditionnels, ou dans les signes. Ou plutôt, la question ne se posait pas pour eux comme elle se pose pour nous. Ils savaient, ou croyaient savoir, en vertu de leur métaphysique, que les lois de la nature sont immuables et nécessaires parce qu'elles sont l'œuvre et la manifestation d'une raison souveraine et parfaite. Connaître ces lois telles que l'expérience nous les révèle, c'était les connaître telles qu'elles sont, c'est-à-dire nécessaires. En les apercevant, notre raison se retrouve elle-même dans la raison universelle, si bien que les données des sens ne sont en quelque sorte que l'occasion à propos de laquelle elle s'exerce. Si on trouve cette conception insuffisante, il conviendrait peut-être de rappeler que le principe sur lequel repose le système d'Aristote, son réalisme, la doctrine des essences et des formes, celle de l'intuition intellectuelle, ne sont pas non plus sans présenter quelques difficultés assez graves. On pourrait ajouter que chez les modernes, les solutions du problème capital de la logique présentées par Hume, par Stuart Mill et même par Kant ne sont pas encore passées à l'état de vérités définitivement acquises. Au reste, il ne s'agit pas ici de défendre la cause des Stoïciens, mais seulement d'indiquer ce qu'a été leur logique, et quelles solutions elle donnait des principaux problèmes qu'elle soulève.

La logique des Stoïciens est purement nominaliste ; et elle reste, du commencement jusqu'à la fin, rigoureusement fidèle à son principe. Par-là, elle diffère profondément de celle d'Aristote. [465] Elle n'est pas, comme on le lui a reproché, une simple reproduction, une imitation affaiblie de cette dernière. Elle n'en est pas même une simplification. Elle est tout autre et même opposée. Elle est une réaction contre la logique d'Aristote, de même que la physique et la morale des Stoïciens peuvent être regardées comme une réaction contre la philosophie d'Aristote. Ou plutôt, pour parler plus exactement, la logique des

---

■ 53. [« Ils ont coutume de répondre que la confiance que l'on accorde à la force d'une hypothèse vient de ce que la conséquence qui provient des hypothèses trouve la vérité. Car si ce qui s'ensuit est justifié, ce dont cela suit est vrai et incontestable. »]

Stoïciens est un essai de synthèse entre la doctrine de la science, telle que les socratiques l'avaient élaborée, et le nominalisme qu'Antisthènes et les Cyniques opposaient déjà à Platon.

Conserver la certitude, la démonstration, la vérité inébranlable et immuable, tout en déclarant que nos concepts ne sont que des noms, puisque aussi bien il n'existe que des êtres individuels et corporels, puisque tout est matière, voilà la tâche que s'est donnée le stoïcisme.

Il est impossible, en examinant la logique des Stoïciens, de ne pas penser à une autre logique avec laquelle elle présente des analogies qui sautent aux yeux : je veux dire la logique de Stuart Mill. À coup sûr, Mill ne s'est pas inspiré de Chrysippe : la rencontre à un si grand intervalle de temps, entre ces deux grands esprits n'en est que plus remarquable et significative. Comme la logique du Portique, celle de Mill repose tout entière sur ce principe qu'on ne pense pas par concepts, que les idées générales ne sont que des noms, ou du moins qu'elles ne sont rien sans les noms. Mill aurait sans doute accepté la division stoïcienne entre le σημαίνον et le σημαινόμενον. En définissant la logique la science de la preuve, Mill exprime la même idée qu'ont eue les Stoïciens lorsqu'ils distinguaient les vérités immédiatement évidentes de celles qui sont connues indirectement à l'aide des signes ou preuves, et lorsqu'ils faisaient commencer la logique avec ces propositions conditionnelles qui sont déjà, comme le dit Mill (*Syst. of Log.* I, 4, 3) [54] de véritables inférences. Comme les Stoïciens, il soutient que nos jugements portent, non sur des idées, mais sur des choses, sur des réalités individuelles et concrètes. Quand il remplace la compréhension et l'extension de l'ancienne logique par la connotation et la dénotation, s'il ne renonce pas radicalement, comme les Stoïciens, à la distinction des classes et des genres, [466] il se refuse du moins à les considérer comme se contenant, se convenant, ou se subordonnant les uns aux autres. Comme les Stoïciens, et pour les mêmes raisons, Mill considère la définition comme toute nominale (*Syst. of Log.* I, 8, 5), comme exprimant les propriétés constantes, les marques distinctives des différents êtres ; il renonce à déterminer les essences et il abandonne les différences spécifiques : il énumère les propres (*Syst. of Log.* I, 8, 1) : « Homme est toute chose qui possède tels et tels attributs ; homme est toute chose qui possède corporéité, organisation, vie, raison, et certaines formes extérieures. » — Cf. *Ibid.* 7 : « Le philosophe choisira autant que possible les *differentiae* qui conduisent au plus grand nombre de *propria* importants : car ce sont les *propria* qui mieux que les qualités plus obscures et plus cachées dont souvent ils dépendent, donnent à une agglomération d'objets cet aspect général et le caractère d'ensemble qui désignent les groupes dans lesquels ils tombent naturellement. » Dans la théorie du raisonnement, le principe formulé par Mill (*Philos. of Ham.* ch. XIX) [55] « le signe du signe est le signe de la chose signifiée » rappelle, même dans les mots, la doctrine stoïcienne des σημεία. Les stoïciens n'ont pas dit et ne pouvaient pas dire que les majeures des syllogismes ne sont que des registres d'expériences passées, des *memoranda* qui résument un grand nombre de faits observés : mais ils ont été amenés par la force des

■ 54. [John Stuart Mill, *A System of Logic, Ratiocinative and Inductive*, London, John W. Parker, West Strand, 1843, 2 vol.]
■ 55. [John Stuart Mill, *An Examination of Sir William Hamilton's Philosophy*, London, Longsmans, Green, 1865.]

choses à donner dans leur doctrine une place distincte, et une grande place, à la théorie des signes qui est, sinon une théorie de l'induction, du moins une sorte de solution du problème de l'induction : et cette solution, ils ont bien vu, comme Mill, qu'elle doit précéder la théorie de la démonstration, dont elle est la condition. La logique stoïcienne tendait à devenir une logique inductive : elle s'est arrêtée en chemin : ce sont les épicuriens qui ont développé cette conséquence naturelle et peut-être nécessaire du sensualisme et du nominalisme.

Il ne faudrait pas pousser trop loin cette comparaison que nous ne faisons d'ailleurs ici qu'esquisser : il y a certainement de notables différences entre la logique de Mill et celle du Portique. Mais il n'est pas téméraire d'affirmer que les ressemblances l'emportent [467] sur les différences. L'identité des principes, comme il fallait s'y attendre, a engendré la ressemblance des conclusions. Peut-être Mill a-t-il été plus conséquent avec lui-même en subordonnant résolument le syllogisme à l'induction et à l'expérience. Mais Chrysippe ne reprend-il pas l'avantage si on songe qu'il a laissé de côté toute considération de classes et de genres pour s'attacher uniquement à l'idée de succession nécessaire, ou de loi ? Et si Stuart Mill avait connu la logique des Stoïciens, qui sait s'il ne se serait pas enhardi à simplifier comme eux la théorie du syllogisme, à supprimer les distinctions de quantités, et s'il se fût donné tant de peine pour conserver, en les conciliant avec son point de vue nouveau, les anciennes distinctions et les formules mêmes du Moyen-Âge ? Il n'est pas sûr qu'il ne soit pas tombé lui-même dans cette faute qu'il signale si ingénieusement, quand il dit (*Syst. of log.* II 2, 2) « Il suffit souvent qu'une erreur qui semblait à jamais réfutée et délogée de la pensée soit incorporée dans une nouvelle phraséologie pour être la bienvenue dans ses anciens domaines, et y rester en paix pendant un autre cycle de générations... Bien que rejetée nominalement, cette doctrine (de la réalité des universaux) déguisée, soit sous les idées abstraites de Locke, soit sous l'ultra-nominalisme de Hobbes et de Condillac, ou sous l'ontologie des Kantistes, n'a jamais cessé d'empoisonner la philosophie. » Un stoïcien rigoureux dirait que Chrysippe avait déjà guéri la philosophie, et qu'il reste encore trop de ce poison dans le système de Mill. Ce n'est pas la moindre des curiosités que nous présente la logique des Stoïciens que de dépasser, par certains côtés, la logique nominaliste de Stuart Mill lui-même, et de rejoindre celle de M. Herbert Spencer. Elle pourrait sans trop de difficulté s'accommoder de la théorie des syllogismes à quatre termes (*First. Princ.* VI, ch. 6, 296) [56].

Si les considérations qui précèdent sont exactes, nous sommes en droit de conclure que la logique des Stoïciens a son caractère, sa physionomie propre, son originalité et même une valeur fort supérieure à celle qu'on lui attribue d'ordinaire. Elle s'oppose à celle d'Aristote, bien plutôt qu'elle ne la continue. La constatation de ce fait n'est peut-être pas moins [468] importante pour la philosophie elle-même que pour l'histoire de la philosophie : c'est une preuve ajoutée à tant d'autres, que dans son évolution ou dans son progrès, la pensée antique a parcouru à-peu-près les mêmes étapes que la pensée moderne. Enfin il n'est peut-être pas sans intérêt pour l'histoire de la logique de montrer que les plus grands dialecticiens de l'antiquité ont été de purs nominalistes.

■ ▥ 56. [Herbert Spencer, *First Principles,* London, Williams and Norgate, 1863.]

LES INTROUVABLES
DES CAHIERS

SUR LA LOGIQUE DES STOÏCIENS [1]

Octave Hamelin

L'article publié sous ce titre par M. Brochard, dans l'*Archiv* de Stein en 1892 (Band V, Heft 4), a fait ressortir, pour la première fois à notre connaissance, le caractère original de la Logique stoïcienne. Nous voudrions greffer sur la doctrine de M. Brochard une hérésie. Nous admettons avec lui, en effet, que les Stoïciens, au moins en thèse générale, et en dépit de beaucoup d'emprunts de détail, ne sont pas des continuateurs de la logique d'Aristote, ou, en d'autres termes, qu'ils abandonnent l'idée de l'essence telle que l'avaient faite les deux grandes écoles socratiques ; mais nous croyons que, moins empiristes qu'on ne le dit, ils la remplacent par l'idée de conséquence plutôt que par celle de loi, de sorte qu'il faudrait les rapprocher de Spinoza et de Taine, plus encore que de Stuart Mill.

« La proposition par excellence aux yeux des Stoïciens, dit M. Brochard [2], est le συνημμένον ». Établissons à notre manière ce premier point dont dépend tout le reste. Tous les animaux et les plantes même possèdent, suivant les Stoïciens, un principe dirigeant auquel il faut rapporter l'habileté que tout vivant déploie pour conserver et développer sa vie. Mais tandis que l'habileté de l'animal est naturelle, c'est-à-dire innée et instinctive, celle de l'homme est rationnelle, ou si l'on aime mieux, raisonnée [3]. Qu'est-ce à dire ? Tandis que l'animal s'en tient à ce qu'il voit et touche présentement sans chercher si et comment le fait qui l'absorbe se rattache à d'autres, l'homme ne se borne pas au fait présent, mais, par [14] des comparaisons entre les faits, découvre qu'ils s'enchaînent, qu'ils se précèdent naturellement les uns les autres ; en un mot, l'homme a le sentiment de la liaison logique ou de la conséquence et la formule de la raison est précisément celle-ci : « Si telle chose est, telle autre est ». C'est-à-dire encore que, pour parler comme Plutarque, la conjonction « si » est le lien logique par excellence et que la proposition conditionnelle est l'expression de la raison [4]. Il suit de là que la raison, qui était avant tout intuitive chez Platon et Aristote, est, chez les Stoïciens, discursive exclusivement. Si l'homme peut, ainsi qu'il est dit dans Cicéron, voir la vie comme un tout, cela signifie qu'il voit la suite et la liaison des différentes phases de la vie,

■ 1. 1ʳᵉ édition O. Hamelin, « Sur la logique des stoïciens », *L'Année philosophique*, 1901, p. 13-26.
■ 2. p. 452.
■ 3. Cicéron, *Nat. D.*, II, § 29 ; Chalcidius, Mullach, *Frag. philos.*, II, p. 227 ; Sénèque, *Lettre* 121 § 23 ; *Cf.* Zeller, 3ᵉ édit., IVᵉ part., 1re division, p. 193, n. 1.
■ 4. Cicéron *De off.*, I, § 11 ; *id.*, *De Fin.*, II, § 45 ; *id.*, *Nat. D.* II, § 147 ; Sextus, *Math.*, VIII, 275 ; Plutarque, *De El apud Delphos*, 6.

sans que ces phases cessent d'être une diversité. Il ne s'agit plus de toucher ou de ne pas toucher une nature simple [5], mais de suivre un enchaînement. Et c'est pourquoi, remarquons-le, les Stoïciens peuvent parler sans crainte d'un progrès de la raison : il est naturel qu'une faculté qui consiste à relier une pluralité de termes n'atteigne pas tout d'un coup la perfection et la pleine possession d'elle-même. À vrai dire, elle n'acquiert de forces qu'en marchant et chacun de ses pas est marqué par une proposition conditionnelle [6].

Mais puisque, dans une telle manière de l'entendre, la raison est déjà du raisonnement, et que les Stoïciens ont développé avec abondance la théorie du raisonnement, c'est là que nous verrons se manifester toute l'importance de la proposition conditionnelle. De fait, leur syllogistique doit son caractère propre à l'emploi du συνημμένον ; la seule chose un peu délicate est de comprendre comment. On sait, qu'ils ont rejeté le syllogisme ordinaire au profit des syllogismes disjonctifs, copulatif et hypothétiques formant ensemble cinq modes irréductibles ou indémontrables de raisonner, dont les deux principaux sont pourtant les deux modes du syllogisme hypothétique, auxquels, malgré les réserves des Stoïciens, les trois autres se ramènent dans tout ce qu'ils ont d'essentiel [7]. Qu'a donc de particulier le syllogisme [15] hypothétique envisagé principalement dans son mode direct, le *modus ponens ?* Un syllogisme catégorique, pris au point de vue de la compréhension et dans son mode le plus naturel, a pour office d'opérer, en donnant la raison nécessaire de l'opération, le *transport* d'un attribut du *moyen* au sujet de la *conclusion :* la prémisse : *Socrate est homme* devient : *Socrate est mortel.* De son côté, le syllogisme hypothétique, parce que deux propositions s'y trouvent identiques (au moins quant à leur sujet et à leur verbe), comme le moyen du syllogisme catégorique, substitue à l'une de ces propositions la conséquence qui était primitivement attachée et substituable à l'autre ; les prémisses étaient : *Il fait jour, S'il fait jour, il fait clair ;* la conclusion est : *Il fait clair.* Au jour réel on substitue effectivement la conséquence qui était, en vertu de sa nature de jour, attachée et substituable à ce même terme de jour. Or, si c'est bien ainsi que l'un et l'autre procèdent, il n'y a point de différence radicale entre le syllogisme catégorique et le syllogisme hypothétique. Ils se fondent l'un comme l'autre sur la présence d'un élément identique dans les deux prémisses pour effectuer le remplacement d'un terme par un autre terme ou d'une proposition par une autre proposition. Cet élément identique est, ici comme là, le nerf du syllogisme. Par conséquent, ce n'est point dans la constitution même de l'opération déductive que les Stoïciens innovent et quand Sextus accuse de pléonasme le syllogisme hypothétique, prétendant le réduire à cette seule proposition : *il fait jour, donc il fait clair,* c'est qu'il vise en réalité toute espèce de syllogisme pour en contester au point de vue empiriste la possibilité [8]. Il n'entend pas, ou dans tous les cas on ne doit pas entendre, que la véritable

■ 5. Aristote, *Méta.* Θ 10, 1051 b 23 ; *Cf.* Z 17, 1041 b 9.
■ 6. Cicéron *De Fin.,* IV, § 35 ; *id., Tusc.,* V, § 39 ; *id., De Fin.,* III, § 22 : *id., Acad.,* I, § 20 ; Sén., *Lettre* 90, § 44 et 45.
■ 7. Brochard, p. 454 et Sextus *Pyrrh.,* II, 156 ; *cf.,* Zeller, p. 111 et Lachelier *Rev. philos.,* I, [« Étude sur la théorie du syllogisme », *Revue philosophique de la France et de l'étranger,* n° 1, 1876] p. 485.
■ 8. Sextus *Pyrrh.,* II, 159 ; *Cf.* Brochard, p. 462. Le λῆμμα [la majeure] ne constitue pas à vrai dire, une proposition *générale,* mais une proposition portant sur *le possible.* Une telle sorte de proposition dépasse l'expérience sans impliquer pour cela un retour à la doctrine des universaux.

inférence syllogistique consiste dans la liaison du λῆγον à l'ἡγούμενον [9]. Car, encore une fois, pour faire un syllogisme il faut deux prémisses et un élément identique de l'une à l'autre. Ce qui est vrai, c'est que le remplacement opéré grâce à cet élément identique tire son sens de celui que présentent les rapports posés par les prémisses ou au moins par l'une d'elles. La conclusion d'un syllogisme catégorique affirme l'existence d'un rapport de matière à forme, [16] parce que ce sont deux rapports de cette espèce qui étaient donnés dans les prémisses et que le transport subi par l'attribut ne modifie pas la nature du lien qui l'attachait à son sujet et qui l'attache maintenant à son sujet nouveau. La conclusion d'un syllogisme hypothétique énonce l'existence d'une conséquence parce que la prémisse conditionnelle de ce syllogisme (la seule qui contînt un rapport entre la chose à conclure et les données) posait précisément une relation de conséquence à condition. Ici donc seulement se manifeste l'originalité de la syllogistique stoïcienne et elle consiste tout entière à prendre pour prémisse capitale une proposition conditionnelle au lieu d'une proposition catégorique et, par suite, à obtenir des conclusions appropriées à la nature de cette prémisse. Et cette manière de voir se confirme, semble-t-il, par le peu que nous savons des motifs qui ont fait rejeter aux Stoïciens les syllogismes catégoriques. On nous dit que ces syllogismes leur paraissaient, d'une manière générale, pécher par un défaut dont ils trouvaient le type dans l'exemple suivant : A = B ; B = C ; A = C. Il manquait à ce raisonnement, suivant eux, la prémisse : *Deux choses égales à une même troisième sont égales entre elles* [10]. Or cette prémisse énonce un rapport de condition à conséquence et ne diffère que par le langage des propositions conditionnelles. Ce qui leur faisait préférer le syllogisme hypothétique, c'était donc bien que la prémisse principale y exprimait, et y exprimait adéquatement, le seul rapport de dépendance qui leur parût clair. Mais puisque, sans rien changer au mécanisme par lequel elle est obtenue, la conclusion du syllogisme prend un sens nouveau quand le rapport des données est nouveau lui-même, on voit que l'introduction d'une proposition conditionnelle parmi les prémisses suffisait, bien que ce fût là leur innovation unique, à communiquer une physionomie toute particulière au raisonnement déductif chez les Stoïciens. Il faut ajouter maintenant que leur théorie de la démonstration achève de subordonner le raisonnement à la proposition conditionnelle. Tout raisonnement, disent-ils, n'est pas une démonstration. Il y a des raisonnements qui sont corrects quant à la forme, bien que les prémisses et parfois la conclusion prises en elles-mêmes soient fausses : le nom qui leur convient est celui de [17] *concluants* (συνακτικοί). D'autres ne sont pas seulement concluants, mais toutes les propositions qu'ils renferment sont en elles-mêmes des vérités ; on doit appeler ceux-ci des raisonnements vrais (ἀληθεῖς). En montant d'un degré, on trouve des raisonnements, qui, à la fois concluants et vrais, atteignent par leur conclusion quelque chose de caché, quelque chose qu'on ne perçoit plus présentement, ou même qui n'est pas en soi susceptible d'être perçu. Ils ont évidemment une tout autre importance que des raisonnements concluants

■ 9. [de l'antécédent au conséquent.]
■ 10. Zeller, p. 109-110 et dans la note 2 de cette dernière page. Voy. le passage d'Alexandre, *Premiers Anal.*, 116 b.

et vrais qui n'étendent point notre connaissance, comme est celui-ci par exemple, qu'on suppose prononcé pendant le jour : *S'il fait jour il fait clair, or il fait jour, etc.* Enfin, parmi les raisonnements qui atteignent les choses cachées, il faut encore introduire une distinction. Ceux qui ne se fondent que sur la croyance et la mémoire ne font que nous conduire (on pourrait dire : aveuglément) à une vérité cachée. Tel serait le suivant : *Si un Dieu a dit que cet homme s'enrichira, cet homme s'enrichira ; Or un dieu t'a dit* etc. Au contraire les raisonnements qui nous révèlent une vérité cachée, qui nous la font apercevoir en pleine lumière, ceux-là sont des démonstrations. Et voici des exemples caractéristiques. *Si la sueur s'écoule à la surface du corps, il y a dans la chair des pores imperceptibles ; Or etc.* ; *S'il y a du mouvement* (dit un Épicurien*), il y a du vide, Or etc.* Ainsi l'office de la démonstration est de nous faire passer de ce qui est manifeste à ce qui ne l'est pas, en employant le manifeste lui-même à nous découvrir l'imperceptible. Mais le manifeste révélant l'imperceptible, c'est ce que de tout temps on a appelé un *signe*. Aussi les Stoïciens disent-ils que la démonstration rentre dans le genre des signes et plus précisément que, dans la démonstration, l'ensemble constitué par les deux prémisses est le signe de la chose cachée qu'énonce la conclusion [11]. Comment cela ? En thèse générale, le signe, la chose signifiée et leur rapport s'expriment par la formule que nous connaissons déjà pour l'expression de la raison : *Si telle chose est, telle autre est ;* et la définition du signe en lui-même est celle-ci : l'antécédent qui, dans une proposition conditionnelle vraie, révèle le conséquent [12]. D'autre part, nous savons que le syllogisme hypothétique ne fait que [18] transposer du possible au réel la conséquence, c'est-à-dire quand il s'agit d'une démonstration, la chose signifiée dont on doit prouver l'existence. C'est donc dans la prémisse conditionnelle que résident proprement le signe, la chose signifiée et leur rapport et, par là seulement, la démonstration dans son ensemble devient à son tour un signe. Ainsi, de toutes façons, c'est la proposition conditionnelle qui fait à elle seule la nouveauté du raisonnement tel que le conçoivent les Stoïciens, comme elle faisait déjà pour eux toute l'essence de la raison.

Quel est donc le sens profond de la proposition conditionnelle ou, en d'autres termes, quelle est la nature du lien qui rattache en elle le conséquent à l'antécédent ? Ce lien, dit M. Brochard, est une loi. Nous accordons quant à nous, que ce n'est pas un rapport de forme à matière ; mais est-ce exactement une loi ? Il ne peut s'agir, bien entendu, d'une pure et simple conjonction constante et c'est là d'ailleurs une hypothèse qu'il n'y a pas lieu de discuter, puisque M. Brochard prend le mot de loi dans l'acception de rapport nécessaire [13]. Mais qu'est-ce qu'une loi, même dans l'acception de rapport nécessaire ? L'idée de loi est corrélative de celle de fait. Or un fait, à la différence d'un être ou d'une essence, c'est une donnée plus ou moins complexe qu'on circonscrit du dehors, dont on ignore l'économie interne, à quoi par conséquent on n'applique

11. Sextus, *Math*, VII, 411 ; *id. ibid.*, 310 ; *id. ibid.*, 307 ; *id, ibid.*, 277.
12. *Id. ibid.*, 275 ; *id.*, *Pyrrh.* II, 104.
13. p. 461.

point de définition véritable, puisqu'une vraie définition suppose et exprime une unité organique. À leur tour les rapports nécessaires qu'on établit entre faits par le moyen de l'induction sont aussi impénétrables que leurs termes : on prouve que deux faits se déterminent l'un l'autre en faisant voir que la supposition d'une telle relation entre eux satisfait à toutes les données de l'observation et de l'expérience ; mais la relation n'est pas saisie directement et on n'aperçoit en aucune manière comment et pour quelle raison les deux faits s'influencent. Telle est du moins l'idée de fonction, c'est-à-dire de loi prise sous son aspect le plus caractéristique en pleine opposition à l'idée de liaison essentielle. Est-ce sur ce type que les Stoïciens conçoivent le rapport de l'antécédent et du conséquent dans la proposition conditionnelle ? Une proposition de cette espèce est vraie disent-ils quand les deux [19] parties sont reliées soit par la συνάρτησις soit par l'ἔμφασις ; quand l'opposé du conséquent est en contradiction avec l'antécédent, c'est-à-dire, pour employer la formule familière aux modernes, quand le conséquent ne peut être, sans contradiction, nié de l'antécédent. Le lien des deux moments est, au contraire, l'ἔμφασις lorsque le conséquent est virtuellement contenu dans l'antécédent et, de fait, le mot d'ἔμφασις signifie une expression qui donne à entendre plus qu'elle ne semble dire [14]. Ce langage n'est pas obscur et il n'y a qu'une façon de le comprendre : l'ἀκολουθία stoïcienne c'est la *conséquence* dans toute la force du terme, l'antécédent et le conséquent du συνημμένον sont rivés l'un à l'autre par une identité expresse ou implicite. Dans la proposition conditionnelle : Si un homme est blessé au cœur, il mourra, « la blessure au cœur dit excellemment M. Brochard lui-même [15] implique la mort à peu près comme le triangle implique l'égalité des trois angles à deux droits. »

Mais M. Brochard n'en pense pas moins que, hors le cas où les deux membres sont formellement identiques l'un à l'autre, les Stoïciens fondent en dernière analyse la proposition conditionnelle sur l'expérience. « Un συνημμένον est vrai, dit-il quand le conséquent est implicitement contenu dans l'antécédent. Et nous savons qu'il y est implicitement contenu soit lorsqu'il lui est identique, soit lorsque l'expérience, et surtout l'expérience accumulée des θεωρήματα, nous l'a appris » [16]. Voyons donc si le θεώρημα[17] s'appuie effectivement sur l'expérience. S'appuierait-il sur elle en ce sens que, pour tirer le conséquent de l'antécédent par analyse, il faut d'abord posséder la notion de l'antécédent, laquelle ne peut être constituée qu'empiriquement ? Peut-être : seulement la question recule, elle porte sur la constitution de la notion, elle ne porte plus sur la nature du lien qui rattache le conséquent à l'antécédent. Or c'est sur la nature de ce lien que nous nous interrogeons et que nous devons sans doute nous interroger exclusivement si nous ne voulons pas sortir de la logique ; ou bien encore la notion elle-même pourrait être un agrégat de déterminations liées par des rapports logiques. Est-ce donc que le lien est au fond une consécution ? Sans doute, les Stoïciens donnent parfois

---

14. Sextus, *Pyrrh.*, II, 111 ; *Cf.* Brochard, p. 458 et Plut. *De εἰ ap. Delph.* 6. – Sur le sens du mot ἔμφασις voy. la note de Fabricius (*Pyrrh.*, II, 112) [Fabricius Johann Albert (éd.), *Sexti Empirici opera : graece et latine*, Lipsiae, sumptu librariae Kuehnianae, 1840].

15. p. 459.

16. p. 460.

17. [« le principe, la règle générale »]

de l'art ou de la science une définition dont [20] le caractère empirique semble assez marqué. Un art, disent-ils, est un système de compréhensions qu'on s'est exercé à penser ensemble [18]. Cependant, leurs définitions les plus usuelles sont animées d'un autre esprit : ils y appuient sur le fait que la science résiste à la critique de la raison. Ils opposent couramment l'art à la nature comme le raisonné à l'instinctif [19] et enfin nous trouvons dans Cicéron [20] une sorte de contre-partie de la définition empiriste que nous venons de rapporter. Ici, il n'est plus question d'une liaison habituelle de perceptions, mais au contraire d'un rapprochement et d'une comparaison qu'on établit entre elles, par conséquent d'un effort de la pensée pour lier les compréhensions par un rapport de convenance logique. Peut-être bien, la conjonction empirique ne fait-elle que servir de base à l'opération rationnelle qui, dès lors, constituerait à elle seule le savoir. Au reste, les Stoïciens nous disent expressément que le θεώρημα consiste dans la révélation d'une chose cachée par un signe [21] ; ce qui équivaut pour eux précisément à nier qu'il soit de l'expérience accumulée. Pour eux, en effet, le signe est essentiellement, non pas ce que Sextus appelle le signe commémoratif, c'est-à-dire un phénomène qui, grâce à l'habitude de les percevoir ensemble, nous suggère l'idée qu'un autre phénomène existe avec lui, auquel sens la fumée est le signe du feu ; le signe est ce qui, dans la langue de Sextus, se nomme signe révélateur. Peu importe que cette distinction soit tardive : car tout ce qu'on peut conclure de là, ce n'est pas comme le voudrait M. Brochard [22], que les Stoïciens, s'ils l'avaient connue plutôt se seraient rendu compte du rôle de l'expérience dans l'établissement du rapport entre le signe et la chose signifiée, c'est seulement qu'ils n'ont pu rejeter d'une façon expresse les signes commémoratifs comme ne méritant pas le nom de signes. Le langage de Sextus ne laisse là-dessus aucun doute, puisque, d'une part, il a soin de nous dire que le signe, lorsqu'on exclut l'acception relâchée ou vulgaire du mot pour s'en tenir à l'acception propre, c'est toujours le signe révélateur [23] et que, d'autre part, la définition [21] qu'il donne du signe révélateur est littéralement identique à celle que les Stoïciens présentent, suivant lui, du signe tout court [24]. Rien ne paraît même plus étranger à la logique stoïcienne que l'idée de consécution ; à tel point que Sextus oppose en propres termes à la conséquence telle que cette logique l'entendait, c'est-à-dire à la conséquence rationnelle, une certaine ἀκολουθία τηρητική toute mnémonique [25]. Mais, dit M. Brochard [26] « il serait absurde de supposer que l'expérience ne soit pour rien dans la connaissance des signes. » Il semble bien cependant que telle est la pensée des Stoïciens, sauf une très légère réserve : peut-être, en effet, auraient-ils accordé volontiers que l'expérience facilite le travail de la raison en lui présentant tout dégagé

18. Sextus, *Pyrrh* III, 188 et ailleurs ; Denys de Thrace (dans la note de Fabricius sur le passage cité de Sextus).
19. Stobée, *Ecl. Eth.*, 128 ; Diogène, VII, 47 ; *Cf.* Cicéron Acad. I, § 41.
20. *Nat. D.* II, § 148.
21. Sext, *Math.*, VIII, 280.
22. p. 459.
23. *Math.* VIII, 143.
24. *Pyrrh.*, II, 101, 104 ; Cf. *Math.*, VII, 245.
25. *Math.*, VIII, 288. On voit par les sections 289 et 275 que Sextus vise bien les Stoïciens.
26. p. 461.

le conséquent qu'elle aurait pu, par ses propres lumières bien qu'avec plus de peine, apercevoir dans l'antécédent. La difficulté de passer de l'empirique au rationnel n'existait pas pour eux, parce que l'expérience n'était en aucune mesure, dans leur doctrine, le fondement du rapport entre l'antécédent et le conséquent. « Ils savaient ou croyaient savoir en vertu de leur métaphysique, que les lois de la nature sont immuables et nécessaires parce qu'elles sont l'œuvre de la manifestation d'une raison souveraine et parfaite. Connaître ces lois telles que l'expérience nous les révèle, c'était les connaître telles qu'elles sont, c'est-à-dire nécessaires. En les apercevant, notre raison se retrouve elle-même dans la raison universelle, si bien que les données des sens ne sont en quelque sorte que l'occasion à propos de laquelle elle s'exerce. »[27] Ces formules de M. Brochard nous paraîtraient la vérité même si l'on retranchait la restriction du début. Les Stoïciens n'avaient pas à recourir à leur métaphysique pour retrouver sous l'expérience la rationalité des lois de la nature, ou plutôt logique et métaphysique ne faisaient qu'un pour eux, encore qu'ils n'admissent pas une intuition des essences au sens de Platon et d'Aristote. Ils savaient que les lois étaient nécessaires parce qu'elles portaient en elles-mêmes, étant analytiques, la raison *a priori* de leur nécessité. N'admettant pas que les faits fussent sans lien ils n'étaient pas exposés comme les sceptiques et comme Hume à se contenter, [22] pour les lier, d'un fantôme subjectif de nécessité et, n'admettant pas davantage qu'il y eut objectivement entre les faits des rapports nécessaires mais synthétiques et mystérieux, ils n'avaient pas non plus à se demander comment on passe de la conjonction observée à la loi que proclame la raison, c'est-à-dire qu'ils n'avaient pas à se poser le problème de l'induction. Selon M. Brochard cependant[28] la relation du signe à la chose signifiée serait une loi inductive et le problème de la séméiologie stoïcienne ne serait qu'un autre nom du problème de l'induction. Mais s'il est certain que l'esprit de leur système se fût mieux accommodé de lois induites que de simples consécutions, on doit convenir d'autre part que, dans le cas où les Stoïciens auraient fait jouer à l'induction un si grand rôle, la faute eût été grave de l'étudier aussi peu qu'ils l'ont fait. M. Brochard ne signale guère que deux tentatives qu'ils auraient essayées pour se rendre compte du mécanisme de la preuve inductive. Ils se seraient avisés d'une idée très profonde qui fait toute la base de la méthode expérimentale moderne, savoir qu'une assertion qui n'est d'abord qu'une hypothèse devient certaine et se trouve prouvée lorsque les conséquences qu'on en déduit sont vraies. Le passage de Sextus exprime en effet très nettement cette idée[29]. Mais M. Brochard avoue qu'il faut voir là plutôt une rencontre heureuse qu'une théorie adoptée en pleine connaissance de cause et que ce n'était peut-être qu'un expédient de quelques Stoïciens isolés[30]. Nous croyons, quant à nous, qu'on n'est même nullement assuré que le passage en question se rapporte à des membres de l'école stoïcienne[31]. Il paraît mieux établi que quelques-uns

■ 27. p. 464
■ 28. p. 460.
■ 29. *Math.*, VII, 375.
■ 30. p. 463-464.
■ 31. Voy. *Math.*, VIII, 374, 352.

d'entre eux ont, comme les Épicuriens, bien qu'en un sens un peu différent, parlé d'une méthode de preuve inductive qu'ils appelaient ἀνασκευή [32]. Le principe en était que « entre le signe et la chose signifiée le lien est si étroit que si la seconde disparaît la première s'évanouit aussitôt » [33] de telle sorte, par exemple, que, si l'on supprime le vide pour le remplacer par le plein comme le voulait la physique stoïcienne, un Épicurien devait dire que le mouvement, signe du vide, était condamné à disparaître du même coup : [23] ce qui, à ses yeux, renversait l'hypothèse du plein et confirmait celle du vide. Mais des deux textes de Sextus que M. Brochard allègue pour attribuer aux Stoïciens l'ἀνασκευή [34] le premier ne peut rien prouver parce que le mot essentiel n'y comporte, si nous ne nous trompons, aucun sens technique ; le second, parce qu'il se rapporte aux seuls Épicuriens, premiers inventeurs de la méthode en question : les Stoïciens ne sont nommés qu'à propos de l'hypothèse du plein prise pour exemple. Reste il est vrai un texte de Philodème qui semble probant [35]. Seulement ce témoignage ne peut guère s'appliquer qu'à des Stoïciens récents qui auraient emprunté à leurs rivaux, sauf à la modifier, l'idée de l'ἀνασκευή [36]. Cette idée n'a donc dû jouer qu'un rôle secondaire dans la logique stoïcienne. D'une manière générale, il ne faut pas chercher une théorie de l'induction chez les Stoïciens, car ils n'avaient pas besoin d'en avoir une. On dira qu'ils auraient pu admettre à la fois, et que les propositions conditionnelles sont toutes analytiques en elles-mêmes et que, n'ayant pas d'intuition de l'antécédent, nous sommes réduits à prendre ces propositions par le dehors tout autant que si le rapport des deux membres y était, non pas en fait seulement, mais en droit, impénétrable pour la raison. Mais pour voir combien peu cette allégation serait justifiée et que ce n'est pas en un tel sens que les Stoïciens ont rejeté l'intuition des essences, il suffit de nous reporter à la théorie des signes. C'est par la constitution même de sa nature, nous disent-ils, que le signe nous révèle la chose signifiée [37] et ils ajoutent, dans une formule plus expressive encore, que le signe prend, pour ainsi dire, la parole afin de nous faire connaître ce dont il est le signe [38]. Quel mystère pourrait subsister, même pour nous, dans le rapport des deux termes quand l'antécédent nous crie le conséquent et comment y aurait-il lieu à induire ? Tout au plus pourrait-on dire que l'analogie vient ici en aide à la perception directe, les pores de la peau, par exemple, étant à la sueur ce que sont les fissures d'une roche à l'eau qu'elles laissent passer, ou l'âme étant aux mouvements du corps ce qu'étaient les rameurs à ceux de la trirème.

Au reste, quand les Stoïciens admettraient dans la connaissance, ou plutôt au-dessous de la connaissance, une phase inductive, elle ne serait jamais que préparatoire. Leur empirisme psychologique ne tire pas à conséquence, et s'il est vrai que leur doctrine des quasi universaux constitués par les images composites est sans portée, parce qu'elle appartient exclusivement à

32. [l'élimination]
33. Brochard, p. 461.
34. *Math.*, VI, 4 et VII, 214.
35. Brochard, p. 463.
36. *Cf.* Brochard, p. 461.
37. Sext., *Pyrrh.* II, 101 ; Cf. *Math*, VII, 201.
38. *Math.* VIII, 154.

la psychologie il l'est aussi, en revanche, que la genèse purement sensualiste des idées, qu'ils ont adoptée comme psychologues, n'influe en rien sur leur théorie de la connaissance. Cette séparation des deux domaines comme par une cloison étanche est-elle le fait de penseurs très logiques ? Il n'importe. Taine a donné le même exemple. Pour faire suite à leur empirisme psychologique, les Stoïciens auraient pu accepter comme lui une logique inductive analogue à celle de Stuart Mill : mais, pas plus que Taine, ils n'auraient demandé à cette soi-disant logique le secret de la liaison des choses. L'indication d'une liaison voilà tout ce qu'ils eu auraient attendu. Puis, au lieu de se payer de l'idée de loi telle que la comprend Mill ou même Kant, ils auraient fait subir à la donnée expérimentale une série de traductions qui la ramenât à l'identité.

Lorsque l'interlocuteur demande au porte-parole de Taine dans l'*Histoire de la Littérature anglaise* [39] ce qu'il veut emprunter aux philosophes Allemands pour compléter et transformer la doctrine de Stuart Mill : « Leur théorie de la cause » répond-il. Par où il faut entendre, comme on sait, la théorie analytique. Effectivement, c'est bien à la conception qu'un penseur se fait de la liaison causale qu'il faut toujours se reporter pour savoir si l'on a ou non affaire, en fin de compte, à un logicien empiriste. À un logicien, ou à un métaphysicien ? dira-t-on. Peut-être la distinction, une distinction de nature, suppose-t-elle déjà l'empirisme en matière de théorie de la connaissance et, en ne la faisant pas, les Stoïciens se sont montrés mieux inspirés que quand ils ont si complètement isolé la psychologie de la logique. Quoi qu'il en soit, que disent-ils sur la nature de la liaison causale ? Leur langage est explicite nous le verrons tout à l'heure : ils professent la théorie analytique. Mais ce n'est pas tout et il y a lieu de remarquer d'abord que, par leur manière de concevoir les causes, ils rétablissent, bien qu'en un sens nouveau, une intuition des essences. La cause est pour eux une activité finale, une raison séminale. Or la raison séminale, qui contient d'avance [25] et concentre tous les traits de l'individu, n'est-elle pas l'essence de l'individu et à peu près cela même que les Alexandrins appelleront l'idée de l'individu ? Il y a plusieurs sortes de nominalistes. Nier les universaux ce n'est pas nier toute *idée* ou essence ; à preuve l'*essentia particularis affirmativa* de Spinoza. Les Stoïciens sont nominalistes comme lui.

Laissons de côté cependant le caractère téléologique de la cause chez les Stoïciens et par conséquent son caractère de Tout, de Forme, d'Essence. Considérons leur doctrine de la causalité sous son aspect le plus opposé possible à la manière de penser des grands Socratiques, remettons en lumière leur effort pour substituer l'idée de loi à celle d'essence. Il n'en restera pas moins que, en vertu de leur conception de la causalité, la loi n'est pas pour eux ce qu'elle est dans l'empirisme ou dans le Kantisme. Ils ont certainement déplacé le centre de gravité de la spéculation. On se rappelle quelle importance avait, avant le stoïcisme, le problème du jugement ou en termes plus proprement antiques, le problème de l'attribution ; le rapport du prédicat au sujet voilà sur quoi portaient en dernière analyse, la théorie de la communication des genres dans Platon, la théorie de l'identité de la matière la plus haute et de

■ 39. [Hippolyte Taine, *Histoire de la littérature anglaise*, Paris, Hachette, 1863-1864, 4 vol.]

la forme dans Aristote, les négations entêtées et subtiles d'Antisthène et de Stilpon. Or, après les Stoïciens le problème de l'attribution disparaît et c'est sur le problème de la causalité que les sceptiques s'exercent. C'est que, panthéistes comme ils l'étaient, les Stoïciens ont renoncé à l'originalité et à l'inductibilité absolues des essences individuelles. La connaissance porte sur le singulier ; mais le singulier, c'est d'abord la nature totale, c'est ensuite, au sein de cette nature, la liaison de chaque fait à tous les autres. (Et c'est pourquoi la raison chez les Stoïciens reste toujours discursive : ce qu'on *voit* dans l'intuition, qui n'est qu'une discussion résumée, c'est moins un terme que le passage d'un terme à un autre.) Si l'on voulait comprendre un jugement dont le sujet eût un tout empirique ou même un individu, c'est-à-dire ce qu'il y a de plus isolé en soi dans son unité, il faudrait le ramener à la causalité. « *Philoctète gémit dans l'île de Lemnos* ». Le vrai sujet de ce jugement, ce serait le groupe de faits qui constitue Philoctète, en y ajoutant la morsure du serpent, la blessure, l'abandon [40]. Le prédicat est l'effet, et, à [26] ce titre, il est parfaitement explicable. Il l'est dans le sens le plus frappant et le plus manifeste. Car nous voici enfin en face de la liaison causale et de la conception que s'en fait le Stoïcisme. Le secret de ce secret de toutes choses (les Stoïciens, grands promoteurs du déterminisme causal, y soumettant tout, beaucoup plus rigoureusement que Platon et Aristote [41]), tient en peu de mots : l'effet est contenu dans la cause, il s'y préexiste identiquement. Et l'image employée pour le faire comprendre est toujours la même. C'est celle d'un germe qui se développe, ce développement étant compris beaucoup plutôt, dans le sens de la théorie de la préformation que dans celui de la théorie de l'épigénèse [42]. Spinoza et Taine n'ont pas dit autre chose.

Tant en métaphysique qu'en logique, les deux choses d'ailleurs n'en faisant qu'une au fond, les Stoïciens sont des partisans rigoureux de la doctrine analytique. C'est tout au plus s'ils auraient pu, croyons-nous, retrouver une faible partie de leur pensée dans le *Système de logique*. En lisant au contraire l'*Éthique* ou l'*Intelligence* [43] ils auraient cru reconnaître un livre de leur École.

40. Stobée, *Ecl. phys.*p. 336 et 338 : la cause, c'est un corps, l'effet est l'*attribut*.

41. Alex., *De Fato* 22 ; Zeller, 162, n. 4, 164, 3.

42. Cicéron *De Div.*, I, 128, *non est igitur ut mirandum sit ea praesentiri a divinantibusquæ nusquam sint. Sunt enim omnia, sed tempore absunt. Atque ut in seminibus vis inest earum rerum quae ex iis progignuntur, sic in causis conditae sunt res futurae.* [« il ne faut donc pas s'étonner si les devins présagent ce qui n'existe nulle part ; tout existe bien, mais à un point éloigné du temps. Et de même que dans les semences résident en puissance les choses qui en naissent, de même dans les causes sont cachés les événements futurs » trad. J. Kany-Turpin, Cicéron, *De la divination*, GF Flammarion, 2004.] – Sénèque, *Quaest Nat.*, III, 29, 2. *Sive anima [lis. animal] est mundus, sive corpus natura gubernabile, ut arbores et sata, ab initio ejus usque ad exitum quicquid facere, quicquid pati debeat inclusum est. Ut in semine omnis futuri hominis ratio comprehensa est et legem barbae canorum que nondum natus infans habet, totius enim corporis et sequentis actus in parvo occultoque lineamenta sunt : sic origo mundi non minus solem et lunam et vices siderum et animalium ortus quam quibus mutarentur terrena continuit.* [« Que le monde soit une âme, ou un corps gouverné par la nature, comme les arbres et les moissons, il comprend tout ce qu'il doit faire et tout ce qu'il doit subir, du début à la fin. De même que le relevé entier de l'existence de l'homme à venir est compris dans la semence, et l'enfant qui n'est pas encore né porte en lui la loi qui fera sa barbe et ses cheveux blancs, parce que les traits de son corps tout entier et de ses actions successives sont comprises dans une petite chose invisible, de la même façon le monde dès l'origine contient le soleil, la lune, les révolutions des astres, la naissance des animaux, pas moins que les causes des changements qui affectent les choses terrestres. »]

43. [Hippolyte Taine, *De l'intelligence*, Paris, Hachette, 1870.]

LES INTROUVABLES DES CAHIERS

LA LOGIQUE DES STOÏCIENS (DEUXIÈME ÉTUDE) [1]

Victor Brochard

D ans une étude intitulée *La Logique des stoïciens*, publiée en 1892 dans l'*Archiv für Geschichte der Philosophie* [2], j'ai essayé de déterminer les caractères distinctifs de la logique stoïcienne et d'en montrer le véritable sens et la portée. Les stoïciens sont ouvertement nominalistes. Comme l'avait déjà dit Antisthène, les individus seuls existent. Il n'y a aucune place dans toute leur philosophie pour le concept, pour les genres et les espèces qui sont des choses intemporelles, c'est- à-dire non réelles.

Dès lors on doit s'attendre à ce que leur logique, s'ils en ont une, soit nettement différente de celle d'Aristote, fondée toute entière sur la considération des genres et des espèces. C'est, en effet, ce qui arrive, et dès qu'on prend la peine d'examiner attentivement les documents relatifs à cette question que l'antiquité nous a laissés ; on s'aperçoit que les historiens de la philosophie ou de la logique se sont trompés quand ils n'avaient vu dans la logique stoïcienne qu'une reproduction affaiblie de celle d'Aristote.

Ce n'est pas la logique de *l'Organum*, c'est une tout autre logique fondée sur un principe différent et animée d'un tout [240] autre esprit, quoique tout aussi rigoureuse ou, comme il dit, apodictique, que Chrysippe a prétendu constituer.

La théorie de la définition, celle du jugement, la préférence accordée aux syllogismes hypothétiques et disjonctifs, la forme de ces raisonnements, leur réduction à cinq types principaux, sans qu'il puisse être jamais question de figures, enfin la théorie des signes indicatifs, tels sont les principaux arguments qui prouvent l'irréductibilité de la logique stoïcienne à la logique aristotélique. L'idée de la loi est substituée à l'idée d'essence, la logique tout entière est fondée sur l'idée de séquence nécessaire. Une telle conception, surtout dans un système sensualiste, implique de toute évidence un fréquent recours à l'expérience. C'est pour cette raison et quelques autres encore que j'avais cru pouvoir rapprocher la logique des stoïciens de celle de Stuart Mill.

M. O. Hamelin, dans un article publié dans l'*Année philosophique* (dirigée par F. Pillon, douzième année, 1901 ; Paris, 1902), a repris la question à son

CAHIERS PHILOSOPHIQUES ▶ n° 151 / 4ᵉ trimestre 2017

■ 1. [1ʳᵉ éd. *in* V. Brochard, *Études de philosophie ancienne et moderne*, Paris, Librairie Félix Alcan, 1912, p. 239-251.]
■ 2. *Cf.* l'étude précédente. [Dans les *Études de philosophie ancienne et moderne* (Félix Alcan, 1912), p. 239-251, l'article de l'*Archiv* est repris aux pages 221-23 sous le titre « La logique des stoïciens (première étude) ».]

point de vue, et a soutenu une interprétation de la logique stoïcienne différente de celle que j'en avais proposée.

M. Hamelin ne conteste pas le nominalisme des stoïciens ; il reconnaît qu'ils ont substitué l'idée de la loi à celle d'essence, et il accorde, ce qui était après tout l'objet principal de notre travail, que, dans sa forme extérieure, dans son expression, telle que la fournit la théorie du jugement et du raisonnement, la logique stoïcienne diffère profondément de la logique d'Aristote fondée sur le principe de contradiction. La différence entre essence et la loi n'empêche pas qu'en dernière analyse l'une et l'autre expriment la même chose, et on pourrait une fois de plus adresser aux stoïciens ce reproche, si souvent formulé par les anciens contre leur morale, d'avoir innové dans les mots plutôt que dans les choses. Par suite le rapprochement que je m'étais cru autorisé à faire entre la logique des stoïciens et celle de Stuart Mill serait tout à fait extérieur et même sans exactitude, car si elle était empirique, cette logique perdrait son caractère de nécessité et de rationalité que les stoïciens ont eu visiblement à cœur de maintenir. Ce n'est pas de Stuart Mill, c'est plutôt de Spinoza qu'il faudrait, si l'on voulait à toute [241] force lui trouver une analogie dans la philosophie moderne, rapprocher la logique des stoïciens.

Les arguments de M. Hamelin méritent une très sérieuse considération : en particulier il a mis en lumière, avec plus de précision et de force que personne ne l'avait fait avant lui, le caractère de rationalité et de nécessité apodictique que les stoïciens ont voulu par-dessus tout conserver à leur logique : et, s'il était certain qu'il ne peut y avoir de nécessité et de rationalité que là où règne le principe de contradiction appliqué à des notions, il faudrait bien lui concéder, que la logique des stoïciens, puisqu'elle est pure logique, ne diffère pas très profondément de celle d'Aristote. Cependant, après mûr examen, il ne nous a pas semblé que la thèse de M. Hamelin fût exacte de tous points ; et comme il s'agit après tout d'une question assez importante pour l'histoire de la philosophie, on nous excusera d'y revenir encore une fois et d'essayer, malgré les difficultés qu'elle présente, d'y apporter quelque lumière.

Les textes indiqués par M. Hamelin à l'appui de son interprétation ne sont pas décisifs. Le passage de Sextus (*Pyrrh.*, II, 101, 104) où se trouve formulée la définition du signe indicatif ou, ce qui revient à peu près au même pour les stoïciens, du signe en général, montre bien qu'entre l'antécédent et le conséquent il y a un rapport nécessaire. Il ne dit pas que ce rapport se réduise en dernière analyse à une identité, c'est seulement une séquence constante et nécessaire. On sait que c'est justement sur ce point qu'un long débat s'est élevé entre les stoïciens et les épicuriens, ces derniers admettant que le conséquent suit invariablement l'antécédent, les premiers exigeant en outre l'ἀκολουθία, c'est-à-dire l'impossibilité de poser l'un des termes sans l'autre. À la vérité, d'après un autre texte de Sextus et un autre de Plutarque indiqués également par M. Hamelin, certains stoïciens se montraient encore plus exigeants et voulaient le lien unissant les deux termes fût ce qu'ils appelaient ἔμφασις (*Pyrrh.*, VIII, 254 ; Plut., *De εἰ ap. Delph.*, p. 387). Ce qui signifie que l'un et l'autre doivent être identiques, mais cette union nous est présentée comme ayant été défendue par quelques stoïciens, peut-être par ceux qui, [242] harcelés par les objections des adversaires, apercevaient mieux les difficultés de la thèse stoïcienne. Nulle part il ne nous est dit que cette thèse ait été celle du Portique tout entier. Au contraire, la définition courante du signe indicatif est celle que nous venons de rappeler, et les exemples invoqués à l'appui de cette définition : *Si un homme est blessé au cœur, il mourra ; Si une femme a du lait, elle a accouché* (*Ad. Math.*, VIII, 252), attestent jusqu'à l'évidence qu'il s'agit d'une séquence empirique et non d'une identité logique.

On peut soutenir sans doute que la séquence n'est vraiment nécessaire au sens absolu du mot que si elle recouvre ou implique une identité. S'il est logiquement impossible de concevoir autrement la séquence nécessaire, c'est une question sur laquelle nous reviendrons tout à l'heure. Pour le moment, contentons-nous de remarquer que les stoïciens ne disent expressément rien de semblable.

Mais il faut pénétrer plus avant et essayer de dégager le sens exact des formules stoïciennes. Est-il possible de parler d'identité logique dans une doctrine aussi nominaliste que l'est le stoïcisme ? M. Hamelin admet avec nous qu'en raison de leur nominalisme, les stoïciens ont complètement modifié l'appareil extérieur de leur logique ; est-il possible de croire qu'ils en soient venus là et qu'un changement de point de vue si important n'ait pas imposé une modification complète du fond aussi bien que de la forme ? Je crois bien qu'il y a contradiction à admettre d'une part le caractère nominaliste de la logique stoïcienne, et, d'autre part, l'identité de cette logique avec celle d'Aristote. Entre les deux points de vue il y a contradiction absolue, et Chrysippe n'était pas homme à reculer devant les conséquences qu'entraîne nécessairement la thèse nominaliste.

On peut bien, en effet, parler d'identité entre les deux termes d'une proposition ou les diverses propositions d'un raisonnement lorsqu'avec Platon et Aristote on admet que la proposition ou le raisonnement porte sur des *idées*, sur des *genres ou des espèces* entre lesquels on peut concevoir des rapports de contenance, ou de convenance, ou d'inhérence, ou, pour employer un terme plus ancien, une participation. Ce n'est pas que cette conception même ne présente des difficultés [243], ainsi que l'atteste le long débat soulevé par la théorie platonicienne de la participation. Ce n'est pas sans peine que cette conception s'est imposée ; mais, quoi qu'il en soit, elle a prévalu, et il est admis à titre de postulat, si l'on veut, qu'une même chose, l'idée, peut être à la fois en elle-même et hors d'elle-même, une et multiple. Mais quand on abandonne à tort ou à raison ce point de vue, quand on s'interdit de propos délibéré de spéculer sur des idées déclarées irréalisables, il en est tout autrement. La proposition et le raisonnement stoïciens portent uniquement sur des réalités, et en cela sans doute leur Logique ressemble à celle d'Aristote ; et on voit ici la différence du point de vue antique et du point de vue moderne ; il n'y a pas dans l'antiquité de Logique formelle au sens que les modernes donnent à ce mot. Mais les stoïciens se séparent tout aussitôt d'Aristote en déclarant que les réalités dont il s'agit sont des êtres individuels, et il faut savoir qu'ils refusent expressément d'admettre que deux êtres, même deux grains de blé, même deux œufs ou deux cheveux, soient assez semblables entre eux pour être indiscernables. Ce n'est plus sur ce qu'il y a de commun entre les êtres que porte le raisonnement, mais au contraire sur la différence, sur le propre, ἰδίως ποιόν ou encore la qualité essentiellement individuelle. Dès lors, si les stoïciens sont d'accord avec eux-mêmes, s'ils ne veulent renoncer ni à leur nominalisme ni à leur réalisme, il faut bien que leur théorie logique n'implique pas des identités partielles ou totales entre les éléments soit de jugement, soit de raisonnement.

En fait, les textes prouvent jusqu'à l'évidence que ce qu'affirme uniquement la proposition, c'est, non pas que deux choses d'ailleurs différentes soient identiques, mais seulement qu'elles se suivent, constamment. S'il y a ressemblance ou identité ; c'est uniquement dans l'ordre de succession et non pas dans les choses elles-mêmes. C'est ainsi que l'idée de loi se substitue d'elle-même à celle d'essence et il s'agit ici, non d'une différence de détail, mais d'une différence profonde commandée par la logique même du système.

On peut s'assurer que tel est bien le point de vue des stoïciens en se rappelant leur théorie de la définition et leur· théorie de la démonstration.

[244] La théorie de la définition qu'ils substituent à celle d'Aristote est très significative. Il ne s'agit plus ici de genre prochain et de différence spécifique ; surtout il n'est plus question d'assurer ici une hiérarchie de caractères considérés les uns comme primordiaux et en quelque sorte dominateurs, les autres comme dérivés ou subordonnés. Précisément Alexandre d'Aphrodisias, fidèle à la pensée de son maître, reproche aux stoïciens d'avoir altéré sa doctrine sur ce point.

La définition, en effet, n'est plus pour eux que l'indication des caractères propres (ἰδίου ἀπόδοσις) et, comme je l'ai déjà fait remarquer, Stuart Mill a retrouvé une conception toute semblable. On a suffisamment défini un être ou une chose quand on a énuméré les caractères, si nombreux qu'ils soient, qui la distinguent de toute autre, et ces caractères unis sont donnés comme juxtaposés les uns aux autres ; le lien qui les unit est uniquement un lien de concomitance ou de succession, c'est une relation dans le temps.

Il en est de même de la théorie du raisonnement et de celle de la démonstration. Ce qui est affirmé dans le syllogisme stoïcien, c'est que si un individu présente un certain caractère, si Socrate est un homme, il présentera aussi un autre caractère, Socrate sera mortel. Ici encore il n'y a point de rapport d'inclusion ou d'exclusion entre des concepts, mais un rapport de concomitance ou de séquence entre des qualités particulières. Dira-t-on que, malgré tout, ce syllogisme, comme celui d'Aristote, est fondé sur une ressemblance, car l'humanité affirmée de Socrate dans la proposition hypothétique est la même qui est affirmée dans la proposition : or Socrate est homme, et qu'ainsi le syllogisme est fondé sur une identité partielle, qu'en fin de compte, comme dans la Logique aristotélique, il repose sur le principe de contradiction, le raisonnement revenant à dire que, ayant posé les deux prémisses, on ne peut sans se contredire ne pas poser la conclusion. Il faut bien en convenir, et c'est assurément le principe de contradiction qui est le nerf du syllogisme dans toute Logique ; mais il faut ajouter que, dans la logique stoïcienne, l'objet propre du raisonnement n'est pas d'affirmer une ressemblance, mais de passer de cette ressemblance à une autre qui lui fait suite dans le temps.

[245] Mais surtout, en accordant que le syllogisme est fondé sur une identité, on n'en peut dire autant de la démonstration. Un syllogisme peut être correct sans être vrai ; il n'en est plus de même de la démonstration de la proposition

qui lui sert de point de départ. Ce que les stoïciens appellent le signe n'est pas, comme dans le syllogisme classique, une identité mais une séquence. Or, c'est là l'essentiel, c'est ce qui fait toute la force de la démonstration.

S'il en est ainsi, il semble bien que la définition et la démonstration reposent en dernière analyse sur l'expérience car l'expérience seule peut nous apprendre que des qualités d'ailleurs distinctes s'accompagnent ou se suivent dans le temps. C'est ainsi que Stuart Mill fait reposer sa théorie de la définition et par suite toute sa logique sur les données sensibles. Du nominalisme à l'empirisme la transition est facile et peut-être nécessaire. C'est aussi ce qu'avaient fait avant Mill les épicuriens, sensualistes et nominalistes comme les stoïciens, et nous savons que, sur ce point, une longue et subtile controverse s'était établie entre eux et les continuateurs de Chrysippe. Cependant les stoïciens sont et veulent être rationalistes. L'esprit de leur Logique tout entière, leurs affirmations réitérées, leur polémique avec les épicuriens ne laissent aucun doute sur ce point, et M. Hamelin a eu raison d'y insister. Entre l'antécédent et le conséquent il y a un rapport, non seulement de succession, mais de succession nécessaire, et cette nécessité, c'est la raison qui en est juge. La liaison est à la fois nécessaire et rationnelle, nécessaire parce que rationnelle. C'est ce qu'on voit très clairement dans leurs polémiques avec les disciples d'Épicure.

Comment comprendre cette nécessité intelligible qui est le trait prédominant de la Logique stoïcienne ?

Il semble bien qu'elle ne puisse s'expliquer que par une identité entre les deux termes rapprochés. Si c'est la raison qui prononce *a priori* sur la nécessité, ne faut-il pas que ce soit parce qu'elle fait une analyse, parce qu'elle reconnaît les deux termes comme s'impliquant l'un l'autre, ou identifiés l'un à l'autre. Sans doute notre intelligence imparfaite n'aperçoit pas directement cette identité, mais une intelligence plus puissante l'apercevrait et notre esprit qui la devine prend sur lui de l'affirmer. [246] Peut-être les stoïciens ont-ils eu tort de ne pas aller jusque-là. Peut-être peut-on les accuser de n'avoir pas été jusqu'au bout de leur principe. Mais je crois bien qu'ils auraient récusé cette interprétation, et il faut convenir qu'ils avaient pour cela un motif assez sérieux, c'est qu'elle est incompatible avec leur nominalisme. Ils n'auraient pu y souscrire en effet, comme on l'a vu, qu'en admettant des rapports d'inclusion ou d'exclusion entre des idées ou des concepts, et c'est précisément ce qu'ils n'ont pas voulu faire.

Il faut donc, si l'on veut pénétrer le vrai sens de la doctrine, pousser les recherches un peu plus loin et voir s'il n'y aurait pas un moyen de concilier le nominalisme des stoïciens avec leur rationalisme. Il y a peut-être un moyen de comprendre, la nécessité intelligible ou rationnelle sans faire appel à l'analyse, et si on parvient à résoudre cette question, il s'en présentera tout aussitôt une seconde : comment et dans quels cas cette nécessité que notre esprit devine plutôt qu'il ne l'aperçoit est-elle légitimement affirmée ? Telles sont les deux difficultés les plus graves que présente l'interprétation de la logique stoïcienne.

À côté de la nécessité logique on peut en concevoir une autre qu'on appellera, si l'on veut, avec Leibnitz, hypothétique. Cette nécessité n'est pas moins rigoureuse en fait que la première, puisque, l'antécédent étant donné, le conséquent arrive infailliblement.

Elle n'est pas non plus moins intelligible ou moins rationnelle, si du moins on admet que la liaison entre l'antécédent et le conséquent a été établie en vue du plus grand bien, soit par une volonté transcendante comme celle de Dieu, soit par une intelligence immanente. Si notre raison faible et bornée a besoin de recourir à l'expérience pour la connaître, une intelligence plus puissante et même la nôtre, lorsqu'elle est arrivée à la vraie science, la comprend directement. Et lorsque nous dépassons les données incomplètes de l'expérience, lorsque nous anticipons sur l'expérience future, c'est en quelque sorte parce que nous pressentons la sagesse qui a disposé toutes choses en vue de fins et que nous avons confiance en elle. Sur ce fondement rien n'empêche d'établir une logique rigoureuse et rationnelle ; elle reposera à la fois, [247] pour parler le langage de Leibnitz, sur le principe de contradiction et le principe de raison suffisante.

On peut s'assurer que telle a bien été la conception stoïcienne de la nécessité, si on considère la doctrine de Chrysippe sur les possibles. Rappelons seulement sa controverse avec Diodore de Mégare, telle qu'elle est rapportée dans le *De Fato* de Cicéron.

Selon Diodore, il n'y a de possible que ce qui est arrivé ou arrivera. Selon Chrysippe, il y a des possibles qui auraient pu se réaliser et ne se réaliseront jamais. Entre ces derniers et ces premiers il faut bien qu'une volonté ou une intelligence ait fait un choix, et ce choix ne peut être fondé que sur la considération du bien. C'est la différence du fatalisme et du déterminisme. Diodore était un logicien qui se réclamait uniquement du principe de contradiction et n'avait égard qu'à la nécessité abstraite, Chrysippe appliquait à sa manière le principe de raison suffisante, et son déterminisme était lié à son optimisme. Cette parenté entre le stoïcisme et la doctrine de Leibnitz a été reconnue par Leibnitz lui-même de la façon la plus expresse, notamment en divers passages de sa *Théodicée*.

Dès lors, si l'on veut chercher des ressemblances entre la Logique des stoïciens et celle des modernes, ce n'est pas comme le veut M. Hamelin, chez Spinoza, c'est chez Leibnitz qu'on trouvera les analogies les plus importantes. On peut même dire qu'entre la conception de Spinoza et celle des stoïciens il y a une opposition radicale ; c'est Spinoza, en effet, qui prend parti pour la nécessité absolue, celle que Leibnitz appelle métaphysique, par opposition à la nécessité hypothétique ou morale. Leibnitz a signalé lui-même la différence qui le sépare sur ce point de Hobbes et de Spinoza. Or s'assurera qu'il ne s'agit pas là d'une divergence sans importance, si l'on considère qu'il n'y avait rien à quoi Spinoza fût plus opposé que la conception de la nécessité telle qu'elle apparaît chez Leibnitz.

Déjà Descartes avait reproché aux anciens d'assujettir la volonté des dieux au Styx. Spinoza, dont le deuxième scolie de la proposition 33, partie 1, écarte comme la plus fausse de toutes, la doctrine qui place le bien au sommet des choses et y subordonne la volonté même et l'intelligence de Dieu. Il [248] est si éloigné de cette conception qu'il préférerait encore, quoiqu'il la juge inacceptable, la théorie cartésienne de la volonté arbitraire de Dieu. Par une interversion des rôles qui nous paraît étrange, mais qui s'explique très clairement, c'est Spinoza qui reproche aux philosophes de l'école de Leibnitz de tout soumettre à la nécessité, et c'est lui qui prend contre eux la défense de sa liberté. Il est vrai que cette dernière consiste, suivant lui, dans le développement nécessaire et déterminable *more geometrico* des attributs et des modes de la substance éternelle.

Quoi qu'il en soit, il reste à savoir dans quel cas et à quelles conditions l'esprit humain est en droit d'affirmer une liaison nécessaire entre deux choses conçues d'ailleurs comme distinctes l'une de l'autre. Ici il faut bien recourir à l'expérience, car il est clair que la raison ne peut se prononcer arbitrairement. On s'attendrait à rencontrer ce que les modernes appellent une théorie de l'induction, qui serait le complément indispensable de la logique stoïcienne. Cependant nous ne trouvons rien de pareil. Il semble que, pressés de questions embarrassantes sur ce point délicat, les stoïciens se soient bornés à dire et à répéter que le signe indicatif diffère du signe commémoratif par la nécessité du lien qu'il affirme entre l'antécédent et le conséquent, que cette nécessité est connue par la raison, et qu'ils se soient refusés à s'expliquer davantage. Natorp, exposant la polémique des stoïciens, demande : « D'où les stoïciens savent-ils qu'il y a un lien nécessaire entre l'humanité et la mortalité ? » et il répond : « Peut-être parce que stoïcisme l'exige ainsi ».

Il faut convenir qu'il y a ici dans la logique stoïcienne, une véritable lacune. Toutefois il paraît impossible, qu'une question de cette importance ait entièrement échappé à l'attention d'un logicien tel que Chrysippe. Si elle ne trouve pas dans son système une solution expresse, c'est peut-être parce qu'elle est implicitement résolue ou encore parce que la question est autrement posée.

On n'a peut-être pas assez pris garde, dans les interprétations qu'on nous a données de la logique stoïcienne, à la théorie de la πρόληψις ou anticipation. Que les notions générales, expressions verbales et en elles-mêmes irréelles des [249] liens qui existent entre les êtres de la nature viennent uniquement de l'expérience, c'est ce qui est hors de doute. Elles sont, suivant la définition consacrée par Diogène Laërce, des souvenirs de phénomènes antérieurs souvent donnés ensemble. Sur ce point, la définition stoïcienne ne diffère pas de celle d'Épicure ; mais en même temps il nous est dit que la πρόληψις est un critérium de la vérité. C'est la formule même de Chrysippe, et ces termes montrent que les stoïciens la considéraient comme aussi infaillible que la sensation elle-même ou la représentation compréhensive. Or cela signifie sans aucun doute que les rapports impliqués entre les divers éléments d'une notion générale existent réellement dans les choses ; les notions sont les copies fidèles et rigoureusement exactes des choses existantes. Lors donc que, pour les appliquer à un cas particulier, notre pensée réfléchit, les décompose et les analyse, elle ne fait autre chose que développer ce qui y est implicitement contenu. Si nous savons avec certitude qu'il y a un lien nécessaire entre la cicatrice et la blessure, c'est l'expérience seule qui nous l'a appris. Rien ici ne ressemble à l'innéité ou à ce que les modernes appellent synthèse *a priori*, et il ne s'agit pas davantage d'une analyse *a priori*. Elle n'en a que l'apparence, ou du moins c'est l'analyse d'une synthèse qui a été faite une première fois *a posteriori*.

En un sens cependant il y a dans ce mode de connaissance quelque chose de rationnel. Si les προλήψεις sont un critérium infaillible, c'est qu'elles ont été fournies sans réflexion et sans art. Elles sont l'œuvre de la nature ou, ce qui revient au même, de la raison qui gouverne les choses, et c'est précisément parce que l'examen, la critique n'y sont pour rien qu'elles méritent toute notre confiance. Dès lors rien d'étonnant à ce que les produits de cette raison spontanée nous représentent la réalité elle-même ; en analysant les concepts que l'expérience a formés, notre raison ne fait autre chose que se retrouver elle-même, elle reprend en quelque sorte son bien, et quand elle affirme dans un cas particulier la nécessité du lien qui fait joindre l'antécédent au conséquent, elle se place en quelque sorte dans l'absolu, elle parle au nom de la Raison universelle. [250] Ici l'empirisme et le rationalisme se confondent en quelque manière, l'expérience n'est pas autre chose qu'un premier acte, une première manifestation de la Raison.

Notons ici un trait curieux et très particulier de la Logique stoïcienne. Si la πρόληψις est infaillible, c'est précisément parce qu'elle est l'œuvre spontanée de la Nature, elle se forme en nous, sans notre participation. En d'autres termes, une théorie de l'induction, telle que la conçoivent, les modernes serait non seulement superflue, mais même contraire à l'esprit du système.

Les épicuriens, qui n'ont pas dans la nature la même confiance superstitieuse que les stoïciens, et qui ne peuvent la charger de leur expliquer tout ce qui les embarrasse, se placeront, du moins ceux de la nouvelle génération, à un point de vue tout opposé. Ils comprendront qu'avant de passer du semblable au semblable il faut s'assurer, par de nombreuses et patientes observations et par de véritables expérimentations, que les ressemblances affirmées entre plusieurs choses ne sont pas accidentelles, mais essentielles.

C'est par là qu'ils seront avant les nouveaux sceptiques les véritables initiateurs de la méthode expérimentale et les précurseurs de Bacon et de Stuart Mill.

Les stoïciens, au contraire, tournent le dos à la science moderne. Pour parler le langage de Bacon, l'*experientia literata* leur paraît suspecte parce qu'elle substitue le travail de l'homme à celui de la nature. Pour eux le critérium de la vérité, c'est l'induction *per enumerationem simplicem*.

On le voit, à aller au fond des choses, la Logique stoïcienne diffère profondément de celle de Stuart Mill. Il n'en est pas moins vrai qu'elle lui ressemble par son nominalisme et par ce qu'elle contient d'empirisme, par sa théorie de la définition, par l'esprit, sinon par la lettre, de sa théorie du raisonnement ; mais je ne fais point difficulté d'avouer que les différences sont beaucoup plus essentielles que les ressemblances. Sans aucun doute les stoïciens se rangent du côté des rationalistes ; mais ce n'est pas avec Spinoza, encore moins avec les idéalistes hégéliens, qu'ils présentent le plus d'analogie. Rien n'est plus éloigné de Spinoza que leur conception finaliste et optimiste. Si l'on veut à toute force leur trouver [251] des analogies avec la philosophie moderne, c'est de Leibnitz qu'il faut les rapprocher, et l'auteur de la *Théodicée*, comme nous l'avons vu, a signalé lui-même les ressemblances profondes entre sa doctrine et celle de Chrysippe et des vieux stoïciens.

ABSTRACTS

Aperçus
de la pensée stoïcienne

Les Stoïciens étaient-ils démocrates ?
Christelle Veilllard

The stoic system seems to contradict the very idea of democracy: democracy is the government of the people, that is to say, of fools, who are, as such, exiled from the cosmic city, outside the law insofar as they are unable to understand and clearly figure it out. Only the Sage is at the same time a citizen and a ruler. Nevertheless, stoicism also argues that every human being, whoever he is, is as such able to be citizen and is destined for this duty; that noone can escape from the law, which is the ground for the universal egality of mankind; that a citizen is a truly free power of decision. Stoicism endorses democratic principles, without claiming a proper legislation. This paper highlights the theoretical reasons of this gap between theory and practice.

L'héritage aristotélicien de la rhétorique stoïcienne
Sophie Aubert-Baillot

In the various divisions of Stoic rhetoric, in its very definitions, in the boundaries that delimit the field of rhetoric, in its relations to dialectics and persuasion, in the conception of its primary stylistic virtue, *i.e.* brevity, Aristotle seems to be both an absent and a central figure at the same time. In general terms, he may serve as a foil for Stoic philosophers, but he also embodies an essential theoretical model towards which it is important to take position. Paradoxically, the wide gap between Stoic and Aristotelian rhetorical doctrine reveals that the Stoics had a very precise knowledge of Aristotle's work.

Identité et intensité dans l'ancienne *Stoa*
Laetitia Monteils-Laeng

For the Stoics, the soul is a pneumatic and dynamic body, in permanent interaction with the outside world, Therefore, it is modified in various ways. In so far as its moral consistency is a function of its degree of firmness, on the basis of which criterion can one differentiate the morally insignificant psychic modalities from those which have a moral value? To answer this question, we will put into perspective the Stoic categories with the qualification levels (*to poion*) described by Simplicius (*CAG* 212, 12-23): the non-fixed state (*kinèsis*), the unsustainable fixed state (*skhesis*) and the durable fixed state, the goal being to isolate, among all these modifications of oneself, what is morally significant.

De l'objet du *telos* au sujet de la *uoluntas* : le destin stoïcien du vouloir
Marion Bourbon

Against a number of interpretations which deny the lexical innovation the slighest originality compared to the hellenistic stoic psychology, we shall defend that the emergence of the language of the wanting impacts the representation of the *telos*: the *telos* is set within the context of the dealing with psychic conflict that the wanting in its constancy – this is the characteristic of virtue – solves. This means how much subjectivation involves the destiny of desire, the one of a conflict supported by the *voluntas*, in its historicity and which has become a principle of personal identity. It makes appear a subject of wanting more explicitly than before, as a principle and as an effect of subjectivation.

La performance stoïcienne à la lumière du *drag*
Sandrine Alexandre

Here is presented a confrontation between two kinds of thought which, at first sight, may seem far apart: the critical works of J. Butler on the one hand, and Stoic thought on the other. Whereas the former uncovers the constitutive and submitting role of (allegedly natural) social norms, the latter is indeniably naturalistic and conservative in spirit. A shared notion of public performance may however draw our attention: in the exhibiting Cynic or drag queen/king; in the embodiment of gender norms according to Butler or in the acting of the Stoic comedian. It is argued that a comparison between ancient and contemporary uses of performance may be both fruitful and relevant to our understanding of the present times.

Sur l'école d'Épictète
Olivier D'Jeranian

As Arrian indicates in the *Discourses*, Epictetus's lessons included a technical part, where the teaching of the doctrine and the demonstrations was a requirement, and another part, to which we only have access, where the master was discussing more freely with interlocutors of all horizons on subjects especifically ethical, by interpreting the Stoic doctrine according to its own conceptual categories. This second pedagogical sequence directly questions the usefulness of the first, and engages a broader reflection on the philosophical school, resuming the discussion traditionally conducted between Stoics and academics on *scholè*. Epictetus thus brings an original light on the role, meaning and function of school practices in Roman times, in the Stoic perspective of a philosophically authentic life, in accordance with nature.

Sur la logique des Stoïciens débat entre Victor Brochard et Octave Hamelin
Introduction par Thomas Bénatouïl

Before the rediscovery of Stoic logic during the 20th Century, the debate between the two French historians of philosophy Victor Brochard (1848-1907) and Octave Hamelin (1856-1907) triggered a renewed interpretation of Stoic syllogistics by focusing on the relations between logic and physics, and their philosophical implications.

FICHE DOCUMENTAIRE

4ᵉ TRIMESTRE 2017, N° 151, 150 PAGES

Le dossier de ce numéro est consacré à une approche thématique et chronologique plurielle de la pensée stoïcienne.

La rubrique « Introuvables » propose une republication de trois textes de Victor Brochard et Olivier Hamelin qui constituent une discussion portant sur la logique stoïcienne.

Mots clés

Butler, Judith : 1956- ; Chrysippe de Soles : 280-206 av. J.-C. ; citoyen ; concision ; Cynique ; démocratie ; école ; performance *drag* ; rhétorique ; volonté ; Epictète : 50-130 ; Zénon de Citium : 301-262.

Les Stoïciens. La liberté et l'ordre du monde
Robert Muller

La philosophie stoïcienne couvre une période exceptionnellement longue, depuis sa fondation par Zénon vers la fin du IVe siècle av. J.-C. jusqu'à l'époque de l'empereur Marc-Aurèle, au IIe siècle ap. J.-C. malgré la multiplicité des auteurs qui se sont réclamés d'elle, et en dépit de leurs divergences, la doctrine ait conservé son identité : celle d'un rationalisme exigeant, soucieux de faire droit aussi bien à la diversité de l'expérience humaine qu'au besoin symétrique de cohérence.

On a privilégié ici le point de vue de l'unité, avec la conviction que, si cette philosophie a séduit les contemporains et exercé une influence durable, c'est moins en raison de l'originalité de ses positions particulières que de son exceptionnel esprit de synthèse et de sa capacité à répondre de façon ordonnée et cohérente aux interrogations de tout homme.

Vrin - Bibliothèque des Philosophies
292 pages - 13,5 x 21,5 cm
ISBN 978-2-7116-1813-2 - mars 2016

Les Stoïciens et l'âme
Jean-Baptiste Gourinat

Le stoïcisme promeut une maîtrise rationnelle de soi qui repose sur la connaissance de processus psychiques, entièrement corporels. Les stoïciens pensaient pouvoir ainsi donner aux hommes les moyens de cette sérénité devant les passions, la souffrance et la mort qui caractérise leur philosophie. Paradoxalement, c'est en prônant la soumission à l'ordre de l'univers qu'ils ont ébauché les premières théories de la volonté. Ce thème touche aux trois parties de leur philosophie : à la physique par la physiologie, à la logique par l'épistémologie, à l'éthique par la doctrine des impulsions et les passions. Qu'est-ce qu'une représentation ? une impulsion ? une passion ? la raison ? On découvrira l'originalité des réponses des stoïciens à ces questions dans cette présentation synthétique de leur doctrine, publiée ici dans une nouvelle édition entièrement revue et actualisée.

Vrin - Bibliothèque d'histoire de la philosophie - Poche
168 pages - 11 x 18 cm
ISBN 978-2-7116-2775-2 - septembre 2017

Entretiens. Fragments et sentences
Épictète

Traduction par R. Muller.

Les *Entretiens* nous offrent toute la diversité des exemples et commentaires par lesquels Épictète éclaire sa permanente invitation à la philosophie (c'est-à-dire, à ses yeux, au bonheur), et ce en les rapportant de façon rigoureuse au système stoïcien. Beaucoup plus étendus que le *Manuel*, les *Entretiens* constituent de ce fait une pièce majeure de la littérature stoïcienne.

On en trouvera ici le texte intégral en format de poche, accompagné pour la première fois de la traduction française des *Fragments* et des *Sentences* qui complètent heureusement sur plusieurs points les *Entretiens*.

Vrin - Bibliothèque des textes philosophiques - Poche
536 pages - 11 x 18 cm
ISBN 978-2-7116-2616-8 - septembre 2015

Cahiers Philosophiques

BULLETIN D'ABONNEMENT

Par courrier : complétez et retournez le bulletin d'abonnement ci-dessous à :
Librairie Philosophique J. Vrin - 6 place de la Sorbonne, 75005 Paris, France
Par mail : scannez et retournez le bulletin d'abonnement ci-dessous à : fmendes@vrin.fr
Pour commander au numéro : www.vrin.fr ou contact@vrin.fr

RÈGLEMENT

☐ France
☐ Étranger

☐ Par chèque bancaire :
à joindre à la commande à l'ordre de
Librairie Philosophique J. Vrin

☐ Par virement sur le compte :
BIC : PSSTFRPPPAR
IBAN : FR28 2004 1000 0100 1963 0T02 028

☐ Par carte visa :

_ _ _ _   _ _ _ _   _ _ _ _   _ _ _ _

expire le : _ _ / _ _
CVC (3 chiffres au verso) : _ _ _

Date :
Signature :

ADRESSE DE LIVRAISON

Nom
Prénom
Institution
Adresse

Ville
Code postal
Pays
Email

ADRESSE DE FACTURATION

Nom
Prénom
Institution
Adresse
Code postal
Pays

ABONNEMENT - 4 numéros par an

Titre	Tarif France	Tarif étranger	Quantité	Total
Abonnement 1 an - Particulier	42,00 €	60,00 €		
Abonnement 1 an - Institution	48,00 €	70,00 €		
			TOTAL À PAYER :	

Tarifs valables jusqu'au 31/12/2017

* Les tarifs ne comprennent pas les droits de douane, les taxes et redevance éventuelles, qui sont à la charge du destinataire à réception de son colis.

CAHIERS

Derniers dossiers parus

Achevé d'imprimer le 21 février 2018
sur les presses de
La Manufacture - Imprimeur – 52200 Langres
Tél. : (33) 325 845 892

N° imprimeur : 180231 - Dépôt légal : février 2018
Imprimé en France